清远法院
精选案例评析

Analysis Involving Selected Cases of Qingyuan Courts

（2022）

清远市中级人民法院 编

暨南大学出版社
JINAN UNIVERSITY PRESS

中国·广州

图书在版编目（CIP）数据

清远法院精选案例评析. 2022/清远市中级人民法院编 . —广州：暨南大学
出版社，2023.8

ISBN 978-7-5668-3752-3

Ⅰ.①清…　Ⅱ.①清…　Ⅲ.①案例—汇编—清远　Ⅳ.①D927.653.05

中国国家版本馆 CIP 数据核字（2023）第 155770 号

清远法院精选案例评析（2022）
QINGYUAN FAYUAN JINGXUAN ANLI PINGXI（2022）
编　　者：清远市中级人民法院

出 版 人：张晋升
策划编辑：李　战　姚晓莉
责任编辑：苏　洁
责任校对：刘舜怡　林玉翠　陈慧妍
责任印制：周一丹　郑玉婷

出版发行：暨南大学出版社（511443）
电　　话：总编室（8620）37332601
　　　　　营销部（8620）37332680　37332681　37332682　37332683
传　　真：（8620）37332660（办公室）　37332684（营销部）
网　　址：http：//www.jnupress.com
排　　版：广州市广知园教育科技有限公司
印　　刷：佛山家联印刷有限公司
开　　本：787mm×1092mm　1/16
印　　张：17.25
字　　数：305 千
版　　次：2023 年 8 月第 1 版
印　　次：2023 年 8 月第 1 次
定　　价：66.00 元

序

2022 年，党的二十大胜利召开，擘画了全面建设社会主义现代化国家、以中国式现代化全面推进中华民族伟大复兴的宏伟蓝图。我院制定实施《清远法院推进高质量发展三年规划纲要（2022—2024）》，启动"固本强基、踔厉奋发、融湾崛起"三项工程。深入贯彻习近平法治思想，常态长效开展扫黑除恶斗争，审慎审理涉民生、"三农"案件，重点抓好产权保护、金融、破产等切实影响营商环境案件审理，坚持善意文明执行理念，督促行政机关依法行政。

公正与效率如车之两轮、鸟之两翼。2022 年，我们聚焦审判体系和审判能力现代化，以降低发改率之"小切口"牵动审判质效之"大变化"，推进法律统一适用。和大湾区法院、高校深化合作，全面铺开"三大学习平台"、法律英语研习社、青年理论学习小组，提档升级《清远审判》，结出不少知识成果。评选精品案件 31 件、优秀裁判文书 33 篇，综合发布清远法院 2022 年度十大典型案例，8 个案例入选省级以上典型案例。

法律是一种不断完善的实践。清远法院司法者持续在事实、法律、价值之间进行寻觅、往返，记录案件诉讼过程、公开裁判理由、宣告裁判结果，既解决当事人之间的纠纷，也为社会发展提供规则指引，让生硬的法律条文与生动的现实生活实现对接，为中国美好图景添上法治建设一笔。在李某、潘某金假冒注册商标刑事附带民事公益诉讼案中，判定侵权人承担相应的民事赔偿责任，加大违法成本并补偿受害人，有效阻遏知识产权侵权行为，营造优良法治营商环境。在 T 公司、Z 农场与 L 公司合同纠纷案中，紧扣乡村振兴这个大题，注重对农户和企业合法利益的平衡保护，促进农业农村健康发展。在欧某燕诉 J 置业公司、Q 农商银行太和支行商品房预售合同纠纷案中，落实"疫情要防住，经济要稳住，发展要安全"要求，对开发商因疫情延迟验收交付酌情确定扣除三个月的合理期限，引导大家树立守望相助、共渡难关的社会价值。

　　精品案例是折射业务水平的"镜子"，是检验案件质量的"标尺"。本书延续《清远法院精选案例评析》（2019—2021）汇编思路，推出清远法院 2022 年锻造的精品案例共 37 个，约 30 万字，全方位展示在审判执行主责主业上来源于清远本土的司法为民故事。希望本书凝结的"法治的地方知识"能够为法治清远、平安清远提供有力的智力支持，为新时代人民法院工作高质量发展做出理论贡献。

编者

2023 年 7 月

目　录

刑事篇

001

对数人污染环境刑事附带民事公益诉讼案应充分考虑各被告人实施的侵权行为对损害的作用力之差异区别认定赔偿责任份额

——王某轮等 24 名被告人污染环境、非法转让土地使用权案

广东省清远市中级人民法院　黄彦霖

【裁判要旨】 对数人污染环境刑事附带民事公益诉讼案件，可结合全案事实及证据抽丝剥茧地提炼其中的犯罪流程、关键环节及重要角色，在理清"团伙式"污染环境共同犯罪的运作形态后，以达到主客观相统一、罪责刑相适应、过错与责任相适应为原则，准确认定各被告人的刑事责任和民事责任。在民事责任分担方面，应结合各被告人在污染环境共同犯罪中所参与的环节、所起的作用认定其行为对生态环境损害的作用力，充分考虑各被告人的致害作用力之差异，公平认定各被告人的内、外部连带赔偿责任份额。

【案例索引】 一审：广东省英德市人民法院（2021）粤 1881 刑初 144 号、（2021）粤 1881 刑初 379 号。

二审：广东省清远市中级人民法院（2022）粤 18 刑终 72 号、（2022）粤 18 刑终 82 号。

一、案情

原公诉机关：广东省英德市人民检察院。

上诉人（原审被告人暨原审附带民事公益诉讼被告）：王某轮等 16 人。

上诉人（原审被告人）：郑某雁。

原审被告人：谭某廷等 7 人。

原审被告单位暨原审附带民事公益诉讼被告：英德市 C 运输有限公司（以下简称 C 公司）。

2019 年 2 月 19 日，王某轮为了非法处置工业污泥，注册成立英德市 R 环保科技有限公司（以下简称 R 公司）；聘请徐某、刘某生先后担任公司股东及其个人司机，协助其运输处置工业污泥等相关事宜；聘请邝某毅担任公司法定代表人，协助其办理公司注册登记等相关手续；聘请王某练等人为公司管理人员，负责对倾倒工业污泥的现场进行指挥等工作；聘请刘某莲等人为公司财务，负责公司做账、报税等工作。

R 公司成立后，王某轮等人制作虚假资质文件，以 R 公司名义对外以低于市场价非法承接处置工业污泥的业务，并收取每吨 300 元至 3300 元不等的处置费用。房某潜、徐某生、谢某标等中介明知王某轮等人经营的 R 公司违法处置工业污泥，仍向王某轮等人介绍工业污泥处置业务。

为运输工业污泥及收转上游工业污泥产出公司的工业污泥处置款项，王某轮与 C 公司的法定代表人郑某雁商定，由 C 公司与工业污泥产出公司惠州市 X 环境服务有限公司签订工业污泥运输合同，并通过 C 公司账户收取相关污泥处置款项（由王某轮支配使用）。

为了解决工业污泥堆放场地的问题，王某轮租用谭某廷、李某荣位于英德市望埠镇、沙口镇的土地用于堆放案涉工业污泥，并向二人支付租金及日常管理费（按倾倒量提成计费）。另外，邓某华以其位于英德市沙口镇的案涉土地（其 2018 年从案外人受让获得）的一半产权入股王某轮等人非法处置工业污泥业务参与分红（邓某华负责协调与当地村民的关系），另一半产权则在未经自然资源局等职能部门批准的情况下，以牟利为目的非法转让给王某轮（用于堆放污泥）。

为解决工业污泥运输问题，2019 年 3 月至 2020 年 7 月期间，王某轮指示杨某成等 2 人联系杨某忠等 7 人的车辆，安排司机韩某根等人驾驶车辆至工业污泥产出公司将工业污泥运输至位于英德市沙口镇、望埠镇的三个案涉地块进行倾倒。

经统计，王某轮等人违法倾倒的工业污泥共 54242.993 吨，以一般工业固体废物为主，部分含有危险废物，造成生态环境损害价值 1422.9936 万元。

二、审判

广东省英德市人民法院一审认为，王某轮等 20 名被告人违反国家规定，非法倾倒工业危险废物及有害物质，徐某生等 4 名被告人为他人非法倾倒、处置工业危险废物及有害物质提供帮助，24 名被告人的案涉行为严重污染环境，后果特别严重，均构成污染环境罪，应予惩处。依法判处各被告人有期徒刑六年六个月至八个月不等，并处罚金一万元至三百万元不等，没收各被告人违法所得 1235.190525 万元（已退缴 1015.490525 万元），按照过错程度判处各被告人连带赔偿生态环境损害损失 1422.9936 万元。其中，对主犯王某轮判处有期徒刑六年六个月，并处罚金人民币三百万元。

宣判后，王某轮等 17 名被告人不服，提出上诉。

广东省清远市中级人民法院经二审认为，将各上诉人及其辩护人所提意见归纳为 8 个争议焦点，并结合案涉犯罪事实、证据逐一评析，认为原判认定事实清楚，证据确实、充分，审判程序合法，适用法律正确，量刑适当，认定各上诉人、原审被告人及原审被告单位承担的民事赔偿责任比例及方式符合法律规定，各上诉人及其辩护人所提意见均理据不足。最终裁定驳回上诉，维持原判。

三、评析

随着科学技术和社会经济的进步，污染环境共同犯罪的形式及分工形态产生了一定变化，既有传统犯罪的部分特点，又出现了"团伙式""公司化"作案的新态势，随之衍生出日趋复杂的生态环境犯罪及侵权形态，导致诸如本案的多人共同污染环境犯罪案件对各参与人的刑事责任等次的划分及其民事侵权责任份额的认定，相比于传统污染环境犯罪难度更大。本案是多名被告人披着公司的"合法外衣"违法倾倒工业污泥造成严重环境污染的刑事附带民事公益诉讼案件，犯罪人数众多，各被告人在整体共同犯罪过程中参与的程度不同、情节各异，对生态环境损害的作用力也大小不一，牵涉多重的刑事及民事法律关系。本案一、二审法院准确厘清各被告人的刑事罪责大小及民事赔偿责任比例，裁判亮点表现在以下四个方面：

第一，刺破"公司面纱"认定案涉污染环境行为属个人犯罪。本案各被告人污染环境的运行模式是由王某轮等人成立的R公司，通过中介对外承接处置工业污泥业务后运输到英德多处地方随意倾倒，表面上看是公司实施的行为，王某轮等被告人也辩称案涉污染环境犯罪是单位犯罪，应由单位而非被告人承担责任。认定是单位犯罪抑或自然人犯罪，可以着重从以下两方面进行审查：一是犯罪的主观方面表现。自然人犯罪反映的是公民个人的主观意志，也就是说实施犯罪活动是直接由其本人的主观意志决定的。单位犯罪反映的是单位决策机构的整体意志，单位实施犯罪是由单位决策机构的集体意志决定的，而不是由单位成员的个人意志所决定的。二是犯罪的客观方面表现。自然人犯罪是行为人为了个人利益实施的个体行为，单位犯罪是单位的主管人员或者其他直接责任人员为了单位的利益实施的非个体行为，且犯罪所得归单位所有。本案中，组建R公司及R公司承接工业污泥处置业务均是由王某轮决定，并由其寻找污泥堆放地及雇用管理人员、运输人员等相关环节人员，牵头抓总建立起违法处置工业污泥业务的犯罪链条，且R公司所得利益也由王某轮控制、支配。另外，R公司除了从事案涉违法处置工业污泥业务外，未从事其他业务，该公司自成立后以实施违法处置工业污泥污染环境犯罪为主要活动。可知，R公司实质上是王某轮为其违法处置工业污泥污染环境犯罪披上的"面纱"，从主、客观方面看，王某轮等人以R公司名义实施的案涉行为均不具备单位犯罪的要件，一、二审法院因而未认定R公司构成单位犯罪，而是否认R公司的法人人格，裁判相关被告人构成污染环境个人犯罪并承担相应刑事责任和民事责任。

第二，厘清各被告人罪责大小并相应认定各被告人应承担的民事赔偿责任份额。首先，就各被告人的罪责大小来说，根据我国《刑法》第二十六条至二十八条的规定，我国犯罪参与人区分机制是通过明确犯罪参与人的作用力——其对造成法益侵害结果所起作用的程度来进行判断的。本案中，就污染环境罪这一犯罪形态来说，统筹工业污泥处置各环节运作、介绍工业污泥处置业务、对接工业污泥处置业务、提供污泥堆放场地、管理污泥堆放场地、调度运输工业污泥车辆是案涉污染环境共同犯罪的关键环节，正是这些关键环节的参与人分工合作、相互配合导致了环境损害的发生。因此，一、二审法院认定参与前述环节的被告人在共同犯罪中所起作用及过错程度比其他同案人相对较大，对污染相应污泥堆放场地的生态环境所起的所用力也相对较大，相应认定参与前述关键环节的参与人承担更大的刑事责任及生态损害赔偿责任。可见，在认定被告人的罪责大小方面，一、二审法院对各参与人进行逐一审查，区别对待，做到了公平公正。其次，就各被告人应承担的民事赔偿责任来说，在数人侵权案中，先要确定各参与人是否构成共同侵权，其后再厘定各参与人的责任大小。在本案中，案涉被告人对违法倾倒案涉工业污泥污染生态环境具有意思联络或者主观认识，且实施了案涉污染环境侵权行为，造成当地环境受到严重污染，审理法院因此认定各被告人构成污染环境共同侵权。而后，审理法院根据各被告人在案涉污染环境共同侵权行为中的过错程度、原因力以及持续时长、获利等具体情况，按照王某轮等人建立起的污染环境犯罪链条所涉及的环节类别对相关人员进行分类，对各类别被告人在内部明确侵权赔偿责任份额，在外部明确连带赔偿责任份额。此种根据罪责大小、侵权作用力差异对各被告人区分内外部侵权赔偿责任的做法，既体现了公平原则，也有利于日后判决的执行。

第三，准确认定行为人的罪数。罪数，即犯罪的个数，亦即行为人实施的犯罪究竟是一罪还是数罪。刑法上所保护的客体个数是罪数评价的核心，原则上侵害一个刑法保护的客体，为一罪；侵害数个刑法保护的客体，为数罪。另外，行为、犯意等犯罪的其他要素也需要同时予以考虑。本案中，邓某华处置土地使用权虽犯意同一，均以牟利为目的，但有两个行为，前一行为是非法转让土地使用权，后一行为实质上是以入股分红的形式参与王某轮等人违法处置工业污泥的共同污染环境犯罪，两个违法犯罪行为侵害的客体不具有同一性，前一行为侵害的是国家对土地的管理权，后一行为侵害的是生态环境公共利益。因此，一、二审法院认定邓某华前述两个行为是侵犯不同犯罪客体的两种独立犯罪行为，以非法转让土地使用权罪和环境污染罪予以并罚。

第四，灵活处理案涉违法所得。相关被告人提出应将案涉违法所得抵扣民事赔偿金，回应此意见的关键是明晰违法所得与民事赔偿金的性质。所谓违法所得，乃是被告人从违法犯罪行为中获得的不当利益，依法理任何人均不允许从犯罪中获益，对违法所得应予以没收，没收违法所得是一种刑事责任承担方式。民事赔偿金则是被告对其违法犯罪行为所造成的人身、财产或其他权益损害进行赔偿的款项，是一种民事责任承担方式。二者性质不同，不具备相互抵扣的逻辑自洽性。在本案中，各被告人的违法所得及第三方退出的款项不是直接来源于变卖环境资源的款项，而是污染生态环境所得的非法获利，将其予以没收切断行为人再次犯罪的经济来源，具有天然的正当性。本案造成生态环境损害损失高达 1422.9936 万元，各被告人均获刑且经济条件一般，短时间内无力支付巨额的生态环境损害赔偿金，一、二审法院考虑本案的特殊性，灵活将没收退（追）缴的违法所得上缴国库用于修复被损害的生态环境，通过规制案涉被没收的违法所得的用途，在不加重各被告人民事赔偿责任的情况下，解决了案涉生态环境损害因赔偿金不能及时到位而不能及时修复的困境。但是，本案没收违法所得用于修复案涉受损生态环境并不等同于将被告人的财产用于承担民事责任，而是将没收的违法所得优先用于修复生态环境不上缴国库，并未减少被告人承担的民事赔偿金，此种做法是贯彻我国保护生态环境基本国策的有益做法。

002

认定诈骗金额时是否应将案发前已退还的金额扣除

——刘某平等 13 人医保诈骗案

广东省清远市中级人民法院　杨　玲　李梦成

裁判要旨　诈骗罪作为侵财类犯罪，其保护之重点系被害人实际受损的财产权益或财产状况。本案实际案发时，被告人已及时返还部分诈骗金额，弥补了被害人的部分财产损失，认定诈骗金额时将已返还的部分扣除，既符合罪刑法定与罪责刑相适应的刑法基本原则，亦具有追赃挽损的良好司法效果，符合公众对规范适用刑法及适当分配刑罚的合理预期。

案例索引　一审：广东省清远市清城区人民法院（2021）粤 1802 刑初 617 号。

二审：广东省清远市中级人民法院（2022）粤 18 刑终 192 号。

一、案情

原公诉机关：广东省清远市清城区人民检察院。

上诉人（原审被告人）：刘某平、林某龙、郭某军。

原审被告人：王某岭等 10 人。

清远 C 中医院有限公司（以下简称清远 C 中医院）是一家营利性医疗机构和医保定点机构，上诉人刘某平是该医院的董事长和实际控制人。2017 年 11 月起，上诉人刘某平及原审被告人王某岭等人指使医院员工通过让享受城乡职工医保或城镇居民医保待遇的参保人员免费住院，以虚开医嘱、虚构医疗项目、虚开药品、伪造病历材料等方式向清远市医保局虚假申报住院人次和医疗费用，骗取社会医疗保险统筹基金。经统计，自 2017 年 11 月起至 2021 年 3 月期间，该医院通过介绍虚假病人入院骗取国家医保基金，虚假人次共计 8167 人次，诈骗金额高达 2385 万余元。其中，上诉人刘某平负责组织、策划、指挥医院的医护人员进行诈骗。原审被告人王某岭负责对中介获利数据的审核、对医院内部人员的合谋诈骗配合行动进行管理。上诉人林某龙负责对中介进行管理，统筹每天住院人数，上报数据给王某岭，对接医保局上报虚假数据。原审被告人覃某伦负责对医院的住院诈骗情况进行管理，把关伪造病历的有效性。上诉人郭某军负责对外联络中介人员，组织虚假病人到医院进行住院，同时负责中介人员获利资金的发放，离职后作为中介介绍病人住院。原审被告人邱某梅负责"查卡"，对虚假病人的住院资格进行审核，整理参保医保数据。原审被告人邓某玲按照刘某平的指示，负责提供虚假收支单做假账，并对非法获利进行转移。原审被告人何某负责伪造理疗的病历记录。原审被告人张某负责开具虚假医嘱和伪造腰椎消融术的病历记录。原审被告人潘某成负责伪造放射检验记录，为张某实施腰椎消融术的造假提供前提条件。原审被告人王某娣负责伪造放射检验记录，为张某实施腰椎消融术的造假提供前提条件。原审被告人梁某荣负责接送参保人员到医院虚假住院，发放中介人员介绍费，离职后作为中介介绍参保人员到医院住院。原审被告人植某明与邓某玲配合，负责做假账。

另查明，清远 C 中医院在本案立案前向清远市医疗保障局退回医保基金 240 万余元。上诉人刘某平诈骗金额为 2144 万余元。

二、审判

广东省清远市清城区人民法院一审认为，被告人刘某平等人结伙以非法占有为目的，采用虚构事实的方法，利用医疗保险政策，虚报医疗保险基金，骗取国家医疗保险基金，数额特别巨大，其行为均已构成诈骗罪。一审法院按各被告人在共同犯罪中的作用大小、犯罪情节、退赃退赔情况等，对被告人刘某平等人分别判处了有期徒刑并处罚金，并对非法所得、犯罪物品等涉案财物依法处理。其中被告人刘某平被判处有期徒刑十五年，并处罚金人民币一百万元。

宣判后，被告人刘某平等人不服一审判决，提出上诉。

广东省清远市中级人民法院二审认为，清远 C 中医院在本案立案前向清远市医疗保障局退回医保基金 240 万余元，该部分款项应在上诉人刘某平的诈骗金额中扣除，上诉人刘某平的诈骗金额为 2144 万余元。即使扣除该部分款项，上诉人刘某平等人诈骗数额仍然属于特别巨大，原判量刑仍然适当，故查清诈骗金额后对涉案财物判项予以改判，维持了一审的其他判项。

三、评析

本案是近年来较为典型的医疗机构利用医保诈骗医疗保障基金案例，医保基金是人民群众的"看病钱""救命钱"，医疗问题因直接关涉生命健康而历来是广大群众最为关注的领域。国家亦高度重视医保基金的监督与规范使用，力图加强医保基金法治化监管及规范化保障，制定了《医疗保障基金使用监督管理条例》等各种相关的配套办法及措施。医保基金的规范、合法使用切实关系广大人民群众的生命健康安全，关系我国未来医保制度的持续发展及医保工作的有序开展。医保基金在实际的使用过程中受受众基数大、铺展链条长等因素的影响，监管难度较大，骗保问题频发，尤其作为医疗机构一环，医疗机构在骗取医保基金的途径及手段上更为便利，故而监管形势一直比较严峻。

本案中被告人即医疗机构和医保定点机构的董事长和实际控制人以非法占有为目的，组织虚假病人到医院住院，采用多种方式虚报并骗取国家医疗保险基金，数额特别巨大，构成诈骗罪，不仅造成医疗基金重大损失，亦严重扰乱民营医疗行业发展，社会危害性大。本案被告人构成诈骗罪无可非议，值得讨论的是诈骗金额认定标准问题，即案发前已退还的金额是否应予以扣除。本案在审理过程中主要有以下两种观点：

第一种观点认为，从犯罪构成的角度而言，诈骗罪对构成及既遂设置了严格的流程限定：起点是行为人虚构事实、隐瞒真相，即诈欺行为；而后被害人产生错误认识；最后被害人基于错误认识作出处分决定。每两个前后相邻的步骤之间应具备因果联系。本案中被告人采取虚报方式，使医保局产生错误认识，进而处分财产，且财产已全部进入被告人控制的账户当中，各流程间具备因果关联。在涉案财产进入被告人控制时，构成诈骗罪即已且既遂。该观点认为，诈骗罪保护的法益是公民的财产权利或财产状况，在法益面临遭受侵害的紧迫危险之时，就是犯罪的着手，法益已经被侵害之时，就是犯罪的既遂，该案中被告人已实际取得并控制所有诈骗金额，事后的退还并不影响诈骗金额的认定，只能作为量刑情节予以考虑。

第二种观点认为，1991年《最高人民法院研究室关于申付强诈骗案如何认定诈骗数额问题的电话答复》（下称"《电话答复》"）中已经明确在具体认定诈骗犯罪数额时，应将案发前已被追回的被骗款额扣除，按最后实际诈骗所得数额计算。此种方式以被害人的实际损失认定诈骗金额，形式上更有利于确定被告人承担的刑事责任。从预防性刑事政策上考量，将案发前已被追回的诈骗款项扣除，也有利于被告人及早悔罪，及时修复受损法益，弥补医保基金的亏损，避免再度犯罪的同时，也在社会上起到了一般预防之效力。

综合来看，笔者更赞同第二种观点，以实际损失来作为定罪量刑的基础，符合刑法保护法益之目的。实质的犯罪即侵犯法益之行为，"刑法只允许保护法益"，① 只有侵犯法益且达到可罚程度的才是犯罪。本案中被害人被侵犯的法益系财产性利益或财产性状况，财产性利益或财产性状况是一种整体状态，被告人在立案之前将涉案240万余元返还给被害人时，被害人就已经恢复了部分财产性利益或财产性状况，及时修复了受损法益。因此，被害人被侵害的法益，也就是实际损失，应当是认定诈骗罪犯罪数额的根本。

笔者认为，根据第二种观点，即以立案时被害人的实际损失作为诈骗金额具备一定的法理基础和现实意义，申言之，主要有以下几个方面：

（一）符合罪刑法定原则

罪刑法定原则是规范刑事法律适用、刑罚分配的基本准则之一，其基本要求即"法无明文规定不为罪，法无明文规定不处罚"。罪刑法定的形式要求为法律主义②、成文主义、禁止溯及既往、禁止类推；实质要求则为明确性③、适正性、均衡性。根据《中华人民共和国刑法》第二百六十六条的规定及相关司法解释，不难看出，诈骗罪的成立均要求被害人存在实际的财产损失或财

---

① ［德］克劳斯·罗克辛著，王世洲译：《德国刑法学总论（第1卷）：犯罪原理的基础构造》，法律出版社2005年版，第29页。

② ［日］前田雅英著，曾文科译：《刑法总论讲义（第6版）》，北京大学出版社2017年版，第41页。

③ 黄荣坚：《基础刑法学》（上），元照出版有限公司2012年版，第126页。

产状况减损，同时这也一直被刑法学理论界所认同。① 在司法实践中，被害人有实际的财产损失，其法益受到侵害，实行行为才具备实质违法性，也才有成立犯罪的可能，在此期间被害人被诈骗的实际损失因嫌疑人的支出而得到部分弥补的，应从诈骗金额中扣除。② 在相关司法解释中，如最高院发布的《电话答复》中明确在具体认定诈骗犯罪数额时，应把案发前已被追回的被骗款额扣除；在最高人民法院、最高人民检察院发布的《关于办理诈骗刑事案件具体应用法律若干问题的解释》第三条也要求"行为人认罪、悔罪，且在一审宣判前全部退赃、退赔的，可以不起诉或免予刑事处罚"，体现了立法对扣除返还金额的肯定。扣除被告人返还的财产认定的诈骗金额符合我国现行法律规定，在案件审理中能切实做到有法可依、有法可循，与罪刑法定原则相契合。

（二）遵从罪刑均衡原则

根据《中华人民共和国刑法》第五条规定：刑罚的轻重，应当与犯罪分子所犯罪行和承担的刑事责任相适应。罪刑均衡原则（罪责刑相均衡原则），浅层意指重罪重刑、轻罪轻刑，按传统讲法即行为之社会危害性与行为人之人身危险性的大小相适应。罪刑均衡追求最大限度发挥刑罚的积极效果，利于刑罚正义和犯罪预防的实现，③ 是公正的载体。④ 在财产这一法益类别中，传统私法认为所有权最为重要（神圣），但除了所有权，财产状况、特定财产性利益的行使也很重要。每个人在当下某一时间都有一个整体的财产状况，使这种财产状况恶化同样是侵犯了他人的财产权。诈骗罪中被害人便是因行为人之诈欺行为而造成整体财产状况恶化或减损。本案中，被告人在公安机关立案侦查之前将部分财产返还给被害人，被害人在案发时其整体财产状况已部分恢复，一定程度上弥补了受损法益。此时若以被告人返还之前的诈骗金额来认定其行为显然与被害人的实际财产损失或财产状况不符，这无疑于实质上加重了被告人应承担的刑事责任，违背罪刑均衡原则。

（三）具备良好司法效果

侵财类犯罪中以财产（所有权、整体财产状况、财产性利益的行使）受

① 任永前：《论诈骗罪中的财产损失》，《法学杂志》2015 年第 5 期。
② 董晓华：《诈骗罪犯罪成本扣减之实证辨析》，《中国检察官》2014 年第 7 期。
③ 张明楷：《刑法学（第三版）》，法律出版社 2007 年版。
④ 陈兴良：《刑法总论精释（第三版）》，人民法院出版社 2016 年版。

损为侵犯法益的标志，保护重点在于避免财产受损及维护被害人的受损财产，能追回的财产愈多，愈能弥补被害人的财产受损情况，因而被告人能及时退赃对修复被害人财产受损情况进而修复受损法益具有重要作用。从被害人的实际受损角度进行分析，犯罪行为人在立案前返还的犯罪所得应可实际弥补被害人的部分损失，这就要求犯罪行为人被扣除的犯罪成本应具有实际经济价值和主观价值，能实际修补被害人的部分法益。如对侵财类犯罪量刑影响较大的"吴某集资诈骗案"中，吴某等犯罪分子共集资诈骗本息 77339.5 万元人民币，在案发时已归还本息 38913 万元人民币，法院最终在认定诈骗金额时将已返还部分予以扣除。① 结合本案，被告人在公安机关立案侦查前向被害人返还诈骗所得 240 万余元，主观上该部分返还金额与被害人期望恢复财产状况一致，在客观上该部分返还金额具有实际价值且被被害人实际控制，能实际弥补被害人的损失，故而在一定程度上具备良好的司法效果。刑事司法裁判之目的不仅在于规制与惩罚不法行为，更应关注实际诉讼当事人对裁判结论的可接受性。行为人所客观返还的部分金额的确能够弥补被害人的实际损失，以之作为金额认定之标准，有利于司法裁判产生公正、公平、良善的效果。另者，鼓励被告人及时退赃在侵财类犯罪中能更好地维护被害人受损法益，也具有一定的预防性效果。本案由于诈骗金额较大，扣减的退赃金额对定罪量刑没有产生实质影响，但本案的处理思路对今后的类案有一定的指导作用，即被告人及时退赃能够在降低量刑档次、减轻罪责方面起到积极作用。

（四）无碍被害人合法权益保护

对诈骗罪的金额认定标准，目前在学术界存在两种观点，即"个别财产说"和"整体财产说"。"个别财产说"主要考虑犯罪分子的实际获利情况，认为其实施诈骗行为就是为了非法占有他人财产，所以应以其诈骗所得定罪量刑；"整体财产说"则认为应综合判断整个诈骗及诈骗后被害人实际财产利益或财产状况受损、弥补过程，从被害人的实际受损角度出发，对犯罪行为人及时止损的犯罪成本应从认定金额中予以扣除。目前两种学说存在较大争论，导致在司法审判过程中法官裁判标准不一。本案中一审法院即是持"个别财产

---

① 参见中华人民共和国最高人民法院刑事审判第一、二、三、四、五庭主办：《刑事审判参考（第 118 集）》，法律出版社 2019 年版。

说"，以被告人实际从医保局诈骗取得的金额来定罪量刑。而二审法院在审理过程中则从"整体财产说"的角度进行考量，主要以被害人实际受损的财产利益或财产状况来认定诈骗金额。综合来看，以"个别财产说"认定诈骗金额固然能加大对犯罪分子的惩罚力度，但与我国刑法及刑罚适用的基本原则相悖，而采"整体财产说"不仅与前述基本原则相适应，而且于实质上无碍被害人合法权益保护。按照现行法律规定及司法解释，对诈骗罪中及时返还金额的认定主要依据1991年最高人民法院发布现行有效的《电话答复》，结合后来发布的有关财产犯罪的司法解释，其中都明确对被告人责任的认定应从被害人实际遭受的损失出发，所以采"整体财产说"能够有法可依，现行法律规定能完全保护诈骗罪中被害人的实际受损法益，于一定程度上恢复其受损财产状况。

医保诈骗案件作为诈骗罪在医疗领域的特殊案件类型，其犯罪主体多样、犯罪手段隐蔽、危害程度较大，不仅直接关系到国家医保基金安全，而且牵涉人民群众对医疗机构乃至国家医疗体系制度之信赖。因而必须在司法实务中予以重视，严厉打击、惩处此类不法行为，促进医疗保障体系的持续健康发展。从刑法的角度分析，诈骗罪欲保护之法益系公私财产，任何人不得剥夺公民的私有财产，更不得对公有财产造成侵犯。但刑法作为最严厉的制裁手段，对刑罚之适用必须持审慎、合理、公正之态度，不得以加大犯罪打击力度之由任意扩大处罚范围，降低入罪门槛。秉持此严谨、慎刑观念，综合分析本案，在诈骗罪的金额认定中，扣除犯罪行为人及时返还金额既符合罪刑法定原则与罪刑均衡原则，亦具备一定的司法实效，且并不会造成被害人合法权益的受损，无碍对其合法权益之保护，在司法实践中此种做法甚至可以更好地维护被害人的权益，有利于及时追赃止损。在有效打击医保诈骗犯罪的同时，保障人民群众个人及公共财产安全。因此笔者认为二审法院的处理方式是妥当的。在如今医保诈骗案频发、医保灰色产业链不断的现实处境下，恰当、合理地审判裁决此类案件，对有效保护公私财产安全、防范医保诈骗发生具有显著意义。

003

电信诈骗供卡人行为定性及退赔责任的认定

——陈某诈骗案

广东省清远市清新区人民法院　赵艳丽

行为人在明知他人实施电信网络诈骗的情况下，仍提供其名下或者其控制的银行账户为他人接收、转移诈骗资金，构成诈骗罪的共犯，需对转入资金数额承担退赔责任。是否明知他人实施电信网络诈骗而提供支付结算帮助是区分诈骗罪与帮助信息网络犯罪活动罪的关键，在无直接证据指向被告人主观明知的情况下，不能仅凭被告人的辩解而予以简单排除，而是要通过在案证据，结合被告人的主观认知能力进行综合分析认定，推定行为人的主观明知，并明确其退赔责任。

一审：广东省清远市清新区人民法院（2022）粤 1803 刑初 30 号。

二审：广东省清远市中级人民法院（2022）粤 18 刑终 218 号。

一、案情

原公诉机关：广东省清远市清新区人民检察院。

上诉人（原审被告人）：陈某。

同案人（原审被告人）：余某英。

2021 年 5 月至 7 月期间，陈某为牟取非法利益，事前明知"典雅"（蝙蝠软件昵称）等人实施电信网络诈骗活动，仍长期为其提供自己及其父亲陈某华名下的多个银行账户用于收取、转移诈骗资金。此外，陈某向余某英等人收购银行账号提供给"典雅"等人用于收取、转移诈骗资金，并组建微信群操控余某英等人将各自账户中被转入的诈骗资金迅速分解转出到其指定账户。经查证国家反诈平台相关数据，刘某丽、刘某勇、吴某等21名被害人从清远市清新区等地向被告人陈某提供的银行账户汇入被诈骗资金达人民币813737元。

2021年7月期间，余某英明知陈某等人利用信息网络实施犯罪，仍为其提供自己及男朋友吴某名下的10多个银行账户（其中5个银行账户有被害人资金汇入）用于收取、转移诈骗资金，非法获利2500元。经查证，肖某成等多名被害人从上海等地向余某英提供的银行账户汇入被诈骗资金达人民币114384元。

公诉机关以陈某构成诈骗罪、余某英构成帮助信息网络犯罪活动罪提起公诉。

二、审判

广东省清远市清新区人民法院一审认为，被告人陈某以非法占有为目的，明知他人实施电信网络诈骗活动，仍长期提供银行卡并帮助收取、转移资金，参与诈骗数额特别巨大，其行为已构成诈骗罪；被告人余某英明知他人利用信息网络实施犯罪，仍为其提供支付结算帮助，情节严重，其行为已构成帮助信息网络犯罪活动。被告人陈某归案后虽供述了其帮助上家收取、转移资金的行为，但对其犯罪的主观故意进行避重就轻的辩解，故依法不能成立坦白。被告人陈某在共同犯罪中起次要作用，是从犯，依法给予其减轻处罚。被告人陈某在缓刑考验期内犯新罪，应当撤销缓刑，对新犯的罪作出判决，把前罪和后罪所判处的刑罚，依照《中华人民共和国刑法》第六十九条的规定，决定执行的刑罚。被告人余某英归案后坦白认罪，退缴违法所得，自愿认罪认罚并主动缴纳了罚金，结合其需要照顾未成年女儿及社会调查评估情况，依法给予其从轻处罚并适用缓刑。依照《中华人民共和国刑法》第二百六十六条，第二百八十七条之二第一款，第二十五条第一款，第二十七条，第六十四条，第四十七条，第七十七条第一款，第六十九条，第七十二条第一款，第七十三条第二款、第三款及《最高人民法院、最高人民检察院关于办理诈骗刑事案件具体应用法律若干问题的解释》第一条之规定，判决：一、撤销四川省眉山市东坡区人民法院（2020）川1402刑初241号刑事判决书中对被告人陈某缓刑一年的执行部分。二、被告人陈某犯诈骗罪，判处有期徒刑四年六个月，并处罚金人民币四万元；与前罪犯组织、领导传销活动罪，判处有期徒刑六个月，并处罚金人民币四千元，两罪并罚，决定执行有期徒刑四年八个月，并处罚金人民币四万四千元。三、被告人余某英犯帮助信息网络犯罪活动罪，判处有期徒刑八个月，缓刑一年六个月，并处罚金人民币五千元。四、责令被告人陈某退赔经济损失人民币 813737 元予以发还给各被害人（详见附表退赔清单）。五、扣押被告人陈某的华为 P30 手机一台及银行卡若干（详见扣押清单）、被告人余某英的 OPPO 手机一台，予以没收销毁；被告人余某英退缴的违法所得2500 元，予以没收，上缴国库，其余扣押物品由扣押机关依法处理。均由清远市公安局清新分局负责执行。

宣判后，陈某提出上诉。

广东省清远市中级人民法院二审认为，陈某以非法占有为目的，明知他人实施电信网络诈骗犯罪，仍长期提供银行卡帮助他人收取、转移诈骗所得资金，数额特别巨大，其行为构成诈骗罪。原审被告人余某英明知他人利用信息网络实施犯罪，仍为他人提供支付结算帮助，情节严重，其行为构成帮助信息网络犯罪活动罪。陈某在诈骗共同犯罪中起次要作用，是从犯，依法予以减轻处罚。原审被告人余某英归案后自愿认罪认罚，退缴违法所得，预缴罚金，依法可以从宽处罚。陈某在缓刑考验期内犯新罪，应当撤销缓刑，对新犯的罪作出判决，把前罪和后罪所判处的刑罚，依照《中华人民共和国刑法》第六十九条的规定，决定执行的刑罚。原判认定事实和适用法律正确，量刑适当，审判程序合法。依照《中华人民共和国刑事诉讼法》第二百三十六条第一款第一项之规定，裁定驳回上诉，维持原判。

三、评析

伴随互联网等信息科学技术及手段的普及，各种相关隐患问题层出不穷。其中，电信网络诈骗成为数量增长最快的刑事犯罪案件之一，尤其近年来各种新型电信网络诈骗手段的兴起，给人民群众的财产安全带来了更为严重的威胁与影响。公安部数据显示，近 10 年来，我国电信诈骗案件每年以 20% 至 30% 的速度快速增长，仅 2020 年全国电信网络诈骗案件涉及财产损失即达 353.7亿元。电信网络诈骗案件成本低、收益高、易复制、难追查、吸引力大、传染力强,① 致使其危害性更为深重,侦破处理起来更为困难。2021 年 4 月 8 日,全国打击治理电信网络新型违法犯罪工作电视电话会议召开,习近平总书记对打击治理电信网络诈骗犯罪工作作出重要指示,强调要坚持以人民为中心,全面落实打防管控措施,坚决遏制电信网络诈骗犯罪多发高发态势。② 为深入贯彻落实习近平总书记指示精神,切实保护人民群众的财产安全,必须加快电信网络诈骗案件管控措施推进,加大电信网络诈骗犯罪打击力度。

本案的焦点问题之一是被告人陈某供卡行为的定性问题,即被告人陈某作为电信诈骗供卡人,提供大量的银行卡用于收取并转移支付被害人钱款的行为,应认定其构成《中华人民共和国刑法》第二百六十六条诈骗罪的共犯,还是构成第二百八十七条之二的帮助信息网络犯罪活动罪。关键在于是否能认定行为人具有诈骗罪之主观故意。现代犯罪论体系在认定是否构成犯罪及构成何种犯罪时,讲求主观构成要件与客观构成要件之应和。而对于主观构成要件如故意之判断则需借助对行为人认识及意欲的考察。③ 笔者认为,对于银行卡供卡人的主观故意,不应简单地以其提供过大量银行卡用于收取或转移支付电诈资金而进行客观归罪,也不能仅因被告人做主观不明知的辩解就进行"存疑有利于被告人"的简单排除,而是要通过在案证据,结合被告人的主观认知能力、意欲程度等进行综合分析认定,推定行为人是否有能力主观明知,是否希望或者放任犯罪行为之进行和结果的发生,从而对被告人进行准确的行为定性。

(一) 有无实施供卡、转移支付等多个实际行为

在一般涉电诈案件中,多数起供卡作用的被告人及其辩护人均会以被告人仅提供了银行卡的实施行为而提出被告人应以帮助信息网络犯罪活动罪进行辩解、辩护。但实际案件中,对待该类起供卡作用的被告人势必不能单纯以提供了银行卡这一单一行为标准来判断进而认定被告人是否构成犯罪及构成何罪。相反,被告人的行为实际应属何种罪名,应当看回案件的卷宗,对被告人在供

---

① 毛飞飞、赵峰、汤强:《电信网络诈骗犯罪演化趋势及侦防对策研究》,《江苏警官学院学报》2021 年第 6 期, 第 66-72 页。

② 刘梦婷、唐锦尧:《互联网时代电信诈骗的演化及治理对策》,《网络安全技术与应用》2022 年第 11 期, 第 125 页。

③《中华人民共和国刑法》第十四条将故意犯罪规定为明知自己的行为会发生危害社会的结果,并且希望或者放任这种结果的发生。

卡过程中具体实施了哪些行为予以准确认定、细致区分。根据《最高人民法院、最高人民检察院、公安部关于办理电信网络诈骗等刑事案件适用法律若干问题的意见》及《意见二》（以下简称：两高《电诈意见》及《意见二》），仅提供了银行卡的帮助行为应属帮助信息网络犯罪活动行为，应进一步认定为构成帮助信息网络犯罪活动罪；提供了银行卡又提供了转移支付帮助等行为的应属诈骗或掩饰隐瞒犯罪所得，进而应构成诈骗罪或掩饰隐瞒犯罪所得罪。

本案中，被告人陈某系通过提供和收购他人银行卡账户用于收取、转移诈骗资金，其为诈骗分子提供的银行卡近二十张，并统筹安排这些银行卡的使用，组建供卡人员微信群，在微信上对各个供卡人收取款项后如何在一分钟内转出至指定账户进行沟通、对接。此收取转账并迅速分解转出之行为为诈骗分子实施电信诈骗提供便利，且时间长达三个月之久，接收并转账分解的金额特别巨大。在涉案银行卡被银行冻结后，陈某亦教唆银行卡所有人处理冻结事项，并以炒外币等说辞搪塞银行卡所有人。故综合看来，被告人陈某的供卡行为，已远超一般性的仅提供银行卡行为。

（二）对主观"明知"的认定

根据两高《电诈意见》及《意见二》的有关规定，明知他人实施电信网络诈骗犯罪，而提供银行卡并帮助转移诈骗犯罪所得的，以共同犯罪论处。据此，在办理涉供卡人的电诈案件中，除本罪之客观构成要件需予以查明外，本罪之主观构成要件系故意还是过失，若是故意则为何种罪之故意，亦是需要办案人员查明厘清的。其中，被告人对他人实施电诈犯罪活动是否有主观"明知"，则是认定其具备诈骗故意进而构成诈骗罪之关键。

本案中，被告人陈某提出其只是帮赌博公司上下分的辩解意见，其指定辩护人也提出被告人陈某与上家未形成共谋，应构成帮助信息网络犯罪活动罪的辩护意见。根据已查明的事实，被告人陈某的父亲陈某华被公安机关调查后，陈某与上家"典雅""小军"商量对策规避调查，并商定以赌博走流水的说辞应付调查。被告人陈某的辩解与其到案前和上家聊天记录中对抗公安机关侦查的内容相印证，且聊天记录中另有被告人陈某与上家协商转账返点标准和其教提供卡的人员在收到入账款后必须一分钟内转出的情况。结合被告人陈某自述其曾参与过网络赌博，可以综合判定被告人陈某明确知道网络赌博的资金入账方式与其实际进行的资金转入转出方式及要求明显不同，被告人陈某所辩解的这些"上分"方式实质上是诈骗团伙惯用的转移赃款方式，其相关辩解有规避公安机关查处的主观故意。因此，被告人陈某虽没有直接参与实施诈骗行为，但综合其客观行为表现进行推定，足以认定其主观上是明知他人实施诈骗犯罪的情况下，仍长期为诈骗分子提供银行卡收取、转移资金，牟取非法利益，满足诈骗罪之主观认知与意欲，故应以诈骗共犯论处。

本案的焦点问题之二是被告人陈某应承担的退赔责任范围问题，即构成诈骗罪共犯的供卡人是否应对其所提供的银行卡上所接收的全部诈骗资金数额承担退赔责任。

近年来，跨境电诈犯罪案件多发，其往往具有作案手法隐蔽、涉案人数众多、涉案金额特别巨大的典型特征。尤其非接触式的诈骗方式使得被害人往往无法直接指认出犯罪人员，给追赃挽损造成极大的困难。一些供卡人员亦是利用了这种非接触式的犯罪活动特点而抱有不被追查的侥幸心理，大肆供卡给相关从事电诈活动的犯罪分子，帮助其收取、转移、分解诈骗资金。在两高《电诈意见》及《意见二》中，虽然对明知他人实施电信网络诈骗犯罪还提供银行卡、资金支付结算账户等行为以共同犯罪论处，并规定查扣的涉案账户内资金应当优先返还被害人，但并未规定该类供卡人员在退赔被害人时的责任分担。基于此，在本案办理过程中，对退赔责任的承担亦存在两种不同意见。

第一种意见认为，应参照《意见二》第十七条的规定，"查扣的涉案账户资金，应当优先返还被害人，如不足以全额返还的，应当按照比例返还"。本案中，根据"限制从属性"，被告人陈某已构成诈骗罪的共犯。在共犯参与结构中，被告人可能系正犯或狭义之共犯，在具体责任划分时，又可区分为主犯、从犯、胁从犯等。若依据《意见二》第十七条之规定，对被告人陈某在共同犯罪中的责任分配应以其实际参与的地位、作用，按比例承担退赔责任。

第二种意见认为，深入分析被告人陈某在共犯参与结构中的作用及地位，可知其属共同犯罪的从犯、供卡及收取分解赃款的实行犯，其从犯的地位作用已经在量刑上予以考虑，其退赔责任应以其实际提供的银行卡所收取转移的诈骗资金为限，进行全额退赔。

综合两种意见，就已构成诈骗罪的电信诈骗供卡人的退赔责任范围，笔者赞同第二种观点。被告人陈某虽然没有直接实施诈骗行为，但其提供并帮助转移支付、分解诈骗款的银行卡实质上为直接实施诈骗行为的犯罪分子非法占有被害人资金提供了帮助，被害人所有资金系整个共同犯罪完整的不法所得，在共同犯罪中无论上述资金归属何人，陈某均应承担退赔责任。同时，考虑司法实践中，电信诈骗案件的转账链条较长，被害人追回被骗款的难度较大，由已构成诈骗犯罪的供卡人在其提供的银行卡内收款数额为限承担相应退赔被害人的责任，既迅速、有效保障了被害人的财产权益，又让这类供卡的诈骗犯罪分子承担了相应的退赔责任，并可对社会产生一般预防之效果，告诫一些抱有侥幸心理的潜在供卡人停止其行为，起到"断卡"的作用，防范跨境电信诈骗犯罪风险。

电信网络诈骗作为一种伴随信息网络诞生、诈骗手段不断更新的犯罪类型，其对社会造成之危害性颇深，给人民群众的财产安全带来巨大威胁。2015年以来，国务院打击治理电信网络新型诈骗违法犯罪工作部际联席会议召开至今，反诈治理取得了显著成效，人民群众反诈意识有了大幅度提高，各地设立反诈中心，扩大反诈宣传，为人民群众的财产安全增添保障。尽管如此，打击电信诈骗之路仍然漫长，不同于其他犯罪类型，电信诈骗不断利用网络工具升级转型，制造各种规避打击的诈骗方式与资金传输方式，给打击防范工作带来诸多困难。事实上，目前通过电话、短信等方式进行诈骗的形式越来越少，通过网络手段实施的诈骗逐步增多，并占到电信网络诈骗的80%以上，且基于电信网络诈骗自身的典型特征，电信诈骗破案率始终不高。因而在今后对待此类案件时，应在大力打击电信网络诈骗的同时，注重发挥刑法的一般预防效果，做到"人人反诈""天下无诈"。

004

双重 "非法" 要素的理解与认定
——曾某访催收非法债务案

广东省清远市清新区人民法院　廖美婷

裁判要旨 催收非法债务罪对非法催收行为和非法债务同时进行否定评价，判断是否构成该罪名时应考虑是否符合双重 "非法" 要素。

案例索引 一审：广东省清远市清新区人民法院（2021）粤 1803 刑初 378 号。

一、案情

公诉机关：广东省清远市清新区人民检察院。

被告人：曾某访。

2018 年 5 月，唐某豪因结算工程款分两次向被告人曾某访借款共 10 万元，月息 4 分，每月一结，扣除首期利息后，实际借款 9.6 万元。2018 年 10—11 月，陈某明以资金周转为由分两次向曾某访借款共 3 万元，其中一笔 2 万元由王某艺作为担保，并约定利息均为月息 1 毛，每月一结。后唐某豪、陈某明均没有钱归还利息和欠款。2018 年 12 月至 2019 年，曾某访伙同他人多次到唐某豪住宅门口张贴大字报、到唐某豪乡下村口烧爆竹纸钱、摆放自制的唐某豪遗照示众、微信朋友圈丑化唐某豪，以此对唐某豪进行债务催收。其间，曾某访亦伙同他人多次以带刀棍上门恐吓亲属、拉横幅羞辱、微信朋友圈丑化等方式对陈某明、王某艺进行债务催收。2020 年 5 月，曾某访因涉嫌寻衅滋事罪被广东省清远市公安局清新分局刑事拘留，2021 年 7 月，广东省清远市清新区人民检察院以曾某访犯催收非法债务罪向广东省清远市清新区人民法院提起公诉。

二、审判

广东省清远市清新区人民法院一审认为，被告人曾某访多次使用威胁、恐吓、非法侵入他人住宅、拉挂横幅、摆放遗照等方式催收高利放贷产生的非法债务，其行为已构成了催收非法债务罪，应依法追究其刑事责任。被告人曾某访到案后认罪认罚，主动赔偿部分被害人，依法可从轻处罚，被告人曾某访具有前科，可酌情从重处罚，其长期多次非法催收高利放贷，性质较为恶劣，不适宜判处缓刑。故判决：被告人曾某访犯催收非法债务罪，判处有期徒刑十个月，并处罚金人民币二万元。宣判后，被告人曾某访未上诉，该案已发生法律效力。

三、评析

随着我国经济社会的不断发展，因高利贷、"套路贷"、赌债等非法债务引发的恶性催债现象频发，引起社会不安的同时，亦造成诸多悲剧。① 高利放贷、套路贷等非法放贷现象系最为主要的表现，为收回高额利息和出借本金，行为人不惜采用各种非法方式催收、强收债务，往往容易滋生暴力催收犯罪，不仅严重滋扰被害人的正常生活，也对居住在周边的公众产生了不良影响。为有效规制高利贷伴生的暴力催收债务问题，维护金融秩序和社会秩序，《中华人民共和国刑法修正案（十一）》［以下简称《刑法修正案（十一）》］在寻衅滋事罪之后增加了催收非法债务罪，根据最高人民检察院发布的 2021 年 1 月至 9 月全国检察机关主要办案数据，自 2021 年 3 月 1 日《刑法修正案（十一）》施行以来，以催收非法债务罪被提起公诉的人数在新增的 17 个罪名中排名第二，共计 613 人。② 本案则是清远市首例适用该罪名审理并判处刑罚的案件。

《刑法修正案（十一）》第二百九十三条之一催收非法债务罪位于第六章妨害社会管理秩序类犯罪，其本质系通过实施危害他人人身安全、民主、自由权利进而危及社会秩序的行为以确证并落实法律并不认可的利益，③ 该规定的

---

① 刘仁文：《催收非法债务罪的法益厘清与规范展开》，《法学杂志》2023 年第 1 期，第 158 页。
② 《最高检发布 2021 年 1 月至 9 月全国检察机关主要办案数据》，中华人民共和国最高人民检察院网站，https：//www.spp.gov.cn/xwfbh/wsfbt/202110/t20211018_532387.shtml#1。
③ 章阳标：《催收非法债务罪设定的合理性与规范适用》，《人民法院报》，2021 年 5 月 20 日第 006 版。

内在逻辑完整表述应是"非法催收非法债务罪",其所针对之行为对象系非法债务,行为方式为催收,对此行为之不法评价则为非法催收,总结起来即同时对非法催收行为和非法债务进行否定评价。故在司法实务中判断是否构成催收非法债务罪时,应考虑构成本罪之要件的双重要素,包括行为非法和债务非法。

以合法手段催收合法债务,当然属于合法的私力救济行为,法律上自然是予以肯定和保护的。以非法手段索取合法债务,刑法并未将其纳入催收非法债务罪的评价范围,根据罪刑法定原则,即刑法不对其进行刑罚方式的规制。合法债务因具备民法上的权源,债权人以"权利行使"索取相应债务,在客观上并不会对债务人造成财产损失,但债务形成的合法性不能昭示其后续催收手段的必然合法,其使用的非法催收手段已达到刑法评价的程度,符合非法拘禁罪、故意伤害罪等犯罪的构成要件的,应当以有关犯罪论处①。从民法的角度讲,对于非法债务,其形成已被法律进行否定评价或者不予认可其合法效力,即使催收手段合法合理,也不受民事法律所保护。以非法手段索取非法债务,符合两个"非法"要素构成,才属于催收非法债务罪的规制范围。总结而言,在该罪名的双重构成要素逻辑下,就债务催收这一行为,可以根据债务的合法非法、催收行为的合法非法,将其分为以下情形:

要素	合法债务	非法债务
合法催收行为	对合法债务以合法私力救济	民事法律不予保护
非法催收行为	非法讨债行为符合犯罪构成要件,可以寻衅滋事罪、非法拘禁罪等予以规制	催收非法债务罪的规制范围

（一）"非法催收行为"的认定

催收非法债务罪在客观方面表现为使用暴力、胁迫等非法手段催收非法债务,破坏社会公共秩序。在行为方式上,法条明确规定了三种典型的非法催收方式,一是使用暴力、胁迫方法;二是限制他人人身自由或者侵入他人住宅;三是恐吓、跟踪、骚扰他人。可总结为:暴力型催收行为、限制自由型催收行

---

① 杨万明主编:《〈刑法修正案（十一）〉条文及配套〈罪名补充规定（七）〉理解与适用》,人民法院出版社2021年版。

为、软暴力型催收行为。可以看出，《刑法修正案（十一）》实际上是以"讨要非法债务"为场域特征，以讨回非法债务的实际发生情景为落脚点，将上述三种常见的讨债行为纳入本罪的打击范围，以此强化刑事治理效果①，在认定是否构成本罪时，便于对应符合本罪构成之行为方式。以特定场域为切入点将行为设定为不同犯罪的场域性立法，一方面使得本罪被类型化为个罪予以单独对待，另一方面则使得催收非法债务罪与其他相关犯罪势必会发生竞合关系。

1. 暴力型催收行为

对于"使用暴力、威胁方法"的催收行为，法条并未规定暴力程度及造成的伤情、伤害程度，但依照催收非法债务罪的立法目的、其位于寻衅滋事罪之后的体系安排以及其法定刑配置，应对非法收催行为进行充分理解与合理解释。催收非法债务罪的立法目的是严密刑事立法，规范罪刑适用，打击金融犯罪。具体而言，是为了消除以往对催收非法债务行为适用寻衅滋事罪等口袋罪所导致的罪刑失衡，以及为了弥补因无法构成其他犯罪而导致的罪刑漏洞，从而编织起打击金融犯罪的严密刑事法网②，故而被设于寻衅滋事罪之后。比较催收非法债务罪与寻衅滋事罪等个罪的法定刑，催收非法债务罪的量刑幅度为"处三年以下有期徒刑、拘役或者管制，并处或者单处罚金"且必须"情节严重"，明显规制和惩罚幅度较小。因而综合来看，应对非法催收债务行为的不法程度进行限缩解释，即本罪的暴力程度不必达到其他犯罪的入刑条件。被害人被暴力索取非法债务时，仍然有作出是否给付钱财的意思自由，故此罪中的暴力行为程度尚未达到足以压制被害人反抗的效果；如果暴力催收行为已达到压制被害人反抗的程度，应当将手段行为评价为其他人身或暴力型财产犯罪。③ 需注意的是，催收非法债务罪中虽有"情节严重"的规定，但其作为本罪的犯罪构成要件，应理解为对行为人催收非法债务行为的整体评价，并非单独指行为人实施的某种催收行为具有情节恶劣等情形。④

---

① 参见汪鹏：《场域性立法背景下催收非法债务罪的规范构造》，《上海大学学报（社会科学版）》2022年第1期。

② 刘艳红：《催收非法债务罪"催收"行为的法教义学展开》，《比较法研究》2023年第2期。

③ 章阳标：《催收非法债务罪设定的合理性与规范适用》，《人民法院报》，2021年5月20日第006版。

④ 杨万明主编：《〈刑法修正案（十一）〉条文及配套〈罪名补充规定（七）〉理解与适用》，人民法院出版社2021年版。

2. 限制自由型催收行为

"限制他人人身自由"和"侵入他人住宅"的行为方式，是指行为人以捆绑、关押、扣留等手段强制剥夺被害人人身自由，以强行闯入或者无故滞留被害人家中等方式索取非法债务。同理，行为人通过限制他人自由的手段催收债务的，也不必达到"剥夺他人自由"的不法程度，即该手段限制他人人身自由的次数、时长等具体行为方式特征不必高于非法拘禁罪的标准。①

3. 软暴力型催收行为

"恐吓、跟踪、骚扰他人"的行为方式，是非法催收债务中常用的"软暴力"行为，主要表现为故意携带、展示管制刀具，发送恐吓信息，尾随、守候、盯梢，破坏生活设施，拉横幅、播放哀乐、摆放花圈等方式，客观上对他人人身安全和人身自由造成压迫，使债务人或其家人、邻居等产生恐惧心理从而对债务人形成一定的心理强制力。譬如，本案中的被告人曾某访即多次以张贴大字报、烧爆竹纸钱、自制遗照示众、带刀棍上门恐吓等方式追讨非法债务，虽然未实际造成债务人的人身损害，但其行为已严重侵扰他人安宁，扰乱社会公共秩序，属于典型的软暴力型催收行为，故人民法院依法认定其构成催收非法债务罪。

另外，因寻衅滋事罪作为典型的口袋罪名，在法条的文字表述上包括诸多异质的、不同类型的行为，② 其犯罪行为方式上可包含以暴力、胁迫、恐吓、跟踪等多种非法催收的行为，且二者侵害的法益均为社会公共秩序或社会管理秩序，故而在催收非法债务单独入刑前，司法实践中多以寻衅滋事罪对暴力讨债进行规制，但这就存在难以精准打击犯罪，在定罪量刑上具有随意空间、有失公允等问题。而新增设催收非法债务罪后，既合理解决了先前缺少明确的个罪类型而不得不套用其他罪名的窘境，同时也符合罪刑法定和罪责刑相适应的刑法基本原则。而在司法实践中，新旧两罪之区分在于主观目的和刑罚配置上的不同。就主观目的而言，前者是目的犯，其行为人就是通过非法催收的手段达到将高利放贷等产生的非法债务明确化、固定化、收讫化的目的，③ 而后者

---

① 参见洪杭：《催收非法债务罪的规范构造与司法适用》，《广州广播电视大学学报》2022年第2期。

② 张明楷：《〈刑法修正案（十一）〉对口袋罪的限缩及其意义》，《当代法学》2022年第4期。

③ 王爱立：《〈中华人民共和国刑法〉释解与适用（下）》，中国民主法制出版社2021年版，第875页。

一般基于逞强好胜、好勇斗狠、低级趣味等寻衅滋事动机。就刑罚配置而言，前者量刑幅度最高档是三年有期徒刑，后者则是五年有期徒刑，相较之下，寻衅滋事罪属于惩罚较重的罪名，这便涉及新法的适用问题，即溯及力问题。在本案中，被告人曾某访的非法讨债行为实施在《刑法修正案（十一）》之前，其行为按当时的法律，应当构成寻衅滋事罪，但按照从旧兼从轻的刑法适用原则，人民法院最终以曾某访犯催收非法债务罪追究其刑事责任。

（二）"非法债务"的认定

关于该罪的另外一个"非法"要素——"非法债务"，条文表述为"催收高利放贷等产生的非法债务"，条文从债务的产生原因上确定非法债务的范围，并以高利放贷作为列举性产生原因。无论是高利放贷产生的非法债务，还是"等"其他非法债务，都存在较大的解释及商榷空间。

首先应肯定"非法债务"存在债因，高利贷以当事人间形成债的合意为前提，而赌债、毒债等也在一定程度上基于当事人的意思而形成。因其产生原因上违反效力性规定，所形成债务不成为法律保护的合法债务。若行为人与被索取人之间不存在债因，通过行为手段可以认定为抢劫、诈骗、敲诈勒索等相关财产型犯罪。赌债、毒债等形成原因的违法性具有较为明确、统一的否定性法律评价，故此类债务的非法性认定也相对清晰明确。《中华人民共和国民法典》第六百八十条禁止高利放贷，而高利贷的违法性认定直接依赖于民法和刑法对"高利"的认定标准。

在刑事领域，对于放贷形成的非法债务，《最高人民法院、最高人民检察院、公安部、司法部关于办理非法放贷刑事案件若干问题的意见》将"超过36%的实际年利率"作为认定"非法放贷"的基准线，[①] 该标准源于2015年最高人民法院《关于审理民间借贷案件适用法律若干问题的规定》对于"两线三区"的规定，即年利率超过36%部分的利息约定无效。

在民事领域，《中华人民共和国民法典》明确借款的利率不得违反国家有关规定，超出国家有关规定的利率限制标准的，法律不予保护。但目前我国法

---

① 《最高人民法院、最高人民检察院、公安部、司法部关于办理非法放贷刑事案件若干问题的意见》（法发〔2019〕24号）二、以超过36%的实际年利率实施符合本意见第一条规定的非法放贷行为，具有下列情形之一的，属于刑法第二百二十五条规定的"情节严重"，但单次非法放贷行为实际年利率未超过36%的，定罪量刑时不得计入：……。

律尚未有关于高利借款的限制性规定，因此，"借款利率的国家有关规定"主要指中国人民银行和最高人民法院相关规定。①

对于金融借款而言，依据《中国人民银行法》规定②，利率标准的制定原则上是中国人民银行的职责，金融运行中，金融借款活动必须按照中国人民银行制定的有关利率标准。在实际生活中，金融机构的借款利率会明确记录在借款合同中，一般不会违反国家法律法规的规定。

对于民间借贷而言，无法从中国人民银行制定的金融活动相关利率中找到"高利"的标准或裁量利率纷争的依据，民间借贷的利率标准认定，主要依赖于司法解释等相关法规的规定，并不断经历着变化。随着利率市场化改革不断深化，目前贷款市场报价利率已经代替了贷款基准利率，2020年民间借贷司法解释亦以贷款市场报价利率对民间借贷借款利率重新予以规制，民间借贷利率保护上限不再是固定的利率标准，"两线三区"的民间借贷利息保护标准也已成为历史。

时间	法律法规	规定内容	保护上限
1991年	最高人民法院《关于人民法院审理借贷案件的若干意见》第六条	民间借贷的利率可以适当高于银行的利率，各地人民法院可根据本地区的实际情况具体掌握，但最高不得超过银行同类贷款利率的四倍（包含利率本数）	银行同类贷款利率的四倍
2002年	中国人民银行《关于取缔地下钱庄及打击高利贷行为的通知》第二条	民间个人借贷利率由借贷双方协商确定，但双方协商的利率不得超过中国人民银行公布的金融机构同期、同档次贷款利率（不含浮动）的4倍。超过上述标准的，应界定为高利借贷行为	金融机构同期、同档次贷款利率（不含浮动）的4倍

---

① 参见江必新、夏道虎：《中华人民共和国民法典重点条文实务详解（上）》，人民法院出版社2020年版，第482页。

② 《中国人民银行法》第五条第一款的规定："中国人民银行就年度货币供应量、利率、汇率和国务院规定的其他重要事项作出的决定，报国务院批准后执行。"

（续上表）

时间	法律法规	规定内容	保护上限
2015 年	最高人民法院《关于审理民间借贷案件适用法律若干问题的规定》第二十六条	"两线三区"标准，即民间借贷双方约定的借款年利率在 24% 以内的受法律保护；年利率在 24%～36% 之间作为自然债务区，贷款人享有债权保持力但不享有债权执行力；利率超过 36% 的即为不受法律保护的高利	年利率 24%
2020 年	最高人民法院《关于审理民间借贷案件适用法律若干问题的规定》第二十八条	借贷双方对逾期利率有约定的，从其约定，但是以不超过合同成立时一年期贷款市场报价利率四倍为限	合同成立时一年期贷款市场报价利率四倍

　　由此可见，刑事领域与民事领域对于高利贷的认定标准有交叉重合之处，但并非总是保持一致。在民刑二者对高利贷的违法性认定存在差异时，基于本罪应如何认定违法标准？

　　基于法秩序的统一性要求，评价对象和评价规范保护目的相同，民刑领域中的相关概念则应保持一致，若不相同，民刑规范适用则相互独立。基于现行的刑事规范，年利率 36% 的基准对高利贷的认定仍有重要意义。在具体的司法判定中，可以年利率 36% 为分界线，根据债务的不法程度将其区分为绝对违法债务和相对违法债务，对于超过年利率 36% 的债务，属于绝对违法债务，在民事领域属于无效法律行为，在刑事领域也具有可罚性，为法律所绝对禁止，利用不法手段催收绝对违法的高利贷，当然符合催收非法债务罪对于债务非法性的认定标准。而年利率在 36% 以内但又超过贷款市场报价利率四倍上限的高利贷，则属于相对违法债务，即该部分高利贷具有一定程度的违法性，民法拒绝为其债权实现提供保护。[①] 对于相对违法的高利贷部分，有观点认为构成自然债务，也有观点认为属于不法原因给付范畴，但两者在效果上均否定

　　[①] 参见李霁：《催收非法债务行为的犯罪认定界分》，《中国政法大学学报》2022 年第 1 期。

给付人的诉权，故而其通过非法手段索取该部分债务也在本罪对非法债务的认定射程范围。由此，作为本罪所指的高利贷的非法界限，实际以民事规范的"贷款市场报价利率四倍"为认定基准较为合理。

然而，以浮动的利率上限标准作为认定刑法犯罪中的高利贷的依据，似乎又会出现不确定性、缺乏可预期性的问题。但在催收非法债务罪的犯罪构成认定中，行为非法、债务非法作为定性要件进行评价，入罪仍需考量"情节严重"的定量要件。也就是说，即便以贷款市场报价利率四倍的标准认定了非法债务，仍不代表行为人催收该债务即符合本罪犯罪构成，而应对债务、催收手段的不法程度进行整体评价，综合判定其是否符合"情节严重"的要件进而构成催收非法债务罪。

就本案而言，被告人曾某访以月息 4 分、月息 1 毛的利率标准出借款项，年利率均远超 36% 的基准线，属于绝对违法的高利贷，而且其在出借款项时还扣除了首期利息，即俗称的"砍头息"，被害人的实际借款利息甚至要高于双方约定的高息。故被告人曾某访催收的债务应认定为非法债务，且不法程度较高，结合其实施前述的软暴力型催收行为，符合两个"非法"的要素标准，且情节严重，人民法院以催收非法债务罪对被告人曾某访追究其刑事责任，符合罪刑法定和罪责刑相适应的基本原则，对打击以"软暴力"手段催收非法债务的违法行为具有一定示范意义。催收非法债务罪的设置既是对扫黑除恶专项斗争部分经验成果的立法总结，也对于遏制黑恶势力、维护社会秩序具有重要意义，催收非法债务行为入罪入刑是刑法发挥其一般预防刑事政策的体现，通过将实践中轻微暴力、"软暴力"等非法催收手段予以入罪，对催收非法债务行为进行精准打击的同时，阻断催收非法债务行为进一步演变或引发严重侵害人身法益的恶性犯罪。①《刑法修正案（十一）》施行以来，开启了司法实践中催收非法债务的行为被以催收非法债务罪定罪处罚的新征程，不少理应被归于催收非法债务罪的行为被精确定位，同时也使得一些轻罪避免被施以重刑，是刑法发挥其规制打击犯罪、合理施以刑罚的具体表现，对于整个社会管理秩序的稳定有序具有长远意义。

---

① 刘仁文：《催收非法债务罪的法益厘清与规范展开》，《法学杂志》2023 年第 1 期，第 171 页。

005

高空抛物罪的司法认定
——周某容高空抛物案

广东省清远市清新区人民法院　廖美婷

裁判要旨　高空抛物罪的犯罪构成是行为人以主观故意心态实施高空抛掷物品行为，且具有严重情节。在司法认定中，应结合行为人的主观恶性、客观行为和损害结果的不法程度，判断高空抛物行为是否符合情节严重。行为人因发泄情绪从住宅高处抛掷电视机等重物，致使他人财产损害，在主观动机上具有随意性，属于情节严重，应认定为高空抛物罪。

案例索引　一审：广东省清远市清新区人民法院（2021）粤 1803 刑初 486 号。

一、案情

公诉机关：广东省清远市清新区人民检察院。

被告人：周某容。

2021 年 7 月 10 日 0 时许，被告人周某容在其位于广东省清远市清新区三坑镇的二层高的住宅处，与丈夫因家庭琐事发生争吵，争吵过后，被告人周某容将客厅摆放的一台旧电视机从窗户扔到楼下，砸在被害人朱某勤停放在楼下的大众探岳牌小车上，致小车前挡风玻璃及引擎盖损坏。2021 年 7 月 10 日，被告人周某容向被害人赔偿了车辆维修费 11482 元，取得了被害人的谅解。

二、审判

广东省清远市清新区人民法院一审认为，被告人周某容从二楼住所抛掷电视机，致使他人的轿车前挡风玻璃及引擎盖损坏，其行为已构成高空抛物罪，依法应负刑事责任。鉴于其到案后能如实供述自己的罪行，愿意接受处罚，赔偿被害人，取得被害人的谅解，主动缴纳罚金，故对其依法予以从轻处罚并适用缓刑。广东省清远市清新区人民法院以被告人周某容犯高空抛物罪判处有期徒刑六个月，缓刑一年，并处罚金人民币 4000 元。该判决已发生法律效力。

三、评析

现代城市中高楼林立已是常态，但近年来，高空抛物、坠物事件不断发生，严重危害公共安全，侵害人民群众合法权益，影响社会和谐稳定。高空抛物已成为"悬在城市上空的痛"。为充分发挥司法审判的惩罚、规范和预防功能，依法妥善审理高空抛物、坠物案件，切实维护人民群众"头顶上的安全"，保障人民安居乐业，2019 年最高人民法院颁布了《关于依法妥善审理高空抛物、坠物案件的意见》（以下简称《高空抛物审理意见》），将高空抛物行为作为刑法规制对象；2021 年 1 月 1 日起施行的《中华人民共和国民法典》，全面划定了高空抛物的侵权责任；2021 年 3 月 1 日正式实施的《中华人民共和国刑法修正案（十一）》［以下简称《刑法修正案（十一）》］将高空抛物独立成罪，置于《刑法》分则第六章妨害社会管理秩序类犯罪中第二百九十一条之二，对预防和遏制高空抛物行为具有重要意义。根据其罪刑规范，高空抛物行为并非一定构成犯罪，只有"情节严重"的情形才会被作为犯罪处理。在此意义上，"情节严重"可谓高空抛物罪的入罪条件（或标准）。①

目前，我国对高空抛物行为已形成"民事侵权—行政处罚—刑事归责"的综合治理格局，其中因高空抛物行为造成轻微的人身损伤或财产损害的案件，多涉及民刑交叉问题，即要对该高空抛物行为属于民事侵权抑或是刑事犯罪做出法律判断。而高空抛物罪作为新设罪名，明确其犯罪构成要件，找出属于刑事可罚性评价之关键要素，则是划分高空抛物行为为民刑责任的关键。

---

① 敦宁：《高空抛物罪中"情节严重"的教义学诠释》，《河北法学》2023 年第 3 期，第 63 页。

（一）法益认定

法益对犯罪构成要件具有解释论机能，是犯罪构成要件规范解释的基础。对于高空抛物罪的保护法益存在着多种不同观点，有观点认为其保护的法益是社会公共秩序，有观点认为是公共安全，也有观点认为是人身、财产安全。从体系解释的角度来说，高空抛物罪设置在《中华人民共和国刑法》分则第六章第一节"扰乱公共秩序罪"之下，按照犯罪的同类客体的刑法分则分类标准，应当肯定，高空抛物罪所保护的法益是社会公共秩序。从历史解释的角度来说，高空抛物犯罪行为从危害安全型犯罪到扰乱秩序型犯罪，其保护法益也有着"公共安全"到"公共秩序"的转变。高空抛物罪入刑以前，以危险方法危害公共安全的思路对高空抛物行为进行刑事规制几乎成了一贯做法。即考察高空抛物行为能否产生公共危险，进而构成《中华人民共和国刑法》第一百一十四条规定的以危险方法危害公共安全罪。在《刑法修正案（十一）》施行以前，《高空抛物审理意见》第五条第二款规定，高空抛物行为足以危害公共安全的，可以成立以危险方法危害公共安全罪。那么，高空抛物罪的出台，是否排除了高空抛物行为适用《中华人民共和国刑法》第一百一十四条的可能？对此，学界争议较大。[①] 先前公共安全说认为，公共安全是不特定或者多数人的生命、身体等方面的安全，其中的不特定并非指行为对象的不确定，而是指危险的不特定扩大。[②] 但就高空抛物行为之危险性而言，高空抛物的抛掷行为完成后，其被害领域并不具有随时扩大的可能性，即抛物行为可能会随机地损害到不确定个体的生命、财产安全，但该危险并不会对不特定或多数人造成损害，明显与放火、爆炸、决水等危害公共安全行为不具有相当性。[③] 因此，正式颁布的《刑法修正案（十一）》也将高空抛物罪从危害公共安全类的犯罪调整至扰乱或妨害社会公共秩序的犯罪之中，在罪状描述中，也删减了"危害公共安全"的字眼，由此否定了此前的司法实务的做法，形成了新的罪刑配置，也体现了对该罪轻刑化的立法意图。再从罪状描述来看，高空抛物罪

① 陈建清、庞立峰：《高空抛物的情形及刑法适用争议问题探究》，《河南财经政法大学学报》2023 年第 1 期，第 83 页。

② 王志祥、李昊天：《高空抛物罪主观罪过形式的教义学分析》，《河北法学》2022 年第 10 期，第 47 页。

③ 参见谷月桥：《高空抛物刑法评价理念与认定重心的转向》，《犯罪研究》2022 年第 1 期。

并非以发生实际损害结果为入罪条件，即高空抛物罪的犯罪形态是危险犯，存在抛物行为未实际造成个人的人身、财产损害，但因其抛掷物品、抛掷地点的危险性而入罪的情形。因而，高空抛物罪侵犯的法益应该理解为"公共秩序"，具体来说是处于高空的人不得随意抛掷物品的社会共识性规则所构成的公共秩序。① 但不得不承认，公共秩序的概念极具包容性，将影响其对高空抛物罪构成要件的解释论功能，且并非所有的高空抛物行为都是单纯妨害社会管理秩序的行为，现实中亦存在侵害人身权利、财产权利的高空抛物行为。② 故而，基于对构成要件定型化及合理限缩处罚范围，在对高空抛物罪进行个案司法判断时，应侧重将社会法益还原为个人法益，特殊情况下兼及社会法益。③

（二）主观罪过认定

从高空抛物罪的罪状表达上看，其罪过形式限定在故意，且该罪的犯罪形态属于危险犯，并无过失犯的可能性。但在理论上对该罪的主观罪过形式的争议颇大，而且实践中大多数行为人系出于激情、酒后、习惯性等原因而实施高空抛物行为，对其主观态度的认定就更有难度。若基于本罪所侵犯之法益作为切入，即不难理解其主观方面应只能为故意。该罪被置于《中华人民共和国刑法》分则第六章妨害社会管理秩序类犯罪中第一节"扰乱公共秩序罪"之下，高空抛物罪的保护法益即社会公共秩序，秩序的破坏所形成的结果属于"非物质性结果"。一般情况下，该非物质性结果与危害行为同时发生，通过行为人对高空抛物行为的态度就可以推断出其对该非物质性结果的态度。而高空抛物行为仅能由行为人明知并希望或放任，故行为人对该非物质性结果只能持有故意的心理态度，④ 即高空抛物罪为故意犯罪。在司法认定中，应注意行为人对高空抛物行为的故意与对危害后果的主观态度。该罪罪状中"抛掷"的行为动作表明行为人对物施加外部力量，即高空抛物的行为是故意的，但《中华人民共和国刑法》明确采取以行为人对危害结果的心理态度作为判断罪过形式的标准，即在认识要素上，行为人对抛掷行为可能产生的危害后果应该

① 王志祥、李昊天：《高空抛物罪主观罪过形式的教义学分析》，《河北法学》2022 年第 10 期。

② 陈建清、庞立峰：《高空抛物的情形及刑法适用争议问题探究》，《河南财经政法大学学报》2023 年第 1 期，第 83 页。

③ 俞小海：《高空抛物犯罪的实践反思与司法判断规则》，《法学》2021 年第 12 期。

④ 王志祥、李昊天：《高空抛物罪主观罪过形式的教义学分析》，《河北法学》2022 年第 10 期，第 58 页。

是明知的，在意志要素上，行为人对抛掷行为可能产生的危害后果持有希望或放任的态度。行为人先行观望确定无人再行高空抛物的，推定其对抛掷行为可能产生的危害后果持排斥的态度，即不宜认定为高空抛物罪。本案中，被告人周某容作为一名理智正常的成年人，应当知道从二层的高处扔掷电视机可能对楼下他人的人身和财产安全造成损害，但仍不顾后果地实施危险行为，行为实施时对可能产生的危害后果持有放任的态度，符合高空抛物的主观罪过形态。

（三）客观行为认定

高空抛物罪的罪状描述为"从建筑物或者其他高空抛掷物品，情节严重的"，即该罪的犯罪构成以"定性+定量"的方式来组成。"从建筑物或者其他高空抛掷物品"是对行为性质的认定，但刑法并非对所有高空抛物行为一网打尽，所以以"情节严重"作为量的限制，共同构成高空抛物行为是否具有刑事可罚性的判断标准。

1. 何为"高空"

作为对抛掷地点的描述与形容，罪状的表述为"建筑物"或"其他高空"，"其他高空"为抛掷地点的兜底性规定，虽然对建筑物的高度或层数没有规定，但根据同类解释，其作为抛掷地点应该与"高空"具有相同的内涵和外延。"高"是一个相对概念的词，问题在于应否规定标准化的高度，以明确高空抛物罪的认定？根据《高处作业分级》，坠落高度基准面 2 米以上的，即为高处。据此，有观点建议以 2 米确定该罪名的"高空"标准，但从 1.9 米的垂直高度抛掷物品致害，即能当然排除刑事可罚性吗？高空抛物的危险性在于物品在垂直下降过程中产生的势能给下方人群或物品造成损害，规定一个标准化、具体化的高度并不能实质解决高空抛物罪对"高空"的认定。故而，"高空"应着眼于抛物点与落地点之间形成垂直差，对他人人身和财产安全能造成实际的危险，即必须排除横向抛物。本案中，被告人周某容在二层高的住宅处扔掷物品，抛掷点和坠落点存在明显高度落差，物品的下落具有造成他人人身和财产安全的危险可能性，符合"高空"的抛掷地点要求。

2. "抛掷"行为的认定

作为高空抛物罪的具体行为方式，"抛"和"掷"的动作均有相同的内涵，即行为人以自身力量将手中物品直接抛出或掷出。但在具体的司法判定中，不应根据文义解释而将抛掷的行为狭义理解为行为人只能用双手实施或只能直接接触抛掷物等方式之限定。高空抛物罪的实行行为还应当包括"间接"抛掷行为，即行为人利用他物或其他手段使得物品坠落，整个过程中行为人始终处于积极追求物品坠楼的主观故意状态。如果物品坠落只是过失行为的附带结果，则不能以此认定行为人基于故意的主观意识实施高空抛物行为，自然不构成高空抛物罪。

3. 抛掷何"物"

高空抛物罪的保护法益是公共社会秩序，该法益与"物品"的种类没有必然关系，故对实施行为时的抛掷物品原则上不应有所限制。但基于物品的种类、材质、密度等不同性质，抛掷物品所带来的危险与随之衍生之损害也有所区别。在个案的司法判断中，按照抛掷物所造成的损害形式的不同，可以将抛掷的物品分为三类：一是抛掷行为客观上给个人法益造成损害的物品，如玻璃瓶、刀具、花瓶等，二是抛掷行为客观上不会给个人法益造成损害但可能给其他社会法益造成损害的物品，如污水、粪便等，三是抛掷行为客观上无法直接判断造成何种损害的物品，需要进行具体化判断①。而本案中，被告人周某容扔掷的物品为电视机，从其材质、体积、重量等因素考量，电视机明显属于上述物品分类中的第一类，抛掷电视机的行为客观上会对他人的人身、财产安全带来危险进而可能造成损害，故而应置于高空抛物罪的打击范围中。当然，抛掷的物品在客观上明显不可能造成法益损害的，如高空扔掷一张白纸、一根羽毛等，应将其排除在本罪范围外。

4. "情节严重"的界定

高空抛物行为必须达到一定的社会危害性，才能纳入刑法的评价范围，而"情节严重"是对抛物行为的不法程度或损害结果的不法含量的定量标准，普遍看法认为其属于高空抛物罪犯罪构成要件，直接关系到高空抛物行为的民刑分界标准。而从刑法教义学层面对其进行深入诠释，则高空抛物罪中的"情节严重"应当定位于犯罪构成体系中诠释法益侵害程度的整体违法要素，对其只能从行为的客观危害性层面进行判断②。无论基于何种观点，对情节严重的具体认定，应结合抛掷地点、抛掷时间、抛掷物品、抛掷次数、主观恶性等

① 参见俞小海：《高空抛物犯罪的实践反思与司法判断规则》，《法学》2021年第12期。
② 敦宁：《高空抛物罪中"情节严重"的教义学诠释》，《河北法学》2023年第3期，第62页。

要素综合考量，关键着眼于高空抛物行为对法益侵害的现实性和紧迫性。就抛掷物品来说，高空扔掷刀具尖锐物品、砖头重物的现实危险性当然比扔掷塑料瓶、纸盒等物品要严重。就抛掷地点和抛掷时间来说，在人流量大的时间段，向人员密集场所或向公共交通道路高空抛掷物品，对于他人的人身、财产法益以及对社会秩序的危害更具有现实性和紧迫性，而在私人庭院、无人荒野高空抛物则不可能侵害社会公共秩序。① 行为人的主观恶性同样在"情节严重"所包含的"不法"含量中，对此可参照《高空抛物审理意见》中的既有规定，如多次实施高空抛物行为、一次性抛掷多物、劝阻仍继续实施抛物行为、纠集他人共同实施抛物行为等，均表明行为人对高空抛物的积极追求，具有较大的主观恶性和社会危险性，明显具有刑法可责性。从不法程度来看，本案被告人周某容因家庭琐事与家人发生争吵，为了发泄家庭矛盾的怨气而从高空抛掷重物，其主观动机具有随意性、任意性特征，对行为的损害后果至少持放任的态度，因而可以认定为情节严重。

综合来看，该案之判决基于对高空抛物罪法益、主观方面、客观方面、情节严重等要素之认定，符合立法的意旨及规范的教义学分析，案情事实清楚，适用法条准确。本案是《刑法修正案（十一）》施行后，清远市首例适用高空抛物罪罪名审理并判处刑罚的案件，在案例示范效果上具有显著意义。高空抛物罪作为从民事领域转入刑事领域的特殊犯罪类型，于一定程度上的确缓解了往常将此类相关行为强行归入寻衅滋事罪中的窘境，但在实际的司法实践中还有待对"情节严重""法益"等要素做进一步解释与明确。为了有效治理高空抛物这种"悬在城市上空的痛"，应不断加强对此类犯罪行为之规制，若明显进入刑法规制范围内，即不可纵容，此外在具体裁断此类案件时，应注重本罪与其他重罪的竞合问题，避免轻罪重判。

---

① 参见李珈：《高空抛物罪适用中的疑难问题》，《东南大学学报（哲学社会科学版）》，2021 年第 A2 期。

006

环境刑事附带民事公益诉讼的程序价值

——谢某祥、罗某军非法采矿，陈某宏、陈某茂掩饰、隐瞒犯罪所得案

广东省连南瑶族自治县人民法院　吴锦芬

【裁判要旨】　人民法院依法支持检察机关公益诉讼请求，在判决被告人承担刑事责任的同时承担环境损害责任，体现了惩治与修复并重，统筹适用刑事、民事法律责任的现代环境司法理念，进一步发挥司法守护"绿水青山"的保障作用。

【案例索引】　一审：广东省连南瑶族自治县人民法院（2021）粤 1826 刑初 38 号。

二审：广东省清远市中级人民法院（2021）粤 18 刑终 316 号。

一、案情

原公诉机关暨被上诉人（一审附带民事公益诉讼起诉人）：广东省连南瑶族自治县（以下简称连南县）人民检察院。

上诉人（一审被告人暨附带民事公益诉讼被告）：谢某祥。

上诉人（一审被告人暨附带民事公益诉讼被告）：陈某宏。

上诉人（一审被告人）：陈某茂。

一审被告人暨附带民事公益诉讼被告：罗某军。

2019 年 4 月，谢某祥、罗某军等人协商在连南县 Z 镇 M 坝河滩地以建设鱼塘的名义，将开挖出来的沙石运往经营者为谢某祥的 H 建材加工场加工出售。谢某祥、罗某军与 Z 镇 J 村 1、2 小组村民签订了一份鱼塘建设工程协议，

并支付了 6000 元给村民作为补偿后，罗某军负责在 M 坝河滩地管理开挖采沙，谢某祥负责将开挖出来的沙石运往 H 建材加工场加工销售。其间，发生了村民阻止开工的民事纠纷，均由谢某祥、罗某军共同解决。2019 年 5 月至 2020 年 1 月在 M 坝河滩地以开挖鱼塘的名义开挖所采的沙石卖到 H 建材加工场共 31876.5 立方米，卖得 56.79875 万元。经清远市诚业测绘工程技术测绘有限公司对 Z 镇 J 村 M 坝地块开挖成鱼塘进行测量，被非法开挖鱼塘面积 25574 平方米，开挖方量 77247.8 立方米。陈某宏、陈某茂作为 H 建材加工场的管理人员，明知谢某祥、罗某军在 M 坝河滩地以建设鱼塘的名义开挖出来的沙石无采沙许可、以每立方米 17 元或 19 元收购后加工出卖牟利，仍参与 H 建材加工场的管理，收取分红和工资。

另查明，连南县人民检察院委托江西求实司法鉴定中心就谢某祥、罗某军非法采矿造成的环境损害进行司法鉴定并支付鉴定费用人民币 30000 元。经鉴定，谢某祥和罗某军非法采沙造成的生态环境损害价值为 3513369 元（其中矿产资源的损失为 3500582 元，水土保持补偿费为 12787 元）；造成环境损害所需要的生态环境修复费用为 39628.1 元。

二、审判

广东省连南瑶族自治县人民法院一审认为，谢某祥、罗某军违反《中华人民共和国矿产资源法》的规定，未取得采矿许可证擅自采矿，情节特别严重，构成非法采矿罪；陈某宏、陈某茂明知罗某军等人开挖鱼塘所得的沙石没有采矿许可证，仍然进行收购，情节严重，构成掩饰、隐瞒犯罪所得罪；谢某祥、罗某军到案后如实供述自己的罪行，是坦白，且自愿认罪认罚，可以从轻处罚；陈某宏、陈某茂在共同犯罪中作用次要，是从犯，应当从轻或减轻处罚；谢某祥、罗某军非法采矿的行为破坏了国家矿产资源，造成了生态环境和社会公共利益损害，应承担民事侵权责任；连南县人民检察院的诉讼请求符合法律规定，予以支持。根据谢某祥、罗某军、陈某茂、陈某宏的犯罪事实、性质、情节和对于社会的危害程度，依照《中华人民共和国刑法》第三百四十三条、第三百一十二条、第二十五条、第二十七条、第六十七条第三款、第六十四条，《中华人民共和国刑事诉讼法》第十五条、第一百零一条，《中华人民共和国环境保护法》第六十四条,《中华人民共和国侵权责任法》第八条、第十五条,《最高人民法院关于审理环境民事公益诉讼案件适用法律若干问题的解释》第十八条、第二十条、第二十二条,《中华人民共和国民事诉讼法》第五十五条,《最高人民法院、最高人民检察院关于检察公益诉讼案件适用法律若干问题的解释》第二十条的规定,作出如下判决:一、谢某祥犯非法采矿罪,判处有期徒刑三年,并处罚金人民币五万元;二、罗某军犯非法采矿罪,判处有期徒刑三年,并处罚金人民币三万元;三、陈某宏犯掩饰、隐瞒犯罪所得罪,判处有期徒刑二年,并处罚金人民币一万元;四、陈某茂犯掩饰、隐瞒犯罪所得罪,判处有期徒刑二年,并处罚金人民币一万元;五、已扣押的谢某祥的作案工具铲车2辆予以没收,由扣押机关连南瑶族自治县公安局依法处理;六、已扣押的陈某茂的现金人民币10000元予以折抵罚金,已扣押的陈某宏的现金人民币2350元予以折抵罚金;七、谢某祥、罗某军在判决生效后五日内共同向国家赔偿非法采沙造成的生态环境损害价值人民币3513369元及生态环境修复费用人民币39628.1元,共计人民币3552997.1元;谢某祥、罗某军共同承担本案的环境损害司法鉴定费用人民币30000元,于判决生效后五日内向连南瑶族自治县人民检察院支付。

宣判后,谢某祥、陈某宏、陈某茂提出上诉。

广东省清远市中级人民法院二审认为,上诉人谢某祥以及原审被告人罗某军违反《中华人民共和国矿产资源法》的规定,未取得采矿许可证擅自采矿,情节特别严重,其行为均构成非法采矿罪,应依法惩处。上诉人陈某宏、陈某茂明知罗某军等人开挖鱼塘所得的沙石没有采矿许可证,仍然进行收购,情节严重,其行为均构成掩饰、隐瞒犯罪所得罪,应依法惩处。一审附带民事公益诉讼被告谢某祥、罗某军非法采矿的行为破坏了国家矿产资源,造成了生态环境和社会公共利益损害,应承担民事侵权责任,将来所执行到位的赔偿金可用于连南县相关政府部门开展环境资源监管事业。一审判决认定的事实清楚,证据确实充分,定罪准确,量刑恰当,附带民事公益诉讼部分处理恰当。依据《中华人民共和国刑事诉讼法》第二百三十六条第一款第一项以及《中华人民共和国民事诉讼法》第五十五条、第一百七十条第一款第一项之规定,作出如下裁定:驳回上诉,维持原判。

三、评析

从本质上讲，损害生态环境的犯罪行为不仅侵犯了刑法法益也损害了社会公益，根据现有法律规定，检察机关可以选择分别提起刑事公诉与环境民事公益诉讼，也可以选择在提起刑事公诉的同时附带对损害环境公益的部分提起环境民事公益诉讼。比较两种诉讼模式不难发现，分别针对刑事部分和民事部分单独诉讼，作为两个性质不同的案件需要由不同的审判组织各自审理，很可能出现两个案件在事实认定和责任分担等方面的相互冲突与彼此矛盾，再加上我国"先刑后民"的审判原则，等刑事部分处理完毕再由适格主体提起环境民事公益诉讼，既影响了快速、有效地修复受损生态环境，也加大了生态环境损害难以获得合理赔偿的风险。而环境刑事附带民事公益诉讼将刑事惩罚与生态环境修复结合起来，实现了法律效果与社会效果的完美统一。本案的审理过程生动诠释了该制度在保护"绿水青山"上的司法屏障作用。其亮点表现在三个方面：

第一，诉讼模式的合理性。本案是一起涉及非法采矿的案件。矿产资源是一种典型的不可再生资源，既具有经济价值，也具有生态价值。非法采矿不仅会造成矿产资源损害，也会造成环境公益损害。作为法律责任中最为严厉的一种责任形式，环境刑事责任通过对环境犯罪行为人处以人身罚和财产罚，实现了矫正犯罪、惩治犯罪的功能；却无法达到对受损生态环境予以补救的目的。环境刑事附带民事公益诉讼制度的价值不仅体现在提高诉讼效率上，而且还能够弥补刑罚措施的不足，进一步促进环境刑罚目的的实现，预防环境犯罪。为实现对权利的全方位保护，本案选择附带民事公益诉讼模式，既提高了违法犯罪成本，促进被告人对违法犯罪行为所造成严重后果的深刻认识，并通过巧妙处理刑民责任的关联性激励被告人对受损环境积极主动采取相关修复措施，使判决得到快速有效的落实，也对潜在违法犯罪人起到威慑、预防作用。与此同时，选择该诉讼模式，意味着对该案件只能由同一审判组织进行审理，这样就可以对事实、法律及证据等方面的适用问题进行一并考量，同时在所得的案件结果上也会使得刑事诉讼与民事部分更具有统一性，由此可以有效避免二者在认定事实和责任承担等方面出现不协调的情况，提高裁判的可预测性以及正当性。

第二，全面审视实体价值。修复受到损害的生态环境是环境刑事附带民事公益诉讼案件直通人民群众的"最后一公里"，是人民群众对司法最直观感受的来源，也是司法社会效果最集中的体现，受到社会广泛关注。为保障公共利益及时修复到位、填补损害，应对违法犯罪行为所造成的生态环境损害全面核查，一一细化，通过系统性治理，最大限度地将受损害的生态环境修复到原生状态。这也是法院有效贯彻落实恢复性司法理念的体现。本案中，两名被告人非法采矿的行为侵犯了国家对矿产资源的所有权，影响了水土保持功能、破坏了周边植被，同时还造成水体污染，因此，法院判处两名被告承担的民事责任包括两大部分，一部分是采沙造成的生态环境损害，包括矿产资源损失和水土保持补偿费，另一部分是生态环境修复费用。该民事责任既考虑到了矿产资源本身的经济损失，还考虑到了非法采矿对周边环境造成的损失，并明确将该笔资金专款专用于生态环境修复，有助于后续开展生态环境治理，让受损生态环境尽快得到修复。

第三，审慎对待程序价值。节约司法资源、提高诉讼效率是人们对环境刑事附带民事公益诉讼的最直观认识。有鉴于此，学术界与实务界对该制度中的"公告"出现了截然不同的两种观点。一种是不赞成公告，理由是无须前置公告符合附带民事诉讼的核心价值追求——"效率"，便于受到侵害的状态以最快时间得到修复。与此相反的观点是坚持公告，理由是公告反映了不主动介入性，合理地限制了检察机关环境诉权，保证了检察机关的诉讼谦抑性。时任最高法院副院长江必新也认为"不能以附带诉讼为由损害社会组织的在先诉权"。最高检副检察长张雪樵强调"无论如何，检察机关不能以办案效率等理由剥夺社会组织的诉权……所以，还是要严格执行公告程序"。本案中，连南县人民检察院依照公益诉讼解释，严格履行公告程序，在公告期满后没有法律规定的机关和组织提起诉讼时，才提起了附带民事公益诉讼，由法院依法进行审理，彰显了两院对程序正义的尊重。

007

网络售卖画眉鸟的责任认定

——潘某敏等危害珍贵、濒危野生动物案

广东省连山壮族瑶族自治县人民法院　张咪咪

法律所保护的野生动物，是指珍贵、濒危的陆生、水生野生动物和有重要生态、科学、社会价值的陆生野生动物。野生动物是维系生态系统平衡的重要环节。野生动物种类、数量的减少，会导致更严重的生态问题，例如灾害、虫害、病害、土壤板结、退化等问题。通过审判危害珍贵、濒危野生动物的行为，向群众宣传捕猎、收购、运输、出售是违法犯罪行为，使得群众明白保护野生动物就是保护人类自己，大家都能做到不捕杀、不食用野生动物，不使用野生动物制品，对促进建设生态文明、精神文明的和谐社会有着重要的现实意义。

一审：广东省连山壮族瑶族自治县人民法院（2022）粤 1825 刑初 3 号。

一、案情

公诉机关：广东省连山壮族瑶族自治县人民检察院。

被告人：潘某敏。

被告人：王某。

被告人：蒋某。

蒋某与潘某敏、王某在一个聊鸟类的微信群相识，2020 年 6 月至 2021 年 5 月期间，潘某敏通过微信朋友圈、微信群、抖音、快手等网络途径自行非法出售 17 只画眉鸟；蒋某在微信朋友圈看到潘某敏的售卖信息后，与潘某敏协商好以同样的方式为潘某敏出售画眉鸟并赚取差价，其间共出售画眉鸟 14 只，

此外，蒋某在禁猎区、禁猎期使用禁用的方法非法猎捕画眉鸟 1 只并带回家中驯养；王某在未到野生动植物主管部门办理猎捕手续的情况下，使用禁用的方法非法猎捕画眉鸟多只放在其家中驯养，在看到蒋某发布售卖画眉鸟的信息后，联系蒋某收购自己猎捕的画眉鸟，截止到案前，王某共非法猎捕和出售画眉鸟 25 只。

二、审判

广东省连山壮族瑶族自治县人民法院一审认为，潘某敏非法出售和运输 17 只画眉鸟，王某非法猎捕和出售 25 只画眉鸟，蒋某非法收购和出售 14 只画眉鸟，其行为已构成危害珍贵、濒危野生动物罪；蒋某违反狩猎法规，在禁猎区、禁猎期使用禁用的方法进行狩猎，其行为已构成非法狩猎罪。蒋某犯数罪，依法应当数罪并罚。因潘某敏、王某、蒋某三人具有坦白、认罪认罚等情节，潘某敏是累犯等情节，依照《中华人民共和国刑法》第三百四十一条第一款、第二款，第五十二条，第六十七条第三款，第六十四条，第六十五条，《中华人民共和国刑事诉讼法》第十五条之规定作出如下判决：一、潘某敏犯危害珍贵、濒危野生动物罪，判处有期徒刑十个月，并处罚金人民币 5000 元；二、王某犯危害珍贵、濒危野生动物罪，判处有期徒刑九个月，并处罚金人民币 5000 元；三、蒋某犯危害珍贵、濒危野生动物罪，判处有期徒刑七个月十五日，并处罚金人民币 5000 元；犯非法狩猎罪，拘役四个月，数罪并罚，决定执行有期徒刑七个月十五日，并处罚金人民币 5000 元。

三、评析

野生动物资源对生态系统整体功能实现具有重要价值，其影响其他种群、物种及生存环境并反馈于自身。保护野生动物资源，维护物种多样性，是建设生态文明的内在要求。刑法作为所有部门法的后盾，刑法兜底治理是当下我国打击野生动物违法犯罪的关键核心，在我国野生动物保护领域起着打击不法、树立威慑的重要作用，也是行政部门管理的重要依托。面对日趋严峻的环境资源问题，运用刑罚手段惩治和防范环境资源犯罪，加大环境资源刑事司法保护力度，是维护生态环境的重要环节。

从本案看，其特殊性表现在两个方面：

第一，交易渠道的特殊性。早在 2015 年，网络非法野生动物交易就引起关注。2020 年 8 月，中国互联网协会正式发布《网络平台非法野生动植物交易控制要求》团体标准，为网络平台保护生物多样性和打击野生动植物犯罪提供有效的指导。野生动物交易之所以逐渐转移至线上进行，形成一定规模和影响，并屡禁不止，主要是因为违法群体小众且特殊，他们有自己的圈子，通过微信群或 QQ 群进行沟通、交流，一般公众难以进入其中，使得其交易更加具有隐蔽性，难以被识别。本案中，被告人蒋某与被告人潘某敏、王某相识于一个聊鸟类的微信群。但也恰恰是微信朋友圈、微信群、抖音、快手等网络空间留下了他们日常沟通、交流的痕迹，证明他们对所交易野生动物的价值与属性非常清楚，属于典型的"明知故犯"，只是抱着侥幸心理，自以为一切都是通过网上"悄悄进行"，公安机关或有关部门发现不了。

第二，犯罪对象的特殊性。2020 年 2 月 24 日，全国人大常委会通过了《关于全面禁止非法野生动物交易、革除滥食野生动物陋习、切实保障人民群众生命健康安全的决定》，其主要目的是革除传统"以形补形"、滥食野生动物的陋习。其实，除了滥食野生动物的陋习，也有不少人有豢养野生动物作为"宠物"的陋习。如本案中的画眉鸟，是我国传统的笼鸟。但自 2021 年 2 月 1 日起，其已被列入《国家重点保护野生动物名录》，属于国家二级重点保护野生动物。因此，不管是自行捕捉或是个人饲养，都是不被允许的，更不能私自售卖。人民法院对此类行为的打击，对引导社会公众增加野生动物保护意识，震慑破坏野生动物资源违法犯罪行为具有典型意义。

本案审理的亮点体现在两个方面：

第一，量刑因素。在 2016 年《中华人民共和国野生动物保护法》修订之前，针对野生动物的入罪标准以数量计算。2020 年最高人民法院、最高人民检察院、公安部、司法部在《关于依法惩治非法野生动物交易犯罪的指导意见》中，第一次以司法规范性文件形式规定要对野生动物及其制品价值进行评估和核算。2022 年最高人民法院、最高人民检察院发布《关于办理破坏野生动物资源刑事案件适用法律若干问题的解释》再次明确破除唯数量论而改以价值（主要由国务院野生动物保护主管部门根据野生动物的珍贵、濒危程度、生态价值和市场价值等评估确定）标准入罪。作此调整后，对破坏野生动物资源犯罪的定罪量刑标准更加符合罪责刑相适应原则的要求，对重要野生动物的保护力度不减，能够保障相关案件办理取得更好的法律效果和社会效果。

第二，数罪认定。实践中，办理非法猎捕、杀害野生动物的刑事案件，常常涉及如何正确区分非法猎捕、杀害珍贵、濒危野生动物罪和非法狩猎罪，是应择一重罪处罚，还是应数罪并罚呢？两罪最主要的区别在于犯罪对象和客观行为。前罪的犯罪对象是国家重点保护的珍贵、濒危野生动物，即列入《国家重点保护野生动物名录》的国家一、二级保护野生动物，列入《濒危野生动植物种国际贸易公约》附录一、二的野生动物，以及驯养繁殖的上述物种。后罪以违反狩猎法规为前提，其客体是国家保护野生动物资源的管理制度，犯罪对象是除国家重点保护的珍贵、濒危野生动物之外，具有法律保护意义的陆生野生动物，而非所有一般陆生野生动物。本案中，被告人蒋某有两个行为，一个是为潘某敏出售画眉鸟并从中赚取差价，另一个是在禁猎区、禁猎期使用禁用的方法非法猎捕画眉鸟并带回家中驯养，两个行为侵害的对象虽然相同，但侵犯的客体却截然不同，因此，法院认定其行为构成危害珍贵、濒危野生动物罪，同时也构成非法狩猎罪，依法对其数罪并罚。

该案的审理给了公众三个警示：

第一，野生动物保护的范围越来越宽泛。2021 年 3 月施行的《中华人民共和国刑法修正案（十一）》将针对珍贵、濒危野生动物实施的"非法猎捕、杀害、收购、运输、出售"等客观行为变更表述为"危害"，并增加罪名对非珍贵、濒危陆生野生动物进行保护，以刑法手段保护野生动物的范围越来越大。村民很可能因在田间地头捕抓蛙类、蛇类等行为受到刑事责任追究。

第二，必须将野生动物保护提高到生态安全的高度。《国民经济和社会发展第十四个五年规划和 2035 年远景目标纲要》明确提出"推动绿色发展，促进人与自然和谐共生"的要求。人与自然和谐共生的理念为安全价值在野生动物资源刑法保护体系中的地位奠定了理念基础。保护野生动物资源，筑牢生态安全屏障，不仅关系到人类的生存和发展，更是落实生态文明思想的重要践行。

第三，保护野生动物人人有责。我国野生动物保护的根本目标是保护野生动物资源，而保护野生动物资源离不开广大公民的意识形成与普遍守法。以严刑峻法进行纯粹威慑并不能形成良好的全民守法格局，只有权威机关宽严相济，在具体案件处理过程中坚持程序公正，让公众在程序中感知法律的稳定、威严，才能在公民内心中形成对法律秩序的认同，使他们自觉自愿参与野生动物保护。

008

知识产权刑事附带民事公益诉讼程序的司法适用

——李某、潘某金假冒注册商标刑事附带民事公益诉讼案

广东省清远市清城区人民法院　黄慧航

裁判要旨　知识产权属于私权，却与社会公共利益联系紧密，销售假冒注册商标的商品的犯罪行为对社会公共利益的影响尤其明显。知识产权的客体属于财产，侵犯知识产权犯罪实质上会影响到知识产权权利人的经济利益，可以明确对知识产权的损害属于"物质损失"，应当允许在知识产权刑事案件中提起附带民事公益诉讼，这也符合《中华人民共和国刑法》《中华人民共和国刑事诉讼法》及其司法解释的规定。

案例索引　一审：广东省清远市清城区人民法院（2021）粤1802刑初546号。

一、案情

公诉机关：广东省清远市清城区人民检察院。

被告人：李某。

2020年5月开始，被告人李某聘请黄某锋（另案处理）在广东省清远市清城区H街道办事处Q一村46号一楼租赁场地和聘请工人生产假冒注册商标的轩尼诗、蓝带、名仕干邑白兰地等品牌洋酒，生产好的假洋酒交给李某存放于清远市清城区Y小区三栋111号、112号进行销售。2021年1月25日，公安机关在清远市清城区Q一村46号抓获涉嫌假冒注册商标的被告人黄某锋等人，并起获假冒注册商标的假轩尼诗洋酒130支（货值85540元）及一批洋酒

空酒瓶、瓶盖等物品。

2020年8月开始，被告人李某伙同潘某金租赁清远市清城区时代倾城SD名苑5栋1003号用于生产制作假冒注册商标的洋酒（品牌有轩尼诗、蓝带等），由被告人潘某金帮助李某购买制造假酒的原液、酒瓶、商标等物品和销售成品的假洋酒。李某、潘某金向莫某彪销售了3.89万元假洋酒。2021年1月25日，公安机关在清远市清城区时代倾城SD名苑5栋1003号当场抓获被告人李某，并起获了一批假冒注册商标的马爹利、轩尼诗洋酒（货值278384元）。同日，公安机关在清远市清城区Y小区三栋111号、112号起获李某储存的一批假冒注册商标的轩尼诗、蓝带、名仕干邑白兰地洋酒（货值1173511元）。

公诉机关认为，被告人李某、潘某金无视国家法律，未经注册商标所有人许可，在同一种商品上使用与其注册商标相同的商标，情节特别严重，其行为触犯了《中华人民共和国刑法》第二百一十三条之规定，犯罪事实清楚，证据确实、充分，应当以假冒注册商标罪追究其刑事责任。被告人李某、潘某金认罪认罚。被告人潘某金在共同犯罪中起辅助作用，根据《中华人民共和国刑法》第二十七条的规定，是从犯，应当从轻、减轻处罚。公诉机关提出建议以假冒注册商标罪对被告人李某判处三年六个月以上五年以下有期徒刑，并处罚金；对被告人潘某金判处有期徒刑两年，并处罚金，如被告人潘某金能全额缴纳罚金并履行附带民事公益诉讼判决，可适用缓刑的量刑建议。

附带民事公益诉讼起诉人清远市清城区人民检察院认为，被告李某、潘某金在没有消毒设备且没有采取任何防尘、防虫、防蝇、防鼠措施，现场环境卫生无保障的情况下，采用以次充好的方式生产、销售假冒注册商标洋酒的行为构成刑事犯罪的同时，因上述假冒注册商标的洋酒流入市场，对消费者的身体健康和生命安全造成了潜在威胁，侵害了不特定消费者合法权益，损害了社会公共利益，根据《中华人民共和国消费者保护法》第五十五条，《中华人民共和国民法典》第一百七十九条、第一千一百六十八条，《最高人民法院关于审理消费民事公益诉讼案件适用法律若干问题的解释》第十三条的规定，请求判令：一、被告李某、潘某金承担销售价款三倍赔偿金，即人民币116700元。二、被告李某、潘某金在省级及以上媒体向社会公开赔礼道歉。

二、审判

广东省清远市清城区人民法院一审认为，被告人李某、潘某金无视国家法律，未经注册商标所有人许可，在同一种商品上使用与其注册商标相同的商标，情节特别严重，其行为已经构成假冒注册商标罪，应予依法惩处。公诉机关的指控成立。被告人潘某金在共同犯罪中起辅助作用，是从犯，依法应减轻处罚。被告人李某、潘某金归案后如实供述，依法可从轻处罚。被告人李某、潘某金均是初犯，自愿认罪认罚，愿意接受处罚，依法可从宽处罚。对辩护人依据前述同样理由请求对被告人李某、潘某金从轻处罚的辩护意见，本院予以采纳。对被告人李某的辩护人提出假冒注册商标的洋酒的鉴定价格偏高的辩护意见，经查，本案的价格鉴定由具备资质的鉴定机构依照法定程序作出，依据充分，结论并无不妥，可以采信，对该辩护意见，本院不予采纳。对两辩护人提出两被告人家庭困难，请求酌情从轻处罚的辩护意见，因家庭问题不是法定与酌定的量刑情节，对此本院不予采纳。被告人李某、潘某金的犯罪行为发生在《中华人民共和国刑法修正案（十一）》施行之前，根据从旧兼从轻的原则，本案适用《中华人民共和国刑法修正案（十一）》施行之前的法律规定。

被告人李某、潘某金在没有消毒设备且没有采取任何防尘、防虫、防蝇、防鼠措施，现场环境卫生无保障的情况下，采用以次充好的方式生产、销售假冒注册商标洋酒的行为构成刑事犯罪的同时，因上述假冒注册商标的洋酒流入市场，对消费者的身体健康和生命安全造成了潜在威胁，侵害了不特定消费者合法权益，损害了社会公共利益，附带民事公益诉讼起诉人要求判令被告人李某、潘某金承担因假冒注册商标的洋酒流入市场，侵害消费者合法权益造成的损失赔偿和赔礼道歉的民事侵权责任，于法有据，本院予以支持。

根据两被告人的犯罪事实、情节及悔罪表现、认罪态度及对社会的危害程度，依照《中华人民共和国刑法》第二百一十三条、第六十四条、第六十七条第三款，《中华人民共和国民法典》第一百七十九条、第一千一百六十八条，《中华人民共和国消费者保护法》第五十五条，《最高人民法院关于审理消费民事公益诉讼案件适用法律若干问题的解释》第十三条，《中华人民共和国刑事诉讼法》第十五条、第二百零一条之规定，判决如下：一、被告人李某犯假冒注册商标罪，判处有期徒刑四年，并处罚金人民币90万元。二、被告人潘某金犯假冒注册商标罪，判处有期徒刑二年，并处罚金人民币30万元。三、追缴被告人李某、潘某金的违法所得人民币38900元，依法没收，上缴国库。四、限附带民事公益诉讼被告人李某、潘某金自本判决生效之日起三十日内，承担销售价款三倍赔偿金116700元。五、责令附带民事公益诉讼被告人李某、潘某金在省级以上媒体公开赔礼道歉。六、随案移送的假冒洋酒一批，制造假酒工具一批，依法没收销毁，由清远市公安局清城分局执行；手机5台，是作案工具；人民币13360元，冲抵被告人李某的罚金。

三、评析

近年来，知识产权案件乃至所有与知识成果相关案件的数量不断增加，其中既受到刑事规制又引发侵权责任的知识产权刑事附带民事公益诉讼案件更是不断涌现。知识产权刑事案件的被害人申请附带民事诉讼的案件数量的提升，体现出当事人希望通过附带民事程序解决民事赔偿纠纷的态度愈加强烈，"附带式"刑民交叉程序模式逐渐成为公众的选择。刑事附带民事诉讼或民事公益诉讼案件不仅在学理上具有理论支撑，在司法程序中也具有重要的实践意义。[1] 刑事附带民事公益诉讼是"由附带民事公益诉讼起诉人在刑事诉讼中提起的、请求法院判决刑事被告人对其在特定领域实施的犯罪行为所造成的社会公共利益损害一并承担刑民责任的一种特殊诉讼类型"。[2] 本案性质即知识产权刑事附带民事公益诉讼案，涉及知识产权保护与消费者权益保护的法律交叉问题。法院对两被告人予以刑事制裁的同时，还判决其承担相应的民事侵权赔偿责任，通过刑事制裁了侵犯知识产权之售假行为，同时以民事司法程序保护了食品领域制假售假行为中消费者的合法权益以及企业知识产权权益，体现了人民法院加大知识产权保护力度、捍卫消费者合法权益、净化市场环境的决心，对于实质化落实知识产权"三合一"审理模式，全面推进知识产权案件附带民事诉讼程序具有较强的教育和示范意义。

关于知识产权刑事附带民事诉讼或民事公益诉讼案件的应对及审理，其在

---

[1] 鲍伊帆：《知识产权案件刑事附带民事程序研究》，《安徽警官职业学院学报》2020年第1期，第72页。

[2] 杨雅妮：《刑事附带民事公益诉讼案件范围之界定》，《北京社会科学》2022年第9期，第74页。

实践中的有序展开得益于规范文件的明确及学理内容的深入研究。《中华人民共和国民事诉讼法》第五十八条第二款规定，针对破坏生态环境和资源保护、食品药品安全领域侵害众多消费者合法权益等损害社会公共利益的行为，检察院可以向法院提起民事公益诉讼。《中华人民共和国刑事诉讼法》第一百零一条第一款确定了普通的刑事附带民事诉讼；基于节约诉讼资源，该条第二款赋予检察院在国家财产、集体财产遭受损失时，可以在刑事案件中提起附带民事诉讼的职权，由此确立了检察机关提起刑事附带民事诉讼机制，但并未规定刑事附带民事公益诉讼。直到《最高人民法院、最高人民检察院关于检察公益诉讼案件适用法律若干问题的解释》第二十条第一款才首次确定了"刑事附带民事公益诉讼"这种案件类型，规定"人民检察院对破坏生态环境和资源保护、食品药品安全领域侵害众多消费者合法权益等损害社会公共利益的犯罪行为提起刑事公诉时，可以向人民法院一并提起附带民事公益诉讼，由人民法院同一审判组织审理"。

在更加注重保护社会公共利益的社会意识和司法环境下，刑事附带民事公益诉讼正在逐渐成为司法保护社会公共利益的常态性诉讼形式，是同时实现刑法目的和公益诉讼制度目的的最佳诉讼形式。自2018年3月《最高人民法院、最高人民检察院关于检察公益诉讼案件适用法律若干问题的解释》第二十条确立该制度以来，其就因在节约司法资源、提高诉讼效率、形成追责合力等方面的显著优势而备受关注，以连续每年70%以上的占比成为检察机关提起公益诉讼的主要类型。以2021年为例，在检察机关提起的民事公益诉讼中，刑事附带民事公益诉讼案件占比就高达85.7%。① 知识产权刑事附带民事公益诉讼具备以下特点：一是检察院作为诉讼主体的补充性角色明显，在检索到的案例中法律规定的主体并未提起附带民事公益诉讼；二是附带民事公益诉讼普遍集中在商标相关罪名，原因在于：涉及商标的犯罪往往涉及假冒的食品、药品、日用品等方面，此类假冒产品将最易于侵害不特定消费者的合法权益，属于检察机关行使民事公益诉讼职权的范畴。

对于同一侵犯知识产权的行为，能否在知识产权刑事案件中提起附带民事

---

① 胡卫列、孙森森：《积极回应实践推动制度建设——2021年公益诉讼检察研究综述》，《人民检察》2022年第4期，第44-50页。

诉讼，目前法律及司法解释并不存在明确规定，司法实践中亦裁判不一。学界区分为以下两种观点：①否定说。知识产权刑事案件中不存在物质损失，不属于刑事附带民事诉讼受案范围。其进一步解释，即知识产权属于精神产品，而精神产品并非物质财富，故侵犯知识产权犯罪中不存在物质损失，也就不符合《最高人民法院关于适用〈中华人民共和国刑事诉讼法〉的解释》第一百七十五条第一款规定的属于人身权利受到犯罪侵犯或财产被犯罪分子毁坏而遭受物质损失的情形，故不能在刑事诉讼中提起附带民事诉讼，但被害人有权另行提起民事诉讼。若依据此种学说观点，知识产权案件因不存在物质损失，自然无法提起附带民事诉讼，循此，部分法院便可严格按照《最高人民法院关于适用〈中华人民共和国刑事诉讼法〉的解释》表述的"物质损失"进行文义解释，不支持在知识产权刑事案件中提起民事诉讼。②肯定说。知识产权的客体应属于财产之范畴，应当允许在知识产权刑事案件中提起附带民事诉讼。主要理由是：今时今日所讲之"财产"俨然不能仅局限在传统的实体财物范畴内，许多新型财产利益的产生亦符合刑法对他人财产性法益保护之规范目的，因而应将这种无形财产归入"财产"范畴之内。知识产权作为一种无形财产权，客体属于民法意义上的"无体物"或"财产"，因侵权遭受的损失理应被认定为"物质损失"，故符合刑事附带民事诉讼的受案范围。

本案审理法院支持"肯定说"，认为在知识产权刑事案件中提起附带民事诉讼具有必要性及合理性。

（一）对知识产权的损害属于"物质损失"

在知识产权刑事案件中能否提起附带民事诉讼，最主要的争议点在于侵犯知识产权所导致的损失是否属于《中华人民共和国刑事诉讼法》及其司法解释规定的"物质损失"。即便《中华人民共和国刑事诉讼法》第一百零一条第一款仅直接确定的是"物质损失"，但《最高人民法院关于适用〈中华人民共和国刑事诉讼法〉的解释》第一百七十五条第一款进一步明确"物质损失"系因财物被犯罪分子毁坏造成，故其中的"财物""毁坏"是理解"物质损失"具体含义的关键。依据文义解释，知识产权显然可以归入财产；可毁坏的对象不仅包括具体的物，也包括非物质性的客体（如名誉），故知识产权也能被"毁坏"。《中华人民共和国刑法》《中华人民共和国刑事诉讼法》及其司法解释所规定的经济损失、物质损失、财产损失在内涵上应当是统一的，均表达的是经济利益受到毁坏或减损。在现代社会中，比如《中华人民共和国民法典》中的肖像权等人身权利，其具有一定的经济属性，能在一定程度上为权利人带来经济利益，若受到毁坏或贬损，当然属于损失范围内。因而，侵犯知识产权犯罪在实质上会影响到知识产权权利人的经济利益，可以明确对知识产权的损害属于"物质损失"。

（二）本案契合知识产权审判"三合一"背景

知识产权具有内在公益属性，其在本质上属于私权，却与社会公共利益联系紧密。譬如商标大多附着在各种商品上，销售假冒注册商标的商品等犯罪行为，不仅侵犯商标权人的权利，更可能会因被假冒注册商标的商品系食品、药品而侵害不特定消费者的利益，对社会公共利益的影响尤其明显。自2016年起，国务院、最高人民法院多次出台政策文件，不断推进与优化知识产权民事、行政和刑事案件审判"三合一"工作，以实现知识产权的全方位救济和司法公正。知识产权案件"三审合一"制度改革体现了"程序集约化"这一重要的转型方向。"效益"作为"程序集约化"的核心，旨在以程序的改革促进经济效益与社会效益。① 在知识产权刑事案件中允许提起附带民事诉讼便是对知识产权审判"三合一"的积极回应。知识产权刑事附带民事诉讼可以同时实现刑事打击与民事赔偿的双重功能，天然地比另行提起民事诉讼具有更大的优势。"附带式"程序的启动可有效防止"先刑后民"程序导致的冲突判决，维护司法审判秩序的确定性与稳定性。同一事实衍生出的知识产权刑事案件与民事案件，法院在审理刑事案件过程中一并解决民事赔偿问题，不仅利于提升诉讼效率，保障法律适用的统一，节约司法资源，更能加大知识产权保护力度、捍卫消费者合法权益，维护司法权威。因而，在如今日益重视知识产权全方位综合性司法保护和公共利益保护的时代背景下，加强知识产权刑事附带民事公益诉讼机制研究，进而加强对司法探索实践的指导，具有十分重要的理论价值和实践意义。以典型案例检视理论，以理论指导司法实践，对于确保知识产权相关案件审判的质量与实效、统一知识产权司法裁判标准和法律适用恰当具有明显的现实意义。本案即是在此现实背景下所作出之判决裁定，具备一定示范功能。

---

① 贺志军：《知识产权案件刑民程序关系的理论反思与规则构建》，《湖湘论坛》2019年第2期，第177页。

009

如何准确判断拒不支付劳动报酬的罪与非罪

——杨某拒不支付劳动报酬案

广东省清远市清城区人民法院　肖国献

裁判要旨　劳动者付出劳动的受益人，用逃匿的方式拒不支付劳动者的劳动报酬，经劳动部门责令支付仍不支付的应以拒不支付劳动报酬罪论处。在判断拒不支付劳动报酬的罪与非罪中，应当坚持三个标准：支付能力标准、工资数额标准及催付标准。

案例索引　一审：广东省清远市清城区人民法院（2020）粤1802刑初424号。

一、案情

公诉机关：广东省清远市清城区人民检察院。

被告：杨某。

2017年12月，被告人杨某向发包商安徽省巢湖市F建筑劳务有限公司广东分公司承包了清远市清城区龙塘镇X城一期二标工程项目，双方约定由杨某雇人施工，发包商代发工人工资，随后杨某聘请了池某元、兰某波、杨某学等多名工人施工。在工程完工后，杨某和发包商因纠纷未能结算工程款，于2019年7月开始拖欠池某元、兰某波、杨某学等24名工人工资，共人民币446998元。被告人杨某为了逃避支付工人工资逃匿至佛山等地，其间经劳动监察部门通告责令配合解决欠薪，公安机关多次传讯均不到案。2020年1月19日，被告人杨某被网上追逃抓获归案。

二、审判

广东省清远市清城区人民法院一审认为，被告人杨某以逃匿方法逃避支付劳动者的劳动报酬，数额较大，经政府有关部门责令支付仍不支付，其行为构成拒不支付劳动报酬罪。被告人杨某拖欠工人工资多达 40 多万元，至今未支付，不宜适用缓刑。依照《中华人民共和国刑法》第二百七十六条之一第一款之规定，判决被告人杨某犯拒不支付劳动报酬罪，判处有期徒刑一年，并处罚金 5000 元。

三、评析

自《中华人民共和国刑法修正案（八）》设立拒不支付劳动报酬罪以来，中国经济飞速发展，大量劳动人口涌现的同时也出现了不少劳资纠纷问题。特别是 2020 年以来，我国在经济发展、企业生产经营以及工人工作生活方面出现新问题、面临新困扰、存在新挑战。[①] 获得劳动报酬是劳动者的基本权利，用人单位或个人依法支付给劳动者劳动报酬是必须履行的法律义务和责任。保基本民生、保工资，关系到政府是否履职尽责和人民群众切身利益是否得到有效保障，是维护经济运行、秩序运行和社会大局安定的"压舱石"，尤其在岁末年关，根治欠薪专项行动、保护劳动者获得基本的劳动报酬是各级政府工作的重中之重。关于保工资的实现，国家已经建构起一套兼跨民刑、覆盖全面的法律体系予以规制。在法律层面，《中华人民共和国刑法》《中华人民共和国劳动法》《中华人民共和国劳动合同法》等均有规定；在行政法规和地方性法规层面，则先后出台了《保障农民工工资支付条例》《广东省工资支付条例》《江苏省工资支付条例》等。应当说，针对欠薪欠工资的法律规制已经相对完善，在此之下，应进一步对拒不支付劳动报酬罪之犯罪构成结构、含义等予以充分理解与诠释，以适应时代的发展需要。由于涉及该罪之法律规范兼跨民刑，在司法实践中尤应把握拒不支付劳动报酬的罪与非罪问题。

---

① 黄弘毅：《后疫情时代拒不支付劳动报酬罪的理解与适用》，《社会科学动态》2022 年第 6 期，第 110 页。

（一）拒不支付劳动报酬罪的含义

拒不支付劳动报酬罪，是指以转移财产、逃匿等方法逃避支付劳动者的劳动报酬或者有能力支付而不支付劳动者的劳动报酬，数额较大，经政府有关部门责令支付仍不支付的行为。拒不支付劳动报酬罪是《中华人民共和国刑法修正案（八）》的新增罪名。设立拒不支付劳动报酬罪的刑法理论依据在于拒不支付劳动者报酬行为的严重社会危害性不亚于侵占罪、职务侵占罪和挪用资金罪等侵犯财产型个罪，其本质上都是恶意将他人或集体财产据为己有或非法占用。若不从刑法层面设定独立罪名，无法从《中华人民共和国刑法》条文中找出其他罪名对欠薪行为进行规制与落实，也不足以遏制该行为的发生。①在《中华人民共和国刑法修正案（八）》新增本罪之前，处理欠薪问题的方式主要有：一是由劳动争议处理机构调解，二是由劳动争议仲裁机构仲裁，三是与用人单位协商解决，四是向人民法院提起诉讼。但由于制度的不健全和用人单位的恶意拖欠，加之规定本身较为抽象、处罚手段乏力、操作执行不易，造成劳动者无法追索其应得工资的情况频频出现，最后容易导致政府为欠薪行为买单。久拖不决的薪金问题甚至造成部分相关人员做出过激行为，成为影响社会稳定的严重隐患，并由此引发了许多社会问题。出于加强民生保障的目的，应加大对严重损害劳动者利益行为的惩处力度，2011 年 2 月 25 日，第十一届全国人大常委会第十九次会议通过的《中华人民共和国刑法修正案（八）》中，拒不支付劳动报酬罪被规定于《中华人民共和国刑法》第二百七十六条之一。至此，恶意欠薪行为被纳入刑法的规制范围，兼跨民刑、覆盖全面的恶意欠薪法律规制体系也宣告基本建立。

（二）拒不支付劳动报酬罪与非罪的界限

拒不支付劳动报酬牵涉刑法如何介入进而规制劳资关系问题，在司法实践中对罪与非罪、量刑轻重的不当会导致刑事诉讼入罪门槛降低、刑事处罚范围产生一定程度的扩张，这与刑法的谦抑性背道而驰。在司法裁判实践中，应当注意以下两个方面的问题：一是明确界分刑事犯罪与民事纠纷的界限。既不能都以犯罪处理，造成打击面过宽，也不能都以民事纠纷处理，使犯罪分子得不

---

① 庄玮：《拒不支付劳动报酬罪的司法困境与出路》，《安徽农业大学学报（社会科学版）》2020年第 4 期，第 73 页。

到应有的惩罚。二是严格把握以下三个界限：第一，正确区分犯罪行为和一般
欠薪行为。构成本罪之主观方面系故意，即对劳动报酬权或劳动利益的漠视，
客观上可表现为隐藏财产、转移财产、虚拟债务、虚假破产或逃税隐匿以及篡
改员工名册等行为，导致无法支付劳动报酬的后果以及对由此引发的危害结果
抱有希望或放任的主观心理状态。对于因用人单位在经营中遇到困难、资金周
转不开或经营不善等原因而暂时无法支付劳动者劳动报酬，主观上并不具有故
意或恶意的，不宜将其纳入刑法调整的范围。劳动者可以通过现行法律规定的
救济途径去维护其合法权益。第二，对有能力支付而不支付复杂情况的判定和
把握。是否有能力支付的界定应区分不同的行为主体。若行为人是自然人，除
对单个雇主的财产状况进行全面调查之外，还必须掌握其近亲属和熟悉的人的
财产状况，调查清楚他们之间是否存在异常的资金往来；若行为主体为单位，
应对雇主的营业收入、有形资产、无形资产等进行调查，另外，要确认雇主是
否有"可供执行的财产"，也要注意这部分财产范围的界定不宜过泛，因是单
位主体，对其执行的财产不应影响单位的正常经营活动。① 第三，对《中华人
民共和国刑法》第二百七十六条之一第三款规定的三个条件应严肃执法，当
严则严，该宽则宽。如果不构成刑法上的拒不支付劳动报酬罪，也并不影响劳
动者按照劳动管理等法律，可通过行政民事等途径追讨劳动报酬，维护自己的
合法权益。

　　在此基础上，笔者认为区分本罪的罪与非罪有三个标准。一是支付能力标
准，要达到有能力支付而未付。对于那种通过转移财产、逃匿等方法造成的无
支付能力情况，应认定为有支付能力。本案中，被告杨某就是存在以转移财
产、逃匿等方式逃避支付劳动者报酬的情形。二是工资数额标准，未支付的劳
动报酬要达到数额较大。2013 年 1 月 16 日，针对恶意欠薪问题，最高人民法
院发布了《关于审理拒不支付劳动报酬刑事案件适用法律若干问题的解释》，
明确了欠薪入罪的数额标准。该司法解释规定了拒不支付劳动报酬罪的入罪数
额幅度，对拖欠单个劳动者或多名劳动者劳动报酬分别规定了"数额较大"
的认定标准。本案中，被告杨某拖欠池某元、兰某波、杨某学等 24 名工人工

---

　　① 王蓓、刘淼：《法律大数据视角下的拒不支付劳动报酬罪研究》，《中国刑事法杂志》2017 年第
2 期，第 42-68 页。

资共计人民币 446998 元，属于涉众且数额较大的情形。三是催付标准，要经政府有关部门责令支付仍不支付。"经政府有关部门责令支付仍不支付的"，这里的"政府有关部门"一般是指地方政府劳动行政部门，即劳动和社会保障部门。《中华人民共和国劳动法》明确了劳动行政部门在劳动工作中的地位和职责划分，即国务院劳动行政部门主管全国的劳动工作，县级以上地方人民政府劳动行政部门主管本行政区域内的劳动工作。这里的"责令支付仍不支付"是指经政府劳动行政部门责令支付（一次）仍没有支付的情况。根据《中华人民共和国劳动法》第九十一条的规定，用人单位违反劳动法的规定，政府劳动行政部门有权责令其支付。具体言之，即用人单位具有克扣或者无故拖欠劳动者工资、拒不支付劳动者延长工作时间工资报酬、低于当地最低工资标准支付劳动者工资、解除劳动合同后，未依照劳动法规定给予劳动者经济补偿的侵害劳动者合法权益情形之一的，由劳动行政部门责令支付劳动者的工资报酬、经济补偿，并可以责令支付赔偿金。本案中，被告杨某经劳动监察部门通告责令其配合解决欠薪且公安机关多次传讯均不到案，主观恶意较大，明显已具备拒不支付劳动报酬罪的故意。此外，应当明确，在判断拒不支付劳动报酬罪的罪与非罪过程中，即使被告人与被害人签订了"工程承包协议"等形式各异的合同，只要该合同实质是以劳务与报酬进行的交换，被告人作为劳动者付出劳动的受益人，即应支付劳动报酬；被告人经政府有关部门责令支付仍不支付且数额较大的，应纳入刑法调整及规制范围，构成拒不支付劳动报酬罪，而非民事法律关系调整的合同范畴。

拒不支付劳动报酬罪之设立关乎人民群众的财产权利，彰显了习近平法治思想的核心要义。习近平总书记强调，推进全面依法治国，根本目的是依法保障人民权益。当前我国适龄劳动人口已占到全国总人口的百分之六十以上，只有从根本上保护好劳动者的利益，才能在整体上保障人民群众的利益。就业是民生之本，人民群众就业旨在获得劳动报酬以维持自身及家庭的生产生活。因而就业获得劳动报酬与人民群众的基本生活息息相关，若得不到保障，不仅影响基本的生产生活，甚至直接导致其无法生存。获得劳动报酬的权利既是《中华人民共和国劳动法》等法律明确规定的权利，更是《中华人民共和国宪法》赋予公民的基本权利。恶意欠薪行为违反了有关法律规定，严重侵害了公民基本权利，必须予以重视。为确保正确理解适用"拒不支付劳动报酬罪"的相关规定，进而真正发挥该罪保护劳动者权益、维护正常劳资关系的作用，必须坚定不移地以习近平法治思想为理论指引，以现实的社会问题为实践基础，贯彻宽严相济的刑事政策，推进刑罚轻缓化，关注程序制度设计，发挥典型案例的指导作用。① 本案即是以此为背景所裁断之拒不支付劳动报酬罪相关案例。

---

① 黄弘毅：《后疫情时代拒不支付劳动报酬罪的理解与适用》，《社会科学动态》2022 年第 6 期，第 111 页。

民 商 篇

001

诚实信用原则下合同条款的理解与认定
——王某禄诉孟某合伙合同纠纷案

广东省清远市中级人民法院　何　燕

【裁判要旨】 关于合同条款的理解，核心是确定争议条款的真实意思，在确定条款的真实意思时，应当通过所使用的词句、合同其他关联条款、合同目的、交易习惯及诚实信用原则等因素进行综合判断。公平和诚实信用是我们追求的社会主义核心价值观。违约方因其违约行为获益与我们追求的价值观相悖，本案通过对合同条款的解释，既还原了当事人的真实意思，也符合双方签订合同的目的及公平、诚实信用的基本原则。

【案例索引】 一审：广东省英德市人民法院（2021）粤1881民初5211号。
二审：广东省清远市中级人民法院（2022）粤18民终655号。

一、案情

上诉人（原审被告）：孟某。

被上诉人（原审原告）：王某禄。

2017年4月，王某禄与孟某口头达成共同出资买房协议，由于王某禄征信有瑕疵，孟某作为买受人与英德市R房地产开发有限公司作为出卖人签订了《商品房买卖合同》，约定孟某向开发商购买案涉房屋，房屋总价为694699元。签订上述合同后，王某禄与孟某共同支付了案涉房屋首期款214699元。同日，孟某作为借款人与英德市农村信用合作联社作为贷款人、英德市R房地产开发有限公司作为保证人签订了《个人住房按揭借款合同》。

2017年9月27日，王某禄（乙方）与孟某（甲方）签订了《合资购房合同》。同年，王某禄、孟某为案涉房屋办理了预告登记并取得不动产权证明，该证明上显示权利人为王某禄及孟某。庭审中，双方为案涉房屋办理了不动产权证，登记在孟某一人名下，现案涉房屋已售予他人。

签订上述合同后，双方向开发商借首付款 100000 元，孟某表示借期内利息 1000 元双方各支付了一半，借期届满后，从 2017 年 5 月 27 日至 2018 年 5 月 26 日利息 18000 元双方各支付了一半，即各支付了 9000 元。从 2018 年 5 月 27 日至 2019 年 2 月 26 日的利息 13500 元由孟某一人归还，本金 10 万元由孟某一人归还。同时，双方从 2018 年 2 月开始归还按揭贷款，当月归还款项为 2295.59 元，从 2018 年 3 月起每月还款 2556.92 元，王某禄支付了案涉房屋前八期（2018 年 2 月至 2018 年 9 月）的按揭款，每月支付 1300 元，共 10400 元。从 2018 年 10 月起，王某禄未再支付购房按揭款。另外，案涉房屋契税 10733 元及维修资金 3525 元由双方各承担一半，即王某禄支付了 7128 元。

2020 年 10 月，因房价下跌，孟某通过中介机构与案外人签订了《房屋买卖合同》，出售价为 645000 元。随后，王某禄根据双方签订的《合资购房合同》"五、违约责任：乙方应准时向甲方支付供房款，累计超过 12 期在无不可抗力的情况下拒付供房款，则视为乙方放弃该房产的所有权，而甲方有权继续供房，并在退还乙方已支付购房款后取得该房产的所有权"的约定，与孟某协商退还其已支付的购房款，双方未达成一致意见。

二、审判

广东省英德市人民法院一审认为，本案双方约定合伙出资购房，签订了《合资购房合同》，但王某禄在支付了首期款 57349 元及归还了部分按揭款（2018 年 2 月至 2018 年 9 月）后开始违约不再支付按揭款，其行为已经构成违约，根据双方签订的《合资购房合同》第五条"违约责任：乙方应准时向甲方支付供房款，累计超过 12 期在无不可抗力的情况下拒付供房款，则视为乙方放弃该房产的所有权，而甲方有权继续供房，并在退还乙方已支付购房款后取得该房产的所有权"的约定，案涉房屋所有权归孟某，孟某同时应将王某禄已经支付的购房款予以退还，对于孟某主张由王某禄按合伙份额承担亏损的辩解理由不予采纳。依据《中华人民共和国合同法》第六十条、第一百零七条及《中华人民共和国民事诉讼法》第六十四条之规定，判决：一、限孟某于判决生效之日起十日内返还给王某禄购房款 65127 元；二、驳回王某禄其他诉讼请求。

一审判决宣告后，孟某不服提出上诉，认为王某禄作为违约方，不应当因其违约行为而受益，王某禄应当承担合伙购房后亏损的部分。

广东省清远市中级人民法院二审认为，案涉房屋已经另行出售，并由孟某收取出售价款，王某禄有权要求孟某退还其已经支付的购房款，但王某禄应否承担相应的亏损成为双方在二审中的主要争议焦点。根据《合资购房合同》第五条的约定，如一方累计超过 12 期拒付供房款，则视为其放弃房屋所有权，另一方可以选择继续供房，并在向违约方退还已付购房款后取得房屋所有权。从该约定可以看出，选择退还购房款取得房屋所有权是守约方的权利，并非守约方的义务。而本案中，在王某禄违约断供后，孟某作为出名的买受人和借款人，为了避免损失扩大，只能选择继续供房。但双方并未就向王某禄退还购房款的事宜达成一致意见，孟某也未实际向王某禄退款。也就是说，孟某并未选择退款取得房屋所有权。一审判决直接依据《合资购房合同》第五条的约定判决孟某退还购房款，未对合伙期间的亏损作出分割，使王某禄作为违约方得益，既不符合该条款的本意，也不符合诚实信用的基本原则，故一审判决房屋的亏损由孟某一人承担没有事实依据。案涉双方约定的合伙份额为各占 50%，相应的亏损也应当按照该比例分担，孟某主张在王某禄已付房款中扣除王某禄应当承担的亏损后再予以退还理由成立。据此，二审法院判决：一、撤销广东省英德市人民法院（2021）粤 1881 民初 5211 号民事判决第二项；二、变更广东省英德市人民法院（2021）粤 1881 民初 5211 号民事判决第一项为：限孟某于判决生效之日起十日内向王某禄退还购房款 37232.20 元；三、驳回王某禄其他诉讼请求。

三、评析

意思表示是私法自治原则在实践中的具体化身，但内心的意思在外化表达中总会遭遇各种具体的困难。而在当事人"私法自治"与相对人"信赖保护"的紧张关系下合理地分担风险，并且通过解释的方法使人们的正义观尽量得到满足，是合同解释的要旨。① 合同解释的目标往往需要在具体个案中确定，而在本案中，面临的具体问题是——"合同一方因违约而获益"。"任何人不得从自己的错误中获益（Nemo potest ex suo delicto consequi emolumentum）"是自古罗马传承至今的法谚，同样也是对于诚实信用和公平原则的朴素说明。在当下，投资者在合伙时，因对于现状的乐观估计或风险规避意识的缺失，往往会出现对于违约条款考虑不周或约定不明，甚至出现违约方获益而守约方独自承担损失的情形，正所谓违约一方反而"从自己的错误中获益"。本案即为适例，而此案中以意思表示解释方法为工具，最终实现对于诚实信用原则维护的思路，殊值探讨。

（一）我国关于意思表示或合同解释的学说

合同解释是对业已成立的合同确定何为其内容的一种作业。② 而对于合同解释究竟该采取何种立场，学说上素有争议。客观解释一元论认为，解释合同内容时应考虑相对人的信赖利益保护，因此应以内容在客观上的规范含义作为认定准据。③ 在域外法上，英美合同解释学亦有文本主义与语境主义的对立可资参照，我国立法例条文表述较为偏向文本主义，即应以文义客观含义为准。④ 而主客观解释二元论则认为，在解释有相对人的意思表示时，为确定其真实含义，应同时考虑表意人的内心真实意思与相对人的信赖利益，因此需兼顾内心真意与客观情况。⑤ 而通说认为我国应以主客观结合二元论作为解释原则。⑥

（二）对"违约责任"条款的阐释性解释

传统的合同解释方法主要是阐明解释的方法，或称为阐释性的契约解释。⑦ 阐释性解释主要针对业已存在明确成文的合同约定，但由于使用语词不

---

① 参见［德］托马斯. M. J. 默勒斯：《法学方法论（第 4 版）》，北京大学出版社 2022 年版，第399 页。

② 参见韩世远：《民事法律行为解释的立法问题》，《法学杂志》2003 年第 12 期，第 64 页。

③ 参见沈德勇主编：《〈中华人民共和国民法总则〉条文理解与适用》，人民法院出版社 2017 年版，第 950 页。

④ 参见李宇：《民法总则要义——规范释论与判解集注》，法律出版社 2017 年版，第 480 页。

⑤ 参见石宏主编：《中华人民共和国民法总则：条文说明、立法理由及相关规定》，北京大学出版社2017 年版，第 338-339 页；朱晓喆：《意思表示的解释标准——〈民法总则〉第 142 条评释》，《法治研究》2017 年第 3 期。

⑥ 参见杨代雄：《法律行为论》，北京大学出版社 2021 年版，第 210-211 页。

⑦ 参见王利明：《合同法研究（第三版）》（第一卷），中国人民大学出版社 2015 年版，第 432 页。

够精确或日常用语本身的模糊性而生歧义，而通过解释方法的运用，确定内容解决纠纷。

1. 以文义为解释原点

本案的关键在于对合同第五条违约责任条款的理解与解释。首先，本案发生于《中华人民共和国民法典》公布实施前，根据《最高人民法院关于适用〈中华人民共和国民法典〉时间效力的若干规定》，应该适用行为发生时现行有效的《中华人民共和国民法总则》（后称《民法总则》）与《中华人民共和国合同法》（后称《合同法》）。其中关于合同解释的条文为，《民法总则》第一百四十二条第一款："有相对人的意思表示的解释，应当按照所使用的词句，结合相关条款、行为的性质和目的、习惯以及诚信原则，确定意思表示的含义。"《合同法》第一百二十五条第一款："当事人对合同条款的理解有争议的，应当按照合同所使用的词句、合同的有关条款、合同的目的、交易习惯以及诚实信用原则，确定该条款的真实意思。"

根据上述解释原则学说与法律条款，无论采取何种解释进路，文义都为其共同的出发点，概因"意思表示必借助语言表述，文义往往成为进入意思表示意义世界的第一道关口"①。此所谓文义解释优先。同时，追及至大陆法传统著作法学汇编中的解释原则，若契约文字对表达而言业已足够，不能反舍文字更为曲解。② 正所谓"文义无歧义者，不许探究内心意思"。

前述案例中，案涉双方在合同中明文约定"（乙方）累计超过 12 期在无不可抗力的情况下拒付供房款，则视为乙方放弃该房产的所有权，而甲方有权继续供房，并在退还乙方已支付购房款后取得该房产的所有权"，该节约定是对乙方违约责任的约定。以文字为出发点分析条款结构，可分为两个部分。第一个部分主要约定为，以乙方"累计超过 12 期拒付供房款"为条件，当条件成就时，即视为"乙方放弃该房产的所有权"，而对于这一部分的理解并无异议。值得注意的是第二个部分，合同中使用的表述为"甲方有权继续供房，并在退还乙方已支付购房款后取得该房产的所有权"。从文义出发的理解是，当乙方"累计超过 12 期在无不可抗力的情况下拒付供房款"时，甲方获得了

---

① 参见朱庆育：《民法总论（第二版）》，北京大学出版社 2016 年版，第 227 页。
② 参见王泽鉴：《民法总则》，北京大学出版社 2009 年版，第 387 页。

"继续供房，并在退还乙方已支付购房款后取得该房产所有权"的权利。申言之，甲方可以选择继续供房取得产权也可以不选择取得产权，取得产权并非作为守约方甲方的义务，更不是乙方违约后的当然后果。

2. 以相关条款为参照的体系解释

以文义为优先解释后，尚不能完全解明当事人合同内容的含义。虽已从文义中探明违约方超期不缴纳供房款之行为是放弃房屋所有权的意思表示，但如果守约方的"退还乙方已支付购房款后取得该房产所有权"是可以选择行使或不行使的权利，则本案存在进一步的困难。假若守约方不选择取得房屋所有权，违约方又以行为放弃房屋所有权，则房屋所有权此时真实状态为何将难以判断，而此时的文义解释也难以给出进一步的答案。要言之，此时需要进一步使用其他解释方法以探求当事人为此约定的真实目的。

孤立地解释单个条款无法确定当事人的真意时，即应该将该条款与其他条款相互补充，相互解释，即不难确定当事人的真实意思。① 而此方法正是所谓整体解释或体系解释，将全部的合同条款和构成部分视作统一整体，从各个合同条款及构成部分的相互关联、所处地位和总体联系上阐明当事人系争合同用语含义。②

案涉双方合作购房是基于投资的追求，投资存在风险，民事主体在作出投资选择时应当预料到投资可能盈利也可能亏损，并对自身的承受能力作出合理评估。因此双方基于对该类交易正常商业风险的估计，将系争合同条款约定为"违约条款"。衡诸合同法体系，违约责任制度是为了考量当事人双方间利益关系平衡，且尽可能地满足道德伦理方面的要求，全方位地体现"正义"。③ 因而违约条款在具体合同中体现为对违约方课加不利益，一方面避免其怠于履行自己的合同义务，另一方面则在实际出现违约情形后通过违约方一定的给付衡平守约方的受损利益，以贯彻诚实信用和正义的要求。故系争合同违约条款的真实目的结合合同整体，应理解为对违约方的惩罚，至少应使得违约方受有不利益。

在本案中，一审判决虽然认定了王某禄断供的行为构成违约，但同时认为

---

① 参见梁慧星：《民法学说判例与立法研究》（第二册），中国法制出版社1999年版，第261页。
② 参见崔建远主编：《合同法（第六版）》，法律出版社2016年版，第285页。
③ 参见崔建远：《违约责任探微》，《法治研究》2022年第6期，第18页。

根据前述条款，即使王某禄违约，守约方孟某也应当取得房屋所有权并向王某禄退还全部购房款，即违约方王某禄不承担房屋的亏损。基于房价下行，如果按照一审法院的理解，王某禄作为违约方，反而因为其违约行为获益，而孟某作为守约方，反而因为守约需要承担合伙购房的全部亏损。为此判断，使得违约条款反而"惩罚"守约方，不免速断。

（三）对"违约责任"条款的补充性解释

对于合同解释的作业进行至此，不难发现，对条款作阐释性的解释，虽可以得出守约方可选择是否取得案涉房屋所有权，而不必然需要全额退还违约方购房款的结论。同时也可以得知就"违约条款"而言，不得使守约方反受其害，但对于房价下跌所致的投资损失却难以进一步确定责任归属。

因此，对于合同的补充性解释在本案中显得尤为必要。补充性解释与阐释性解释相对，是指在合同出现应对某事项加以规定却未规定的情形下，不再局限于对已有的"表示"作"含义的确定"，而是对于漏洞进行填补，进行"含义的带入"。依"最少介入原则"完成对于诚实信用的维护。①

案涉双方订立前述"违约条款"是基于对市场行情的乐观估计，即在房价上行的情况下，如一方违约断供，守约方取得房屋所有权是对其权益的最大保障。而事实上，案涉双方合资购买房屋后，房价一直处于下行状态，最终以低于购入价的价格另行出售，出现了较大的亏损。"违约条款"作为合同中调和当事人利益的规范，本应对房价下行所致投资风险做出损失的分配，但当事人却依交易行情确信房价将持续上升，而对此未做约定。致使房价下跌的情事发生时，守约方无从通过取得房屋所有权的方式维护权益，违约方反而可通过"主动违约"而转嫁风险。二审也据此认定，在本案中，有依据合同目的、交易习惯与诚实信用作出补充性解释的必要。

首先，基于本案中双方当事人的关系。二人合伙按揭购房，本意为以房产置业为投资，双方对于案涉房屋并无实际居住需要，而是意图在房屋升值后转卖他人以赚取差价。合伙本就以"共享利益""共担风险"作为要件。② 自不允许在面临商业风险时，一人以违约为手段弃合伙人于险境。故以交易目的和

---

① 参见韩世远：《合同法总论（第四版）》，法律出版社 2018 年版，第 877–879 页。

② 参见唐勇：《〈民法典〉第 967 条（合伙合同的定义）评注》，《法学家》2023 年第 2 期，第 172 页。

合同整体为解释，双方合伙份额应各为 50%，收益与亏损自该按照此比例进行分配。

其次，基于公平和诚实信用的基本原则。公平和诚实信用是合同法的基本原则，也是我们追求的社会主义核心价值观。公平原则作为民法基本原则，是指当事人之间在合同中约定的权利义务应当公平合理，双方之间享有的权利与承担的义务在总体上是对等的、平衡的，并且合理分配风险与责任的承担。在市场经济条件下，使得"各人得其所得"的观念求取最大限度的实现。① 这是社会公德的体现，符合商业道德的要求，有利于保证交易的正常进行，有利于保障交易活跃、促进市场繁荣。所谓诚实信用原则，是指在订立、履行合同以及合同终止后的过程中，当事人都要讲诚实、守信用，以善意的方式履行合同，相互之间要密切协作。而诚实信用作为基本原则，要求合同当事人遵循商业行为的基本道德规范，以诚待人、守信做事。其作为合同法的根本价值，是合同法内在精神统一性的重要概念和技术手段。②

上述两点基本原则，因其精神具备抽象性，一定程度上可以弥补合同法与意思表示的漏洞和不足，是在合同没有约定或者约定不明确以及法律没有具体规定的情况下处理当事人之间争议、平衡当事人之间利益冲突的重要原则，在本案中也是对于合同漏洞填补的重要手段。诚实信用原则在解释合同中所确定的义务固非完全满足当事人内心真实意思，其作出的安排实际上是按照道德标准来确定合同内容。③

本案二审，不同于通过肯定违约获益交出责任的进路来实现对于当事人的救济，而是采取以各种合同解释方法为工具④，以解释论的方式完成了对于合同内容的确定、合同漏洞的填补。以阐释性解释实现对于守约人权益的维护，以补充性解释完成了对于投资亏损的分配，最终维护了公平和诚实信用民法基本原则和社会主义核心价值观。此思路在类案处理中具有实益，可堪赞同。

---

① 参见易军：《民法公平原则新诠》，《法学家》2012 年第 4 期，第 54 页。

② 参见陈年冰：《试论合同法中的诚实信用原则——从规范的角度进行分析》，《法律科学》2003 年第 6 期，第 59 页。

③ 参见王利明：《合同法研究（第三版）》（第一卷），中国人民大学出版社 2015 年版，第 473-475 页。

④ 参见吴国喆、长文昕娉：《违约获益交出责任的正当性与独立性》，《法学研究》2021 年第 4 期，第 111 页。

002

涉疫案件免责权限的认定

——欧某燕诉清远市 J 置业发展有限公司、广东 Q 农村商业银行股份有限公司太和支行商品房预售合同纠纷案

广东省清远市中级人民法院　　陆倩倩

裁判要旨　　新冠疫情对国民的生活、生产经营产生了严重影响，人民法院在综合考虑疫情以及政府部门下发的相关疫情防控、复工复产的通知，认定疫情对开发商复工复产产生影响的基础上，酌情确定扣减三个月的合理期限。

案例索引　　一审：广东省清远市清新区人民法院（2020）粤 1803 民初 3165 号。

二审：广东省清远市中级人民法院（2021）粤 18 民终 508 号。

一、案情

上诉人（原审原告）：欧某燕。

被上诉人（原审被告）：清远市 J 置业发展有限公司（以下简称 J 公司）。

原审第三人：广东 Q 农村商业银行股份有限公司太和支行（以下简称 Q 农商行）。

2017 年 3 月 27 日，欧某燕与 J 公司签订《商品房买卖合同（预售）》，购买 J 公司位于清远市清新区太和镇的涉案商品房，购房款 579792 元。签订合同当日，欧某燕支付首期房款 149792 元，余款 430000 元办理银行按揭。J 公司应当在 2019 年 12 月 31 日前交付房屋。逾期超 180 日，欧某燕可以解除合同。同日，欧某燕支付 J 公司首期房款 149792 元，办证费 373 元，物业维修基金 1892 元。

2017 年 4 月 24 日，欧某燕与 Q 农商行签订《个人购房按揭借款合同》，向 Q 农商行借款 430000 元。后 Q 农商行将 430000 元借款划入 J 公司账户。

2017 年 11 月 17 日，J 公司代欧某燕缴交住房维修基金 1891.98 元。

2020 年 1 月 23 日，新冠疫情暴发，武汉封城。

2020 年 2 月 8 日，清远市清新区新型冠状病毒肺炎疫情防控指挥部办公室下发《关于企业复工复产的紧急通知》，省外员工暂时不要返回清新，返回时间视疫情发展形势另行通知。

2020 年 3 月 11 日，清远市自然资源局 Q 分局向 J 公司发出《关于 ZH 品悦建设工程规划条件核实意见通知书》，J 公司擅自更改小区内花园绿地、公共停车位等设施，2 个月内完善整改。

2020 年 6 月 28 日，J 公司致二期业主的信。由于受新冠疫情影响，工程竣工验收备案出现难以预计的延误，二期工程竣工验收备案将于 1 个月左右全部完成，随后可以办理房屋产权证。房屋实际上早已经工程验收合格，通水通电，具备装修入住的条件，业主需要进场装修的，可以领取钥匙。对于领取钥匙进场装修及竣工验收备案后办理收楼手续的二期业主，赠送 5 年物业管理服务。

至 2020 年 7 月 2 日，欧某燕归还借款 46583.16 元、支付利息 59123.49 元。

2020 年 9 月 30 日，J 公司完成涉案房屋的验收备案，取得房屋测绘报告，通知业主收楼。

二、审判

广东省清远市清新区人民法院一审认为，合同约定交楼时间为 2019 年 12 月 31 日，J 公司须提前 15 日通知欧某燕；J 公司没有履行，是违约行为，应承担违约责任。之后，新冠疫情暴发，延误了 J 公司对商品房的验收交付。依照《最高人民法院印发〈关于依法妥善审理涉新冠肺炎疫情民事案件若干问题的指导意见（二）〉的通知》的有关精神，2020 年 9 月 30 日，商品房具备约定交付条件，J 公司通知欧某燕收楼，商品房预售合同的目的可以实现，继续履行不影响合同目的的实现，欧某燕请求解除商品房预售合同，应不予支持。商品房预售合同不予解除，欧某燕依解除商品房预售合同提出的其他诉讼请求，证据不足，应予驳回。依照《中华人民共和国合同法》第一百零七条，《中华人民共和国民事诉讼法》第十三条第二款、第六十四条第一款、第一百四十四条，《最高人民法院关于适用〈中华人民共和国民事诉讼法〉的解释》第九十条的规定，判决驳回欧某燕的诉讼请求。

宣判后，欧某燕提出上诉。

广东省清远市中级人民法院二审认为，本案中，J公司没有依双方订立的《商品房买卖合同（预售）》的约定在2019年12月31日前将符合交付条件的商品房交付给欧某燕，已构成违约。同时涉案合同约定，J公司逾期超过180日，欧某燕可以解除合同，J公司如在2020年6月30日前可以交付涉案房屋，欧某燕不能解除合同，欧某燕对此并无异议，故予以确认。在2020年1月下旬，我国暴发新冠疫情，而该疫情对于国民当时的生产生活产生了重大的影响，这是众所周知的事实，根据《最高人民法院关于适用〈中华人民共和国民事诉讼法〉的解释》第九十三条的规定，J公司因受疫情影响可相应扣减其办理相关证照手续的时间，结合2020年2月8日清远市清新区新型冠状病毒肺炎疫情防控指挥部办公室下发《关于企业复工复产的紧急通知》关于"省外员工暂时不要返回清新，返回时间视疫情发展形势另行通知"的内容以及其他证据，根据案件的实际情况酌情确定J公司可扣除三个月的时间，至2020年9月30日J公司完成涉案房屋的验收备案，取得房屋测绘报告并通知业主收楼，应认定J公司可在2020年6月30日前交付房屋，即欧某燕未取得合同的解除权。依照《中华人民共和国民事诉讼法》第一百七十条第一款第一项的规定，判决驳回上诉，维持原判。

三、评析

2020年1月下旬，我国暴发新冠疫情，对国民的生活、生产经营产生严重影响。针对新冠疫情这一突发的公共卫生事件，我国政府亦采取了严格的疫情防控措施，公民出于自身健康的顾虑以及对国家疫情防控的配合，各行各业必然会受到相应影响。在此期间，出现了大量的租赁合同纠纷、建设工程纠纷、房屋买卖纠纷等，当事人通常以疫情发生导致履行迟延或不能履行、构成不可抗力事件为由而主张免责，对于当事人的该节主张应否支持，笔者作如下分析：

（一）新冠疫情是否构成不可抗力事件

1. 不可抗力的定义及适用情形

所谓不可抗力是不能预见、不能避免且不能克服的客观情况。① 关于对不可抗力规则的理解，学界主要存在"主观说""客观说"以及"折中说"三种学说。② "主观说"认为，当事人主观上已尽最大的注意，但仍不能防止阻碍合同义务履行的事件发生，那么该事件便属于不可抗力。③ 依据"主观说"，不可抗力不仅包括自然灾害、政府行为、社会事件，也包括当事人自身的行为，如合同关系当事人中的自然人突发未曾知晓的疾病，或者合同关系当事人中的法人、非法人组织发生意料之外的工人罢工等。④ "客观说"认为，不可抗力的存在与否，应该纯粹从客观方面来分析，与当事人主观上是否已尽必要的注意义务无关。该说认为不可抗力的实质要素须为外部的，量的要素须为重大且显著的。⑤ 依据"客观说"，当事人自身的行为不属于不可抗力，自然灾害、政府行为以及社会事件也并不当然地构成不可抗力，只有在量上满足重大且显著时才属于不可抗力。⑥ "折中说"认为，不可抗力既要考虑当事人的主观因素，即当事人是否尽到了应有的注意；又要强调客观方面，即是否属于由于当事人以外的原因而发生的异常事故。⑦ 依据"折中说"，当事人自身的行为不属于不可抗力，自然灾害、政府行为、社会事件无论是否重大且显著，只要当事人尽到了应有的注意，且属于异常事故，就构成不可抗力。⑧ 通常认为我国现行民事立法采取"折中说"。⑨

2. 情势变更的定义及适用情形

所谓情势变更，又称情事变更，⑩ 是指在合同依法成立后，履行完毕前，

---

① 《中华人民共和国民法典》第一百八十条第二款。

② 参见王轶：《新冠肺炎疫情、不可抗力与情势变更》，《法学》2020 年第 3 期。

③ 参见王家福主编：《中国民法学·民法债权》，法律出版社 1991 年版，第 499 页。

④ 参见王轶：《新冠肺炎疫情、不可抗力与情势变更》，《法学》2020 年第 3 期。

⑤ 参见崔建远：《合同法（第二版）》，北京大学出版社 2013 年版，第 338 页。

⑥ 参见王轶：《新冠肺炎疫情、不可抗力与情势变更》，《法学》2020 年第 3 期。

⑦ 参见王利明：《合同法研究》（第二卷），中国人民大学出版社 2018 年版，第 534 页。

⑧ 参见王轶：《新冠肺炎疫情、不可抗力与情势变更》，《法学》2020 年第 3 期。

⑨ 参见王利明：《合同法研究》（第二卷），中国人民大学出版社 2015 年版，第 535 页；崔建远：《合同法（第二版）》，北京大学出版社 2013 年版，第 339 页。

⑩ "情事变更"与"情势变更"在学界均有适用，两者在内涵和外延上并无区别。参见姚辉、阙梓冰：《论情事变更与不可抗力的交融及界分——以新型肺炎疫情防控与疫后重建为契机》，《中国政法大学学报》2020 年第 3 期。

因不可归责于双方当事人的原因发生了不可预见的情事，致使合同的基础丧失或动摇，如果继续维护合同原有效力则显失公平，所以允许变更或解除合同。① 所谓"情事"，是指合同成立后出现的不可预见的情况，即必须影响社会整体或部分环境的客观情况，② 主要指一些国家经济政策、税收立法政策导致经营条件变化等。

（二）新冠疫情符合不可预见的要件

依据《中华人民共和国民法典》第一百八十条第二款"不可抗力是不能预见、不能避免且不能克服的客观情况"的规定，我国民事立法对不可抗力事件的认定需结合当事人主观上的无法预见及客观上的不可避免且无法克服，亦即不可抗力事件是各方当事人未在合同中预先安排且尽最大注意义务仍不能预见，之所以发生完全是基于非当事人原因、不能避免且当事人穷尽合理义务仍不能克服。

新冠疫情暴发后，最高人民法院及各地法院相继发布相关司法意见，针对新冠疫情是否构成不可抗力事件作出指导。《最高人民法院关于依法妥善审理涉新冠肺炎疫情民事案件若干问题的指导意见（一）》明确指出"人民法院审理涉疫情民事案件，要准确适用不可抗力的具体规定，严格把握适用条件。对于受疫情或者疫情防控措施直接影响而产生的民事纠纷，符合不可抗力法定要件的，适用相关法律规定妥善处理。当事人主张适用不可抗力部分或者全部免责的，应当就不可抗力直接导致民事义务部分或者全部不能履行的事实承担举证责任"。又如《广东省高级人民法院关于审理涉新冠肺炎疫情商事案件若干问题的指引》，认为"确因疫情或者政府及有关部门采取疫情防控措施影响导致合同不能履行，当事人主张适用不可抗力并请求部分或者全部免除责任的，应结合疫情发生时间、政府及有关部门采取的防控措施、合同履行受影响的程度、当事人是否及时履行了通知义务等因素综合判断"。亦即，最高人民法院与广东省高级人民法院均认为新冠疫情虽然属于不能预见，但当事人能否主张适用不可抗力规定请求免责，还应当审查新冠疫情是否对合同履行构成实质性影响，人民法院不能一律适用不可抗力的法律规定予以免责。

① 参见崔建远：《合同法学》，法律出版社2015年版，第96-97页；韩世远：《合同法总论（第四版）》，法律出版社2018年版，第488页。

② 参见彭凤至：《情势变更原则之研究》，台湾五南图书出版社1986年版，第240页。

笔者同意上述观点，虽然新冠疫情的发生与防控措施等超出当事人预期，符合不可预见的要件，但新冠疫情并非必然导致合同不能履行，仍需严格审查是否符合不可抗力要件。因此，审理相关案件时，认定新冠疫情是否构成不可抗力事件，应结合新冠疫情对合同履行的影响、穷尽合理救济后能否克服等要件予以审查。

（三）新冠疫情构成不可抗力事件的免责要件

不可抗力具体包含哪些事件，新冠疫情是否构成不可抗力事件？主流观点认为，不可抗力包括如下内容：①自然事件，通常包括洪水、旱灾、台风、地震、海啸、火山爆发、泥石流等。②社会异常事件，通常包括战争、全面罢工、骚乱、恐怖行为、抢劫。③国家（政府）行为，例如紧急状态、宵禁、司法扣押、征收征用、禁运等。① 也有少数观点认为，应当将政府行为排除在外，理由是政府行为出现的次数太过频繁，部分政府行为可以预见，部分政府行为可以克服。② 而在裁判例以及一些规范性文件中，都存在抽象地将某一重大事件，例如"非典"疫情、汶川地震、新冠疫情等统一定性为是或者不是不可抗力的倾向。③

结合前述，虽然新冠疫情属于不可预见，但是否构成不可抗力事件，当事人能否据此免责，仍需结合疫情发生时间、政府及有关部门采取的防控措施、合同履行受影响的程度等综合认定。

1. 审查疫情发生时间与合同签订及履行期间的关系

根据民法典的规定，当事人一方因不可抗力不能履行合同的，根据不可抗力的影响，部分或者全部免除责任，但是法律另有规定的除外。因不可抗力不能履行合同的，应当及时通知对方，以减轻可能给对方造成的损失，并应当在合理期限内提供证明。当事人迟延履行后发生不可抗力的，不免除其违约责任。④ 当事人签订合同在发生新冠疫情前，则符合不可预见的要件。若签订合同在新冠疫情发生后，则此时当事人已知道而且应当知道疫情可能对合同履行造成影响。若其怠于采取任何措施，仍签订合同，则当事人应按合同的约定履

---

① 参见韩世远：《合同法总论（第四版）》，法律出版社 2018 年版，第 484-485 页。
② 参见刘凯湘、张海峡：《论不可抗力》，《法学研究》2000 年第 6 期。
③ 参见解亘：《〈民法典〉第 590 条（合同因不可抗力而免责）评注》，《法学家》2022 年第 2 期。
④ 《中华人民共和国民法典》第五百九十条。

行合同义务，此时以新冠疫情构成不可抗力主张免责的，应不予支持。

2. 确定政府及有关部门采取的防控措施是否对合同履行造成实质性影响

根据《中华人民共和国民法典》第五百九十条第一款"当事人一方因不可抗力不能履行合同的，根据不可抗力的影响，部分或者全部免除责任，但是法律另有规定的除外。因不可抗力不能履行合同的，应当及时通知对方，以减轻可能给对方造成的损失，并应当在合理期限内提供证明"的规定，免责的标准为不可抗力导致合同不能履行。不能履行的程度可作出"迟延履行""部分不能履行""全部不能履行"的解释，具体如何适用，法律及司法解释并未作出明确的指引。"不能履行"至少包含"履行不能"，这一点不存在争议。履行不能中既包括全部不能，也包括部分不能。如果造成全部不能，债务人无须继续履行。在部分不能的情形下，若剩余部分的履行不至于使得债权人的合同目的落空，则债务人仍有义务继续履行，但没有义务就不能部分采取补救措施。若剩余部分的履行对债权人合同目的的实现已经没有意义，则这种部分不能相当于全部不能。此外，从质的角度看，"不能履行"的对象，既包括主给付义务，也包括从给付义务以及附随义务。[①] 至于"不能履行"中是否还包含其他的履行障碍，特别是履行迟延和不完全履行，则存在争议。一种意见认为，本条中的"不能履行"就是学理上的"履行不能"，而没有提到因不可抗力导致履行迟延的情形，因此存在法律漏洞。[②] 但更有力的观点则认为不存在法律漏洞。这种观点认为发现我国法律上通常使用"无法履行"来表达学理上的"履行不能"，从而得出了本条中的"不能履行"不同于学理上之"履行不能"的结论。[③] 实际上也不难推测出立法者的立场："不能履行"中包含履行迟延。[④] 实务中也存在因不可抗力而免除迟延责任的裁判例。[⑤] 因此，"不能履行"并不限于"履行不能"，它还包括除与不可抗力无关之期前拒绝以外

① 参见解亘：《〈民法典〉第590条（合同因不可抗力而免责）评注》，《法学家》2022年第2期。

② 参见王洪亮：《债法总论》，北京大学出版社2016年版，第232页。

③ 柯伟才：《我国合同法上的'不能履行'——兼论我国合同法的债务不履行形态体系》，《清华法学》2016年第5期。

④ 参见解亘：《〈民法典〉第590条（合同因不可抗力而免责）评注》，《法学家》2022年第2期。

⑤ 参见天津市滨海新区人民法院（2020）津0116民初10351号民事判决书；河南省郑州市中级人民法院（2021）豫01民终1598号民事判决书。

的所有履行障碍形态。①

笔者认为，法院应遵循维护社会稳定、保障社会经济发展的原则，妥善处理好公共利益与当事人利益之间的关系。受新冠疫情影响，各行各业受到极大冲击，从考虑促成当事人履行合同、维护合同稳定性出发，应采取宽泛的解释，对不能履行的解释予以扩张。

（四）商品房预售合同纠纷中当事人能否以新冠疫情为由主张免责

开发商能否向买受人交付房屋，主要取决于其能否完成房屋施工，而新冠疫情对施工造成的影响直接关系到开发商与买受人之间的房屋买卖合同履行情况。综合考虑国家总体防控形势政策、地方政府相关防控等级动态和措施要求、当地企业单位复工复产安排等因素，根据具体案件中新冠疫情对当事人合同履行的实际影响，应扣除一定期限。

以本案为例，首先，涉案《商品房买卖合同（预售）》签订于 2017 年，即新冠疫情发生前订立，此时双方当事人对疫情不具备预见的条件，符合不可抗力的要件。其次，结合 2020 年 2 月 8 日清远市清新区新型冠状病毒肺炎疫情防控指挥部办公室下发《关于企业复工复产的紧急通知》关于"省外员工暂时不要返回清新，返回时间视疫情发展形势另行通知"的内容可知，为控制新冠疫情，政府采取要求延迟复工的行政措施，房屋建设确因疫情影响造成延误。最后，开发商及时向买受人发出通知，告知因受疫情影响，导致工程竣工验收备案延误，即开发商履行了通知义务。因此，对开发商主张受疫情影响部分免责予以支持。

但当事人的免责期限不能无限顺延，本案裁判规则确立了在商品房预售合同纠纷中将新冠疫情认定为不可抗力，法院在综合考虑疫情以及政府部门下发的相关疫情防控、复工复产的通知，认定疫情对开发商复工复产产生影响的基础上，酌情确定扣减三个月的合理期限。在扣减三个月后，涉案合同并未达到约定的解除条件，一定程度地维护了交易稳定、社会安定，也充分地发挥了司法调节社会关系的作用。

---

① 参见解亘：《〈民法典〉第 590 条（合同因不可抗力而免责）评注》，《法学家》2022 年第 2 期。

003

挂靠人以被挂靠人名义对外签订及履行合同的责任认定

——禤某辉诉广东 Z 集团有限公司、王某东、清远市 B 房地产开发有限公司建设工程分包合同纠纷案

广东省清远市中级人民法院　何　燕　陆倩倩

裁判要旨　挂靠人以被挂靠人的名义对外签订及履行合同，合同相对人基于对被挂靠人的信赖利益签订合同，则被挂靠人应对欠付工程款承担连带清偿责任。

案例索引
一审：广东省清远市清城区人民法院（2021）粤 1802 民初 4530 号。
二审：广东省清远市中级人民法院（2022）粤 18 民终 1415 号。

一、案情

上诉人（原审原告）：禤某辉。

被上诉人（原审被告）：广东 Z 集团有限公司（以下简称 Z 公司）。

原审被告：王某东。

原审被告：清远市 B 房地产开发有限公司（以下简称 B 公司）。

2018 年 3 月 31 日，禤某辉与王某东签订《清远 S 欢乐里项目脚手架工程分包合同》，合同约定将位于清远市清城区 S 碧桂园欢乐里的脚手架工程分包给禤某辉。2018 年 8 月 10 日，双方又签订一份《清远 S 欢乐里项目脚手架工程补充协议》，对部分项目的单价进行了重新约定。上述合同和协议上发包人显示为王某东，但合同上部均标有"广东 Z 集团有限公司清远 S 欢乐里项目"的字样，合同内容中发包人的权利义务也多次以"公司"的名义表述。王某

东在上述合同和协议上加盖了"广东 Z 集团有限公司碧桂园欢乐里项目部"字样的印章。Z 公司对该印章不予认可，认为其公司没有该印章。

合同履行过程中，Z 公司以其名义向 B 公司发出《代付申请函》，要求 B 公司代付包含涉案工程在内的工人工资，实际工资发放时也由 Z 公司盖章确认同意发放。

2020 年 9 月 19 日，B 公司通过 Z 公司的账户代禤某辉支付了禤某辉班组的工人工资共 2402036 元。

二、审判

广东省清远市清城区人民法院一审认为，禤某辉与王某东签订《清远 S 欢乐里项目脚手架工程分包合同》，因双方均不具备相应的施工资质，故合同无效。禤某辉组织工人完成涉案工程的施工，涉案工程也无证据证明存在质量问题，故可参照合同的约定计算工程款，王某东应按合同约定向禤某辉履行支付工程款的义务。禤某辉与王某东对工程已进行了结算，结算后未付工程款总额为 8006789 元，减除 Z 公司和 B 公司代支付的工人工资 2402036 元，余款 5604753 元。故对禤某辉要求王某东支付工程款 5604753 元及从起诉之日即 2021 年 2 月 4 日起计算利息的诉讼请求，予以支持，但利息按一年期贷款市场报价利率计算。因本案是承揽合同纠纷，根据合同相对性，Z 公司、B 公司与禤某辉均没有合同关系，且 B 公司也举证证明其已超额支付了工程款，故禤某辉要求 Z 公司承担共同支付工程款、B 公司在欠付工程款范围内承担连带责任的请求，不予支持。据此，一审法院判决：一、王某东应于判决生效之日起七日内向禤某辉支付工程款 5604753 元及利息（利息从 2021 年 2 月 4 日起按一年期贷款市场报价利率计付至清偿之日止）；二、驳回禤某辉的其他诉讼请求。

一审判决宣告后，禤某辉不服提出上诉，认为王某东代表 Z 公司签订涉案合同，且合同是 Z 公司的合同模板并盖有项目章，故主张 Z 公司应承担支付责任。

广东省清远市中级人民法院二审审理认为：王某东挂靠 Z 公司承包涉案工程后，将其中的脚手架工程分包给禤某辉，脚手架工程是整个建设工程中的一部分，故本案案由定性为建设工程分包合同纠纷更为妥当。Z 公司与王某东之间为挂靠关系，Z 公司是否需要承担责任主要取决于王某东是否以 Z 公司的名义与褚某辉签订及履行合同。虽然合同中发包人显示为王某东，但合同上部均标有"广东 Z 集团有限公司清远 S 欢乐里项目"的字样，合同内容中发包方的权利义务也多次以"公司"的名义表述。更为重要的是，合同尾部加盖有 Z 公司项目部章，虽然 Z 公司对项目部章的真实性提出异议，但王某东加盖印章的行为本身可以证明王某东并非个人名义签订合同，而是以 Z 公司的名义。再结合涉案项目是以 Z 公司的名义总包的事实，足以使分包合同相对人褚某辉对 Z 公司产生信赖利益，相信王某东是代表 Z 公司签订合同。至于印章的真实性，并不足以反驳王某东以 Z 公司名义签订合同的事实，如该印章确非出于 Z 公司授权刻制，Z 公司可另循合法途径主张权利。此外，合同履行过程中，Z 公司以其名义向 B 公司发出《代付申请函》，要求 B 公司代付包含涉案工程在内的工人工资，实际工资发放时也由 Z 公司盖章确认同意发放。由此可见，合同在履行过程中，仍需以 Z 公司的名义履行收付款义务。综上，Z 公司将资质出借给他人挂靠的行为已经违反了法律规定，现挂靠人又以被挂靠人的名义将工程分包给褚某辉，使褚某辉对被挂靠人产生信赖利益并据此签订合同，则挂靠双方均应当对欠付的工程款承担责任。据此，二审法院判决：一、维持广东省清远市清城区人民法院（2021）粤 1802 民初 4530 号民事判决第一项；二、撤销广东省清远市清城区人民法院（2021）粤 1802 民初 4530 号民事判决第二项；三、广东 Z 集团有限公司对一审判决第一项确定的王某东欠褚某辉的工程款 5604753 元本息承担连带清偿责任；四、驳回褚某辉的其他诉讼请求。

三、评析

　　尽管我国制定了体系完善的建筑资质管理制度，实行严格的建筑市场准入制度，但当前招投标制度不完善，往往出现有资质的企业没有承接工程的能力，而没有资质的建筑从业者反而掌握了大量工程资源。为获得较为丰厚的建筑行业收益，"挂靠"（或借用资质）这种变通做法便应运而生了。① 建筑工

---

① 最高人民法院民事审判第一庭编著：《最高人民法院建设工程施工合同司法解释（二）理解与适用》，人民法院出版社 2021 年版，第 85 页。

程施工活动中的挂靠行为并不是一个法律上的概念，① 但其概念结合一些行政命令或高院印发的相关意见可以对建设工程施工合同中借用资质行为的法律特征进行大致描绘。所谓挂靠施工，就是指没有资质的企业或者个人借用有资质的企业名义进行施工。② 挂靠施工的做法是建筑领域常见的做法，但同时也是建筑法明确禁止的行为，《中华人民共和国建筑法》第二十六条第二款③和第六十六条④明确禁止挂靠，但是，尽管法律有明文规定，现实中挂靠现象仍屡禁不止。鉴于此，相关的司法解释也明确规定借用资质签订的合同为无效合同。⑤

复杂的挂靠表现形式使得挂靠人与被挂靠人间行为的性质较难鉴别，被挂靠人与挂靠人间关系的认定结果又直接影响了合同纠纷下的判决结果。⑥ 从挂靠人与被挂靠人间外显的法律关系、出借资质目的两个层次可以看出建设工程施工活动中挂靠行为的复杂性与多样化表现形式。

挂靠人与被挂靠人间外显的法律关系可大致划分为三种情形。一是实践中最为常见的挂靠模式，即挂靠人与被挂靠人通过书面或其他各类形式达成挂靠的合意，由挂靠人使用被挂靠人的资质完成施工活动。被挂靠人通常要给挂靠人出具授权委托书，并在委托书中注明该挂靠人为己方签订合同的代理人，权限为办理涉及某工程事宜。⑦ 二是采取一种"内部挂靠"的模式完成挂靠施工活动。其行为模式旨在通过模仿内部承包行为以达到规避挂靠本身的违法不利后果的目的。内部承包是合法行为，表现为总承包单位可以将工程任务整体承

---

① 参见石佳友：《〈民法典〉建设工程合同修订的争议问题》，《社会科学辑刊》2020 年第 6 期。

② 参见《江苏省高级人民法院建设工程施工合同案件审理指南》（2012）第二部分第三项第二点的规定。

③《中华人民共和国建筑法》第二十六条第二款规定：禁止建筑施工企业超越本企业资质等级许可的业务范围或者以任何形式用其他建筑施工企业的名义承揽工程。禁止建筑施工企业以任何形式允许其他单位或者个人使用本企业的资质证书、营业执照，以本企业的名义承揽工程。

④《中华人民共和国建筑法》第六十六条规定：建筑施工企业转让、出借资质证书或者以其他方式允许他人以本企业的名义承揽工程的，责令改正，没收违法所得，并处罚款，可以责令停业整顿，降低资质等级；情节严重的，吊销资质证书。对因该项承揽工程不符合规定的质量标准造成的损失，建筑施工企业与使用本企业名义的单位或者个人承担连带赔偿责任。

⑤ 参见张玉芬：《建设工程挂靠施工司法疑难问题分析与理解》，《混凝土世界》2022 年第 7 期。

⑥ 参见唐润哲：《建设工程施工挂靠行为衍生合同责任承担研究》，《许昌学院学报》2022 年第 6 期。

⑦ 参见董建中、高玲：《建筑行业挂靠纠纷审理中存在的问题及解决对策》，《法律适用》2007 年第 6 期。

包给其下属分支机构或员工实施。① 三是一种类似于托管的长期挂靠形式。该类挂靠的常见形式是挂靠人与被挂靠人间订立一特殊挂靠协议，该协议的挂靠不以某一具体工程为限，而以一定时间段内所有或指定类型工程为限，由挂靠人完成被挂靠人所承包的工程。②

出借资质的目的可依据被挂靠人是否从挂靠行为中营利区分为非营利性挂靠与营利性挂靠。营利性挂靠是挂靠中最为常见的表现形式。被挂靠人将资质出借给挂靠人，并由此收取"管理费""挂靠费"等各种名目的好处费。此类挂靠中被挂靠人并不实际投入工程施工活动，仅以其拥有的相应资质即可获取丰厚的收益。资质高的被挂靠企业通过挂靠获得额外费用，弥补了因进入市场而产生的巨大沉淀成本，同时有助于较快地实现盈亏平衡，能够使产量维持在比较高的水平上。③ 非营利性挂靠较营利性挂靠少出现，但在某些特殊情形下，也不排除为了满足其资质延续审核对于业绩的考核要求而出借资质并不收取管理费的情形存在。④ 挂靠行为自身的复杂性加剧了建设工程施工挂靠行为合同的法律关系的复杂性，使得此类案件成为建设工程合同纠纷当中较为疑难的案件。⑤

而对于被挂靠人的民事责任问题，相关的司法解释只规定了质量不合格的情况下挂靠人和被挂靠人应当对发包人承担连带赔偿责任。⑥ 而对于挂靠人又将工程转包或分包后，被挂靠人是否需要对转承包方和分承包方承担责任并未作出明确规定。而在司法实践中，转承包方和分承包方通常会选择直接向被挂靠人主张工程款或者主张挂靠人和被挂靠人承担连带付款责任。关于此类案件的法律适用问题，实务中主要存在以下几种观点：第一种是认为被挂靠人违法出借资质且不履行施工义务，仅通过收取管理费等方式获取利润，导致无资质的挂靠人承包工程并拖欠工程款等债务，存在过错，故不管挂靠人是否以被挂

① 参见何俊鹏：《建设工程内部承包、内部分包、内部转包、内部挂靠法律分析及管理建议》，《法制与经济》2018 年第 9 期。
② 参见董建中、高玲：《建筑行业挂靠纠纷审理中存在的问题及解决对策》，《法律适用》2007 年第 6 期。
③ 参见孟卫军：《建筑施工资质挂靠的博弈分析》，《建筑经济》2007 年第 2 期。
④ 参见徐莉萍、王宇霆：《挂靠施工情形下的相关行为效力分析》，《福建建材》2017 年第 8 期。
⑤ 参见唐润哲：《建设工程施工挂靠行为衍生合同责任承担研究》，《许昌学院学报》2022 年第 6 期。
⑥《建设工程司法解释（二）》第四条。

靠人的名义对外签订合同，被挂靠人均应当对挂靠人将工程转包或分包后的债务承担责任；第二种是认为既然被挂靠人与转承包方或分承包方并无合同关系，则无须承担责任；第三种是认为如果挂靠人以被挂靠人名义对外签订合同，即使签合同的行为并未得到被挂靠人的授权，只要表象上有足以使善意相对人对被挂靠人产生信赖利益，则被挂靠人需要对挂靠人的债务承担责任。

笔者同意第三种观点，审查被挂靠人的责任问题，不能仅以其是否存在出借资质的事实作出认定，也不能仅以签订合同是否得到被挂靠人授权作为依据，而应当审查挂靠人是否以被挂靠人的名义对外签订及履行合同，审查合同相对人是否基于对被挂靠人的信赖利益签订合同，以此作为判断被挂靠人是否承担责任的基础。建筑领域的挂靠施工行为本身就是法律明令禁止的行为，①被挂靠人既然选择违法出借资质，按照合同相对性原则，则其责任的承担也应当是一致的。② 如合同相对人基于善意有理由相信其是与被挂靠人签订及履行合同，对被挂靠人产生合理信赖利益的，则被挂靠人应对欠付工程款承担连带责任。

那么，在司法实践中，如何认定合同相对人是否基于对被挂靠人的合理信赖利益签订及履行合同？笔者认为，可以从以下角度作出判断。

首先，挂靠人以被挂靠人的名义签订合同，其外部行为一般表现为加盖被挂靠人公章、提供被挂靠人出具的授权委托书等形式。③ 对于挂靠人对外订立书面合同并加盖了印章的情形，也存在挂靠人使用的印章与案发时本人使用的印章不一致的问题，是否一概否认对该合同表见代理的适用，答案并非完全肯定。在建设工程施工过程中，一个承包方拥有或使用多个印章的情况比较普遍。因此，在"河南民某建设工程有限公司与周某炳及富某飞劳务分包合同纠纷"④ 以及"长春市某丰钢材销售有限公司与长春市某某建筑工程有限责任公司、孙某丹等买卖合同纠纷"⑤ 等案件中，最高人民法院均认定，合同订立时所使用的公司印章与该本人现使用的印章不一致，并不能证明订立合同时本

---

① 《中华人民共和国建筑法》第二十六条和第六十六条。

② 参见崔建远：《论合同相对性原则》，《清华法学》2022 年第 2 期。

③ 参见董建中、高玲：《建筑行业挂靠纠纷审理中存在的问题及解决对策》，《法律适用》2007 年第 6 期。

④ 参见（2013）民申字第 600 号民事裁定书。

⑤ 参见（2016）最高法民申 2743 号民事裁定书。

人印章的使用情况及是否使用过该枚印章，也不能证明该印章是伪造的。而对于挂靠人私刻、伪造印章进行使用的，如果本人明知该行为而没有提出异议，应当视为本人对该无权代理行为的追认；本人不知道的，如果该印章使用所涉及的行为是依据有关规定和行业交易习惯在项目部或者项目经理有权负责的范围内，如劳务分包、设备租赁、材料买卖等合同，也应当认为该行为构成代理权表象。①

以本案为例，挂靠人在签订分包合同时使用了被挂靠人专用文本，又加盖了被挂靠人的项目部章，再加之挂靠人与被挂靠人在多个工程中形成的固定挂靠关系等事实，足以使相对人对被挂靠人产生信赖利益，以为与之建立合同关系的是被挂靠人。实务中经常出现的问题是公章的真假，如挂靠人使用的是被挂靠人真实的公章，被挂靠人一般不会针对公章的问题提出抗辩，但如果使用的是假公章或者案例中提到的项目章、合同专用章等印章，被挂靠人一般会针对印章的真假问题及有无使用权限的问题提出抗辩。但实际上，在挂靠关系中，多数被挂靠人在与发包人签订合同后只负责从发包人处收款及向挂靠人付款，对于实际施工的情况包括项目部的组建、项目章的刻制等均未进行管理，故部分项目章或者合同专用章确实是由挂靠人掌握，被挂靠人对于挂靠人使用印章对外签订合同的行为一般采取不明确同意但放任的态度。故即使相应的印章并非由被挂靠人授权使用，或者相应的印章并非被挂靠人刻制，也不能仅以此为由免除其责任承担。

其次，审查在合同履行过程中，被挂靠人与转承包人或分承包人之间是否存在工程款项或其他事务的直接往来。如被挂靠人在合同履行过程中直接向转承包人或分承包人付款或者直接确认工程量等，均足以使转承包人或分承包人相信合同相对方为被挂靠人。另外，以本案为例，部分案件中由于挂靠人和被挂靠人已经在多个工程中形成了相对稳定的挂靠关系，故被挂靠人的账户等均由挂靠人掌握，挂靠人也一直以被挂靠人的账户直接向转承包人或分承包人付

---

① 在"福建凯某劳务工程有限公司与陕西省交通厅某某某项目办公室建设工程施工合同纠纷"案[（2016）最高法民终227号]中，最高院认定"在存在本人授权的情况下，即使代理人私刻公章，因为存在授权，只要在授权范围内，即使违背本人意志，相对人也有充分理由相信代理人有代理权"。由此推之，虽然项目部或者项目经理不是依据本人的授权委托书对外进行交易，但是其作为本人内设机构或者职员这一身份表象本来就是一种授权，具有代理权表象。

款，足以使转承包人或分承包人认为是被挂靠人直接向其付款。当然，在本案中，被挂靠人以其名义向发包人发出《代付申请函》要求发包人代付包含涉案工程在内的工人工资，实际工资发放时也由被挂靠人盖章确认同意发放，也就是款项的收支均以被挂靠人的名义进行，都使相对人有理由相信一直是在履行与被挂靠人之间的合同关系。

涉及被挂靠人责任的案件在建设工程施工合同纠纷类的案件中占有较大的比例，采用前述第三种观点认定被挂靠人的责任，既不会随意突破合同相对性，也可以有效引导施工企业合法从事建设工程施工活动，倒逼有资质的施工企业合理合法地利用资质承揽工程，减少出借资质的违法行为。建筑市场对资质的要求一方面是出于对建筑物质量安全的保证，另一方面也是对实际施工的工人工资、材料款等合法债权的保护。借用资质施工的都是没有资质的个人或者资质等级不够的企业，其本身没有承建相应工程的能力，通过借用资质的方式，在交纳管理费等费用后，建设成本进一步增加，只能在工程质量或者工人工资方面降低成本，由此引发较为严重的社会问题。反观被挂靠企业，通过出借资质的方式收取管理费、工程差价等获益，实际上不参与施工，导致所谓的资质形同虚设，十分不利于建筑行业的长远、健康发展。

004

"外嫁女" 集体经济组织成员权益的认定标准

——朱某环等 9 人与 P 村民小组侵害集体经济组织成员权益纠纷系列案

广东省清远市中级人民法院　白剑辉

集体经济组织在行政处理决定作出前提出搁置争议并保留"外嫁女"当事人分配权益，"外嫁女"当事人经行政机关确认具有集体经济组织成员资格后请求分配的，予以支持。

一审：广东省清远市清城区人民法院（2021）粤 1802 民初 7793—7801 号。

二审：广东省清远市中级人民法院（2021）粤 18 民终 5566—5570、5624—5627 号。

一、案情

上诉人（原审原告）：朱某环、朱某妍、朱少某、朱某云、朱某玲、朱某凤、朱某莹、王某丽、朱某静（以下简称朱某环等 9 人）。

被上诉人（原审被告）：清远市清城区东城街道莲塘村委会 P 村民小组（以下简称 P 村民小组）。

朱某环等 9 人均为户籍地在 P 村民小组的外嫁女。针对 2017 年征地款分配问题，P 村民小组于 2018 年 11 月 1 日公示，将外嫁女、事实婚姻等其他未确定是否有分配权利的村民作保留，待以后村集体讨论后确定，名单公示包括朱某环等 9 人。2018 年 11 月 10 日，P 村民小组在其他村民中每人分配征地款 70000 元。朱某环等 9 人因未获得上述款项分配权益，曾于 2018 年 11 月 12 日向东城街道办事处提交信访材料，要求 P 村民小组分配征地款，但未果，后又于 2020 年 6 月 26 日向东城街道办事处申请确认 P 村民小组集体经济组织成员资格。2020 年 10 月 12 日，东城街道办作出行政处理决定，确认朱某环等 9 人具有 P 村民小组集体经济组织成员资格。因 P 村民小组仍未向朱某环等 9 人分配上述款项，双方由此产生纠纷并引发本系列案诉讼。

二、审判

广东省清远市清城区人民法院一审认为，朱某环等 9 人于 2018 年 11 月 12 日首次向清远市清城区人民政府东城街道办事处提交信访材料，申请主张分配款项，并经过诉讼程序，于 2020 年 6 月 26 日向清远市清城区人民政府东城街道办事处申请资格确认，2020 年 10 月 12 日作出行政处理决定，确认朱某环等 9 人为 P 村民小组集体经济组织成员。因此，可认定朱某环等 9 人自向清远市清城区人民政府东城街道办事处首次提交材料主张分配之日（2018 年 11 月 12 日）起享受 P 村民小组集体经济组织成员同等待遇。P 村民小组于 2018 年 11 月 1 日公示分配方案时，朱某环等 9 人未向清远市清城区人民政府东城街道办事处提交材料主张权利，并且 2018 年 11 月 10 日 P 村民小组已对 70000 元进行了分配，故在没有确认经济组织成员资格前已公示分配方案并已分配了款项，朱某环等 9 人要求 P 村民小组支付 70000 元的分配款项，不予支持。P 村民小组于 2020 年 1 月 16 日公示的 10000 元，虽然此时朱某环等 9 人已申请了资格确认，但公示已明确是群众因患病需要和生活困难，可向村民小组借支 10000 元，该公示并不是对征地款的分配，只是允许困难群众向村集体借支款项，朱某环等 9 人没有提供分配签收表或分配方案证明已实际分配，故朱某环等 9 人要求 P 村民小组支付 10000 元，证据不足，不予支持，因此判决驳回朱某环等 9 人的诉讼请求。

宣判后，朱某环等 9 人提出上诉。

广东省清远市中级人民法院二审另查明，根据朱某环等 9 人提交的《关于东城 P 村 2017 年征地款分配问题申请书》，载明"东城莲塘村委会、东城街办：我 P 村民小组就如何分配 2017 年征地款问题已经多次召开村民大会，经过多次会议讨论后，一大部分村民一致认为外嫁女没有征地款的分配资格，村民认为以 2015 年村小组分红名单为基础，新增加新生儿及婚娶的村小组成员，但外嫁女（含事实婚姻）不论户口是否迁出，一律对其征地款暂作保留，另行有待处理。现我村小组特向贵村委会及东城街办有关领导同志汇报相关情况及村民意愿，望得到上级的指示和支持。P 村民小组（盖章），2018 年 3 月 23 日"。清远市清城区东城街道莲塘村委会在该申请书盖章确认并备注"建议可按申请书上所讲方案分配，但做好群众解释工作"。

广东省清远市中级人民法院二审认为，本案争议焦点为 P 村民小组应否向朱某环等 9 人支付 2017 年征地补偿款 70000 元和借支款 10000 元及相应利息。根据《最高人民法院关于审理涉及农村土地承包纠纷案件适用法律问题的解释》第二十二条"农村集体经济组织或者村民委员会、村民小组，可以依照法律规定的民主议定程序，决定在本集体经济组织内部分配已经收到的土地补偿费。征地补偿安置方案确定时已经具有本集体经济组织成员资格的人，请求支付相应份额的，应予支持。但已报全国人大常委会、国务院备案的地方性法规、自治条例和单行条例、地方政府规章对土地补偿费在农村集体经济组织内部的分配办法另有规定的除外"的规定，征地补偿费用分配权是基于集体经济组织成员的身份而产生。现朱某环等 9 人已经清远市清城区东城街道办事处作出行政处理决定，确认具有 P 村民小组集体经济组织成员资格；而且，根据 P 村民小组于 2018 年 11 月 1 日作出的《公示》及 2018 年 3 月 23 日提交的《关于东城 P 村 2017 年征地款分配问题申请书》，对于 2017 年征地款的分配问题，P 村民小组对外嫁女、事实婚姻等村民分配款已暂作保留，待集体讨论确定后再处理，现亦无证据证明 P 村民小组已对上述人员的分配问题重新进行了讨论并作出决定，可见 P 村民小组在朱某环等 9 人申请确定资格之日前并未否定其享有本次征地款的分配权利。因此，朱某环等 9 人主张 P 村民小组支付 2017 年征地补偿款 70000 元于法有据，应予支持。一审认定朱某环等 9 人应从首次主张分配之日起享受征地补偿款分配的权利，确有不当，应予纠正。关于利息问题，应以 70000 元为基数，从朱某环等 9 人提起诉讼之日即 2021 年 5 月 11 日，按全国银行间同业拆借中心公布的贷款市场报价利率标准计算至 P 村小组支付款项之日。关于借支款 10000 元问题，根据 P 村民小组于 2020 年 1 月 16 日公示的内容，已明确该款项系对部分群众因患病或生活困难等情况的借款，并可在以后的分红中扣除，并非对征地款的分配，一审对该节处理正确，应予确认。故改判 P 村民小组向朱某环等 9 人各支付征地补偿款 70000 元及利息（以 70000 元为基数，从 2021 年 5 月 11 日起按全国银行间同业拆借中心公布的贷款市场报价利率标准计算至 P 村民小组支付款项之日）。

三、评析

城镇化进程的开展需要不断征用集体土地，因征地补偿引起的利益分配纠纷也不断显现，甚至演变为司法案件。在基层实践中，村集体内部利益分配的关键在于如何认定村集体成员资格，具体反映为在补偿分配中谁能受益、谁应该受益等。而国家法律、地方政府政策、村规民约等都能成为被引用的资源。因此，取得集体经济组织成员资格是利益分配的基础，是取得成员权的前提。那么，村集体成员资格何以认定？特别是法律与社会互动的司法实践中，什么是认定成员资格的标准？经由司法审理认定的成员资格，其化解纠纷的意义何在？"外嫁女"可否申请分配征地补偿款？

（一）"外嫁女"请求征地补偿款纠纷审理中的法律困惑

1. 部分法院无正当理由不受理

最高人民法院曾于 2002 年和 2004 年就"村民征地款分配纠纷问题是否受理"作出批复，均认为，依据相关法律法规规定，土地补偿费归农村集体经济组织所有，农村集体经济组织与其成员之间因土地补偿费分配产生的纠纷，法院可不予受理。2005 年最高人民法院发布了《关于审理涉及农村土地承包纠纷案件适用法律问题的解释》，根据该解释第一条第一款及第二十四条的规定，对于请求分配征地补偿款的案件，人民法院应当受理。这一规定对于分配权益受侵害的"外嫁女"的权利救济具有重要意义。然而对于"外嫁女"请求征地补偿款纠纷，仍有部分法院基于案件数量过多和执行阻力过大等因素考虑，以属村民自治范畴为由或以尚未确定"外嫁女"是否具有集体经济组织成员资格为由，不予受理，而是采取与当地政府协调一起处理的方式。

2. 部分村规民约内容违法

根据《中华人民共和国村民委员会组织法》第二十四条及第二十七条规定，我国农村实行村民自治，村民会议有权讨论决定土地承包经营方案以及征地补偿费的使用、分配方案，并制定村民自治章程、村规民约等方式加以规定。村民自治章程、村规民约以及村民会议或者村民代表会议的决定不得与宪法、法律、法规和国家的政策相抵触，不得有侵犯村民的人身权利、民主权利和合法财产权利的内容。然而实践中，基于土地权益带来的利益驱使和受传统的男尊女卑、重男轻女观念等因素的影响，一些农村地区制定的村规民约存在着违法现象，或剥夺"外嫁女"的土地承包权益，或将"外嫁女"的集体分配权益排除在外，明显违反了《中华人民共和国宪法》第四十八条关于男女平等的规定；《中华人民共和国农村土地承包法》第三十一条关于妇女结婚、离婚或者丧偶享有土地承包权益的规定；《中华人民共和国妇女权益保障法》第三十二条和第三十三条关于"妇女在农村土地承包经营、集体经济组织收益分配、土地征收或者征用补偿费使用以及宅基地使用等方面，享有与男子平等的权利""任何组织和个人不得以妇女未婚、结婚、离婚、丧偶等为由，侵害妇女在农村集体经济组织中的各项权益"等规定。在法院审理中，这些村规民约的效力如何认定，是否应当被执行成为亟待解决的问题。

3. 集体经济组织成员资格的认定尚无法律依据

《最高人民法院关于审理涉及农村土地承包纠纷案件适用法律问题的解释》第二十二条规定："农村集体经济组织或者村民委员会、村民小组，可以依照法律规定的民主议定程序，决定在本集体经济组织内部分配已经收到的土地补偿费。征地补偿安置方案确定时已经具有村集体经济组织成员资格的人，请求支付相应份额的，应予支持。"可见"外嫁女"是否具有农村集体经济组织成员资格，决定其是否享有相应的权利并获得法律的平等保护。因此解决"外嫁女"权益纠纷的关键是如何认定其集体经济组织成员资格，这需要立法进行规定，规范集体经济组织成员资格的认定。

2005年7月29日，最高人民法院有关负责人曾在公布《关于审理涉及农村土地承包纠纷案件适用法律问题的解释》的新闻发布会上指出："由于农村集体经济组织成员资格问题事关广大农民的基本民事权利，属于《中华人民共和国立法法》第四十二条第一项规定的情形，其法律解释权在全国人大常委会，不宜通过司法解释对此重大事项进行规定。"目前的法律框架下并没有一个判定集体经济组织成员资格的统一标准，在司法实践中法院对该问题的把握存在困难。

(二) 案件核心：成员资格的认定

我国目前尚无统一的有关农民集体成员资格认定标准的立法，而实践中大量存在的土地补偿费分配纠纷、集体福利分配纠纷等，又必须以农民集体成员资格认定为前提。[①] 广义上，集体成员似乎应包含居住在村社内的所有居民，但成员资格及伴生的成员权却不单以居住地界定。基于对共有产权的理解，以及出于对传统社会地方利益共同体的思维，由成员资格而来的对集体共有财产先赋的享有权是为社会所普遍认可的标准。[②] 成员资格界定了谁是村集体的"内部人"，享有成员权须以成员资格为前提。如在土地分配上，成员权是土地集体制赋予村庄内部每个合法成员平等地拥有村属土地的权利。但问题是，虽然法律规定了土地归"集体"所有，但"集体"却是抽象的，当把集体的权益落实到其具体的成员身上时，就必须对谁具有"合法成员身份"进行认定。在广大农村，不同村社的成员资格认定规则往往不同，认定的标准不仅来自现行的法律、制度，也倚赖在乡村社会生活中约定俗成的规范、文化和价值观念基础上形成的社会的普遍性认可。为寻求利益最大化，村民往往有意识地选用某种成员资格的认定规则。因此，当纠纷诉至法院，在户籍制度意义、地方共同体意义上的认定规则之外，司法审理意义上的规则成为部分村民（原告）的利益选择。

（三）准确界定"外嫁女"集体经济组织成员资格

有资格才有权利，如果"外嫁女"具有集体经济组织成员资格，就应当获得集体经济组织成员应当享有的利益，因此解决该问题的核心在于如何认定"外嫁女"的集体经济组织成员资格。目前学界在认定集体成员资格的标准上主要存在三种观点，即登记主义、事实主义和折中主义。[③] 登记主义是指以户籍所在地是否在该村组作为确定标准；事实主义是以实际上是否在本村组长期生活为标准；折中主义则以户籍是否登记，本人是否长期居住的事实状态来确定集体经济组织成员资格。在司法实践中，人民法院在集体经济组织成员资格确认标准上主要有两种模式：一是户籍主义模式，即具有本集体经济组织统征前农业户籍的，就视为集体经济组织成员，可以平等享受分配权利。二是户籍

---

① 管洪彦：《村规民约认定农民集体成员资格的成因、局限与司法审查》，《政法论丛》2012年第5期，第117页。

② 申静、王汉生：《集体产权在中国乡村生活中的实践逻辑——社会学视角下的产权建构过程》，《社会学研究》2005年第1期，第144页。

③ 吴兴国：《集体组织成员资格及成员权研究》，《法学杂志》2006年第2期，第92页。

与义务结合模式，即除了具有本集体经济组织农业户籍，还应与其他成员一样履行义务，才视为集体经济组织成员。也就是说，根据权利义务关系是否形成的事实作为判断标准，即必须与本集体经济组织形成事实上的权利义务关系及管理关系的人，才具有农村集体经济组织成员资格。①

（四）"外嫁女"权利起算点的本地司法实践

目前，在村民小组不承认"外嫁女"集体经济组织成员资格的情况下，"外嫁女"可采取向行政机关申请确认的方式进行资格确认，经行政机关确认具备集体经济组织成员资格后，其能否主张分配征地补偿款还需考量其权利起算时间，本地以往的司法实践主要分为以下情况：

（1）行政机关出具的行政处理决定书中明确载明资格或权利起算时间的，以该载明的时间作为权利起算时间，即"外嫁女"当事人主张该起算时间之前的权益分配，不予支持。

（2）行政机关出具的行政处理决定书仅载明确认其具备集体经济组织成员资格或享受同等权利，但是没有明确载明资格或权利起算时间的，权利起算时间溯及至该资格主体/权利主体首次向行政机关提出确认其集体经济组织成员资格之日或者首次向行政机关提出享受集体经济组织成员权益之日。

（五）突破"起算点"限制，更好地保护"外嫁女"合法权益

根据《最高人民法院关于审理涉及农村土地承包纠纷案件适用法律问题的解释》第二十二条的规定，农村集体经济组织经民主议定程序决定在本集体经济组织内部分配已经收到的土地补偿费，征地方案确定时已经具有本集体经济组织成员资格的人，请求支付相应份额的，应予支持。本案中，朱某环等9人首次向行政机关主张权利系于2018年11月12日向东城街道办事处提交信访材料，要求P村民小组分配征地款，按前述权利起算点的确定方法，其可享受集体经济组织成员权益的起算时间为2018年11月12日，即无权享受P村民小组在2018年11月10日向村民每人分配征地补偿款70000元的权益，也就是朱某环等9人在重新确认获得集体经济组织资格之前，村集体产生的经济收益已经被集体成员分配完毕，并无重新分配的基础，故在本案中的诉讼请求无法被支持。

---

① David Miller, *Citizenship and National Identity*, Cambridge：Polity Press, 2000.

　　然而本系列案中存在与以往"外嫁女"请求分配征地补偿款案件的不同之处。根据 P 村民小组于 2018 年 11 月 1 日作出的《公示》及 2018 年 3 月 23 日提交的《关于东城 P 村 2017 年征地款分配问题申请书》，对于 2017 年征地款的分配问题，P 村民小组对外嫁女、事实婚姻等村民分配款已暂作保留，待集体讨论确定后再处理，即 P 村民小组自始至终未明确否认朱某环等 9 人的征地补偿款分配权益，故朱某环等 9 人在经行政处理决定确认具有集体经济组织成员资格后，也可享受首次向行政机关提出确认申请之日前的集体权益。

　　综合上述情况，本案在遵循以往的司法实践的同时，又进一步明确：在行政机关的行政处理决定书中未明确"外嫁女"当事人取得集体经济组织成员资格起算点时，对集体经济组织在行政处理决定作出前提出搁置争议并保留"外嫁女"当事人权益的，可以突破"首次提出"起算点的限制，即其在集体经济组织作出收益分配方案后，再向行政机关提出确认集体经济组织成员资格的，仍应对"外嫁女"当事人的分配请求予以支持，以更好地保护"外嫁女"依法享有的集体经济组织成员权益，为乡村振兴战略实施提供更好的司法服务和保障。

005

涉疫情房屋租赁合同纠纷的规则适用

——陆某湖诉吴某凡房屋租赁合同纠纷案

广东省清远市中级人民法院　钟莹莹

【裁判要旨】 新冠疫情对生产经营产生严重的冲击，一定程度上影响了正常市场秩序，对此最高人民法院专门出台了相关的指导意见，维持社会和市场经济的稳定。本案涉及疫情防控期间的房屋租赁，双方对租金支付、违约行为等问题存在较大争议。审理过程中应综合考虑当事人未按时交租的原因和履行合同意愿，注意当前新情势下法院对于解除合同的谨慎态度，正确适用法律规定，保护当事人的合法权益。

【案例索引】 一审：广东省英德市人民法院（2020）粤 1881 民初 4864 号。

二审：广东省清远市中级人民法院（2021）粤 18 民终 1851 号。

一、案情

上诉人（原审被告）：吴某凡。

被上诉人（原审原告）：陆某湖。

2019 年 7 月 4 日，陆某湖与吴某凡签订《房屋租赁合同》并约定，陆某湖将位于英德市大站镇 C 村英坑公路（G240）西面、大站 C 居委会背后的一栋房屋及后面的厂房、住房（总面积约为 2000 平方米）出租给吴某凡使用，租期从 2019 年 9 月 1 日至 2034 年 8 月 30 日共计 15 年，租金 8500 元/月，每月 5 日前支付当月租金。同时约定，吴某凡如需维修、改造房屋必须告知陆某湖并征得陆某湖的同意，如吴某凡逾期 1 个月未缴租金，违反房屋使用用途，陆某湖有权单方终止合同，且不退还押金。合同签订之日，吴某凡支付了 20000 元房屋租赁押金。

　　吴某凡一开始能按合同约定交纳租金，但 2020 年 2 月起开始拖欠租金。经陆某湖催促，吴某凡于 2020 年 4 月 25 日支付 2 月份的租金 8500 元，于 5 月 24 日支付 3 月份的租金 8500 元，于 6 月 19 日支付 4 月和 5 月的租金共 17000 元。后吴某凡分别于 7 月 7 日、7 月 9 日和 8 月 21 日用微信转账的方式发 6 月至 8 月的租金给陆某湖，但陆某湖认为吴某凡严重违约而拒收。

　　陆某湖于 2020 年 8 月 13 日书面向吴某凡发出解除通知书，同时向法院起诉请求：解除《房屋租赁合同》、吴某凡将租赁的房屋按原状返还并支付拖欠的租金 25500 元（暂计至 2020 年 8 月 31 日）。吴某凡认为其逾期交纳租金是受疫情和防控措施影响，且得到陆某湖的同意才逾期交纳租金，其不存在违约。如要解除合同，要求陆某湖退回吴某凡所交纳租金的一半，并补偿吴某凡搭棚的人工和材料款共 42000 元。

二、审判

　　广东省英德市人民法院一审认为，陆某湖、吴某凡签订的《房屋租赁合同》是双方当事人真实意思表示，内容未违反法律、行政法规的强制性规定，合法有效，双方均应全面履行各自义务。吴某凡从 2020 年 4 月开始欠租，直至 6 月 19 日才交纳 4 月和 5 月的租金，6 月后至今的租金都未交纳，按照双方签订的《房屋租赁合同》约定已构成违约，陆某湖请求法院判决解除涉案《房屋租赁合同》符合《中华人民共和国合同法》第九十四条第四款规定，应予以支持。吴某凡认为逾期交纳租金是由于受疫情和防控措施影响，且得到陆某湖同意，但吴某凡未提供相关证据予以证实，故对其抗辩不予采信。吴某凡在租赁房屋搭铁皮棚，花费了人工和材料费共约 42000 元，陆某湖在调解时同意补偿给吴某凡，对此予以采纳。至 2020 年 11 月止，吴某凡仍拖欠陆某湖租金 51000 元（8500 元×6 个月＝51000 元），减除搭铁皮棚人工和材料费共42000 元，吴某凡仍欠陆某湖租金 9000 元（51000 元－42000 元＝9000 元）。综上，一审法院判决：一、解除陆某湖与吴某凡于 2019 年 7 月 4 日签订的《房屋租赁合同》；二、限吴某凡于判决发生法律效力之日起十日内将涉案的租赁房屋按现状返还给陆某湖；三、限吴某凡于判决发生法律效力之日起十日内支付拖欠陆某湖的租金 9000 元（暂计至 2020 年 11 月 30 日的租金）；四、驳回陆某湖其他诉讼请求。

一审判决宣告后，吴某凡不服提出上诉，请求驳回陆某湖的诉讼请求。

广东省清远市中级人民法院二审认为，本案的争议焦点为：一、吴某凡是否构成根本违约；二、吴某凡与陆某湖签订的《房屋租赁合同》应否解除；三、陆某湖诉请的租金问题应如何处理。本案中虽然吴某凡存在 2020 年 2、3、4、5、6 月逾期支付租金的行为，但是吴某凡逾期支付租金的行为发生在疫情严重期间，依照《最高人民法院关于依法妥善审理涉新冠肺炎疫情民事案件若干问题的指导意见（二）》第一条第 5 点规定："承租房屋用于经营，疫情或者疫情防控措施导致承租人资金周转困难或者营业收入明显减少，出租人以承租人没有按照约定的期限支付租金为由请求解除租赁合同，由承租人承担违约责任的，人民法院不予支持。"疫情防控期间吴某凡有通过微信向陆某湖说明逾期支付租金的原因，疫情缓解后继续向陆某湖交缴租金，故吴某凡逾期支付 2—6 月租金不构成违约，一审法院对违约责任的认定不当，应予以纠正。虽然陆某湖于 2020 年 8 月 13 日向吴某凡发出《解除合同通知书》，但是合同期未满，且吴某凡没有违约及不同意解除合同，故案涉《房屋租赁合同》仍生效，双方应继续履行合同义务。陆某湖要求解除双方签订的《房屋租赁合同》、吴某凡将涉案的租赁房屋按原状返还的主张，理据不充分，不予支持。由于陆某湖并没有收取吴某凡 6—8 月的租金，故对陆某湖要求收取吴某凡 6—8 月的租金合共 25500 元的主张予以支持，同时吴某凡亦应自觉按照合同约定支付其租赁期间的全部租金。综上，二审法院判决：一、撤销广东省英德市人民法院（2020）粤 1881 民初 4864 号民事判决；二、限吴某凡于本判决发生法律效力之日起十日内支付拖欠陆某湖的租金 25500 元（暂计至 2020 年 8 月 31 日）；三、驳回陆某湖的其他诉讼请求。

三、评析

（一）因疫情原因导致的房屋租赁合同纠纷类型

（1）出租人起诉要求解除房屋租赁合同。主要事实和理由为疫情防控期间，承租人未按照合同约定按时足额支付租金，构成违约，导致出租人合同目的不能实现，故起诉要求解除合同，并由承租人承担相应违约责任等。

（2）承租人起诉要求解除房屋租赁合同。主要事实和理由为因疫情防控需要，承租人不能或不能完全使用租赁房屋，合同目的不能实现，或者承租人主张因疫情防控导致其经营损失，继续履行合同成本过高，起诉要求提前终止房屋租赁合同。

（3）承租人起诉要求减免租金的纠纷。主要事实和理由为合同订立时的客观情况发生重大变化，疫情防控导致承租人不能使用或不能完全使用租赁房屋，如果继续按照原合同履行，负担过重，压力过大，故起诉要求减免租金。

（二）因疫情原因导致的房屋租赁合同纠纷的法律依据

（1）《中华人民共和国民法典》第一百八十条规定，因不可抗力不能履行民事义务的，不承担民事责任。不可抗力是指不能预见，不能避免，且不能克服的客观情况。第五百六十三条规定，有下列情形之一的，当事人可以解除合同：（一）因不可抗力致使不能实现合同目的。第五百九十条规定，当事人一方因不可抗力不能履行合同的，根据不可抗力的影响，部分或者全部免除责任，但是法律另有规定的除外。因不可抗力不能履行合同的，应当及时通知对方，以减轻可能给对方造成的损失，并应当在合理期限内提供证明。当事人迟延履行后发生不可抗力的，不免除其违约责任。关于对不可抗力规则的理解，学界主要存在"主观说""客观说"以及"折中说"三种学说，[①] 通说认为我国现行民事立法采"折中说"，[②] 即当事人自身的行为不属于不可抗力，自然灾害、政府行为、社会事件无论是否重大且显著，只要当事人尽到了应有的注意，且属于异常事故，就构成不可抗力。[③]

（2）《中华人民共和国民法典》第五百三十三条规定，合同成立后，合同的基础条件发生了当事人在订立合同时无法预见的、不属于商业风险的重大变化，继续履行合同对于当事人一方明显不公平的，受不利影响的当事人可以与对方重新协商；在合理期限内协商不成的，当事人可以请求人民法院或者仲裁机构变更或者解除合同。人民法院或者仲裁机构应当结合案件的实际情况，根据公平原则变更或者解除合同。情势变更，又称情事变更，[④] 是指在合同依法

① 参见王轶：《新冠肺炎疫情、不可抗力与情势变更》，《法学》2020年第3期，第36-48页。

② 王利明：《合同法研究（第三版）》（第二卷），中国人民大学出版社2015年版，第535页；崔建远：《合同法（第二版）》，北京大学出版社2013年版，第339页。

③ 参见王轶：《新冠肺炎疫情、不可抗力与情势变更》，《法学》2020年第3期，第36-48页。

④ "情事变更"与"情势变更"在学界均有适用，两者在内涵和外延上并无区别。参见姚辉、阚梓冰：《论情事变更与不可抗力的交融及界分——以新型肺炎疫情防控与疫后重建为契机》，《中国政法大学学报》2020年第3期，第137-148页。

成立后、履行完毕前，因不可归责于双方当事人的原因发生了不可预见的情事，致使合同的基础丧失或动摇，如果继续维护合同原有效力则显失公平，允许变更或解除合同。① 根据该规定，发生情势变更一方主张变更或者解除合同，双方当事人负有重新协商的义务，在程序上应当首先由受不利影响的当事人与对方进行重新协商。在合理期限内协商不成，或者另一方明确拒绝协商的，一方当事人再请求人民法院变更或解除合同。

（3）2020 年初暴发新冠疫情后，为贯彻落实党中央关于统筹推进新冠疫情防控和经济社会发展工作部署会议精神，依法妥善审理涉新冠疫情民事案件，维护人民群众合法权益和社会经济秩序，最高人民法院相继发布了关于依法妥善审理涉新冠肺炎疫情民事案件若干问题的指导意见（一）（二）（三）。其中指导意见（一）第二条规定了依法准确适用不可抗力规则、第三条规定了依法妥善审理合同纠纷案件。指导意见（二）第一条第 5 点、第 6 点对因疫情或者疫情防控措施导致资金周转困难、营业收入明显减少、合同目的不能实现的承租人权益保护作出了相关规定。指导意见（三）则对法律适用进一步作了明确的指向规定。

（三）情势变更规则与不可抗力规则在疫情原因导致的房屋租赁合同纠纷的适用区别

新冠疫情是突发公共卫生事件，但在审理因疫情原因导致的租赁合同纠纷中是适用不可抗力规则还是情势变更规则不可一概而论，这是由疫情对不同合同造成的不同影响以及因果关系决定的，而不是由疫情本身性质决定。② 合同严守原则要求严格按照合同的约定办事，③ 故应结合具体个案中当事人的主张以及疫情防控对房屋租赁合同履行的影响，判断疫情属于不可抗力还是情势变更，正确适用法律和指导意见的规定，进而确定责任负担方式。在审理涉疫情租赁合同纠纷中，当事人以疫情或防控措施致使合同义务不能履行，提出免于承担违约责任的，或者以疫情或防控措施致使合同目的不能实现，提出解除合

---

① 崔建远：《合同法学》，法律出版社 2015 年版，第 96~97 页；韩世远：《合同法总论（第四版）》，法律出版社 2018 年版，第 488 页。

② 参见范磊：《新冠肺炎疫情及行政行为对房屋租赁合同构成履行障碍的性质及司法应对》，《法律适用》2020 年第 5 期，第 37~47 页。

③ 韩世远：《合同法总论（第四版）》，法律出版社 2018 年版，第 58 页。

同的，应当根据不可抗力规则判断其主张是否成立。① 当事人以疫情或防控措施致使继续履行合同明显不公，提出减免或增加价款、缩短或延长履行期限、改变交付方式或者解除合同，并且前述主张是以起诉或者反诉的形式提出的，则应当根据情势变更规则判断其主张是否成立。②

（四）不同类型的租赁合同纠纷裁判方式

（1）承租人未按时支付租金等违约行为的处理。分情况处理承租人未按时支付租金等违约行为，一方面固然是出于契约必须严守的民法理念，另一方面也显然有维护交易安全和稳定的现实考虑。③ 承租人在疫情防控期间不能按时支付租金的情况分为两类。一类是承租人未支付租金的行为与疫情防控直接相关，比如承租人因疫情防控无法与出租人对接，又无法通过其他方式支付租金。对于该种情况，可以根据疫情防控对承租人的影响，部分或者全部免除承租人的违约责任，出租人亦不能因此解除合同。另一类是承租人以疫情防控导致经济效益下降为由未按时支付租金。对于该种情况，一般不宜认为疫情防控与未支付租金之间存在法律上的因果关系，承租人未按时支付租金的行为构成违约，但该违约行为与疫情导致的经济效益不好有关，并非恶意违约，只要承租人在疫情结束之后继续履行合同且补交房租，出租人的合同目的仍然可以实现。

（2）承租人以疫情防控为由要求解除合同的处理。长期继续性合同中，当事人之间持续的良好履约行为和由此形成的信任关系是交易得以长期存续的根本，如果认定疫情及管制措施一概适用不可抗力规则，进而导致多数情形下合同的解除，将严重损害交易的持续性和稳定性。④ 承租人因疫情防控原因完全无法使用租赁房屋，其租赁房屋的合同目的不能实现，承租人可以不可抗力为由要求解除合同，但此时需严格审查疫情防控与合同目的不能实现之间的因果关系。承租人仅以疫情防控导致收益下降为由要求解除合同的，需要谨慎对待。虽然疫情防控对房屋租赁合同的履行造成一定影响，但该影响尚未达到令

---

① 参见侯国跃：《新冠肺炎疫情的合同之维：不可抗力还是情势变更》，《中国检察官》2020年第5期，第16页。

② 参见王轶：《新冠肺炎疫情、不可抗力与情势变更》，《法学》2020年第3期，第48页。

③ 参见韩强：《情势变更原则的类型化研究》，《法学研究》2010年第4期，第68页。

④ 参见姚辉、阚梓冰：《论情事变更与不可抗力的交融及界分——以新型肺炎疫情防控与疫后重建为契机》，《中国政法大学学报》2020年第3期，第143页。

合同目的不能实现的程度，故此时承租人无权要求解除合同，但可援引情势变更或公平原则要求减免租金和违约责任。

（3）承租人起诉要求减免租金的处理。疫情虽也可能短暂导致合同无法继续履行，合同目的不能实现，但需考虑解除合同对交易秩序的影响，更加谨慎适用合同解除，尽量采取变更的措施鼓励当事人继续交易。① 减免租金属于变更合同，对于此种情况，可适用情势变更的精神，按照公平原则，在双方当事人之间合理分配风险。具体来说，需考虑承租人的性质（自然人还是企业）、租用房屋的目的（自住还是商用）以及疫情对租赁合同履行产生的影响（全部不能使用还是部分不能使用）进行综合判断，进而决定是全部免除、部分免除，还是不予免除。

本案是因疫情原因导致的租赁合同纠纷中出租人起诉要求解除租赁合同的案件，在本案中承租人确因疫情影响了其日常收入，适用不可抗力规则，同时疫情防控期间承租人有通过微信向出租人说明逾期支付租金的原因，疫情缓解后继续向出租人交缴租金，出租人的合同目的仍然可以实现。法律适用方面严格依照相关法律规定和最高人民法院相关的指导意见，综合考虑当事人未按时交租的原因和履行合同的意愿，保持当前新情势下对于解除合同的谨慎态度，取得了维持社会和市场经济稳定、维护当事人合法权益的良好效果。

---

① 参见姚辉、阚梓冰：《论情事变更与不可抗力的交融及界分——以新型肺炎疫情防控与疫后重建为契机》，《中国政法大学学报》2020年第3期，第146页。

医院规培学员违反服务期约定时违约金的确定

——袁某辉与清远市 F 保健院劳动争议案

广东省清远市中级人民法院　林士嵛

裁判要旨　医院规培学员违反服务期约定的，应依法承担违约责任。劳动合同约定的违约金范围超过法定范围，侵犯劳动者基本权利的，超过部分无效；培训费用具体数额难以证明的，根据公平和诚信原则，可以综合规培人员收入、实际服务期限等因素予以确定。

案例索引　一审：广东省清远市清城区人民法院（2021）粤 1802 民初 18843 号。

二审：广东省清远市中级人民法院（2022）粤 18 民终 3594 号。

一、案情

上诉人（原审被告）：袁某辉。

被上诉人（原审原告）：清远市 F 保健院。

2017 年 7 月 20 日，清远市 F 保健院与袁某辉签订《住院医师规范化培训协议书》（以下简称《规培协议》），录取袁某辉为该院住院医师规范化培训学员，并委托清远市人民医院进行 3 年培训。协议书还约定：培训期间，清远市 F 保健院承担袁某辉培训所需费用，并按国家及医院规定按月给袁某辉发放工资（含社会保险）；袁某辉的待遇包括生活补贴、工资待遇，工资待遇包括培训期工资、社会保险、住宿安排和体检费；其中生活补贴：根据《中央财政专项支持住院医师规培》文件的相关精神，中央下拨专项资金每人每年 3 万元，1 万元用于补助基地和师资建设，2 万元以绩效补贴、节日慰问费等项目发放给袁某辉；培训结束且通过住院规范化培训结业考核后，需返回清远市 F 保健院处工作，并至少提供 6 年的服务；如培训结束后，袁某辉因个人原因不按上述协议书在清远市 F 保健院工作，则袁某辉构成违约，除应全额退还培训期间培训单位提供的生活补助、补贴外，还需全额退还清远市 F 保健院为辅助袁某辉完成培训所提供的工资福利和相关的一切开支费用。

2020 年 7 月 20 日，袁某辉完成规培后返回清远市 F 保健院处上班。同年 9 月 28 日，袁某辉以个人及家庭原因向清远市 F 保健院提出辞职，并于 10 月 5 日从清远市 F 保健院处离职。

2017 年 8 月至 2020 年 6 月，清远市 F 保健院共向袁某辉发放了培训津贴、基础性绩效工资、住房公积金和其他费用共 144548 元。其中培训津贴共计 97900 元，标准及变化与《规培协议》《清远市 F 保健院关于提高规范化培训住院医师待遇的通知》规定的培训期工资相同。

双方发生争议后，袁某辉向清远市劳动人事争议仲裁委员会申请劳动仲裁，请求确认双方已解除劳动关系，清远市 F 保健院为其办理离职证明和人事档案转移手续。清远市 F 保健院提出反申请，请求袁某辉返还规培费用 144548 元。清远市劳动人事争议仲裁委员会作出驳回双方请求的仲裁裁决。清远市 F 保健院遂向清远市清城区人民法院提起诉讼，请求袁某辉返还规培费用 144548 元。

二、审判

广东省清远市清城区人民法院一审认为，袁某辉领取的基本工资、绩效工资、住房公积金及社会保险等，是其作为事业单位工作人员应获得的工资收入和应享受的待遇，不应予返还。但培训津贴属于培训费用，根据《规培协议》约定，应予返还。据此，广东省清远市清城区人民法院判决袁某辉返还规培费用 97900 元，并驳回清远市 F 保健院其他诉讼请求。

宣判后，袁某辉提出上诉。

广东省清远市中级人民法院二审认为，根据劳动合同法及其相关规定，劳动者违反服务期约定的，应当按照约定向用人单位支付违约金。违约金的数额不得超过用人单位提供的培训费用。本案中，袁某辉在接受完培训后未在清远市 F 保健院服务满 6 年，确实违反了双方约定，依法应支付违约金。但是，若按《规培协议》约定的违约金计算方式，袁某辉除需在培训费范围内支付违约金外，还需退还工资、社会保险费、住房公积金等，后者明显违反了《中华人民共和国劳动合同法》《中华人民共和国社会保险法》《住房公积金管理条例》等法律的规定，损害劳动者的合法权利，应属无效。根据《规培协议》约定，案涉培训津贴实际上是袁某辉培训期的工资，故不应予返还。一审判决此节认定不当，应予纠正。虽然清远市 F 保健院未能举证证明培训费用的具体金额，但袁某辉有违诚信原则，应受到否定性评价；清远市 F 保健院权利应受到法律的保护。综合考虑住院医师规范化培训的特性、袁某辉培训期间的工资待遇、当地工资水平、财政统一向培训机构进行补贴的标准、袁某辉培训期间未在清远市 F 保健院上班及返院上班的时间等情况，本院酌情确定袁某辉向清远市 F 保健院返还培训费用，即支付违约金 50000 元。

综上，清远市中级人民法院依照《中华人民共和国民事诉讼法》第一百七十七条第一款第二项之规定，作出如下判决：一、撤销一审判决；二、袁某辉向清远市 F 保健院支付违约金 50000 元；三、驳回清远市 F 保健院其他诉讼请求。

三、评析

本案争议焦点涉及劳动者违反服务期约定时违约金责任的确定问题。审判实践中，审查的重点主要在两个方面，一是违约金条款的效力，二是违约金数额的认定。本案明确了医院规培学员违反服务期约定时应承担的违约金范围及认定违约金的考量因素。违约金范围应仅限医院方所提供的培训费，超过部分无效。鉴于住院医师规范化培训的特点，培训费用具体金额往往难以量化和举证，此时应根据公平和诚实信用原则，综合规培人员收入、实际服务期限等因素，合理确定违约金数额。

（一）劳动合同中违约金条款的效力

劳动合同关系当中，劳动者对用人单位具有人身依附性，在双方订立劳动合同、专项协议书时，用人单位往往处于主导地位，意思自治往往徒具形式，如果允许约定违约金的范围太宽和数额过高，容易诱发用人单位借此变相损害或不当限制劳动者的合法权益，致使劳资双方利益失衡，需要通过国家干预手段，实现实质公平正义。

服务期条款对于保障服务期义务得到履行具有重要作用，在服务期协议中规定违约金条款有其合理性。过去劳动法理论界为了防止强势的用人单位滥用违约金制度损害劳动者自由择业的权利，在劳动法中排除劳动者解除合同违约金条款的适用。但这种一刀切的禁止模式不仅理想化，而且对实践中产生的复杂的服务期纠纷缺乏适用性和指导性。① 如果不对劳动者任意跳槽，违反服务期的行为用违约金加以规制，那么以后企业在留不住人的情况下，往往不愿意对劳动者提供专业技术的培训，转而从别的用人单位那边"挖墙脚"，劳动者的劳动技能和水平得不到提高。② 另外，我国诚信体系的不完善，使得如果没有违约金条款的制约，必然出现大量恶意违约的情况，造成劳动力市场的紊乱。③

根据违约金的适用范围，我国在劳动合同立法过程中将违约金概括为禁止违约金、任意违约金和限制违约金三种。禁止违约金是指劳动合同立法排除违约金条款的适用；任意违约金是指只要劳动者违反了劳动合同就可以适用违约金条款；限制违约金作为一种法律制度是指对劳动者违约行为设定违约金的只限于违反特定约定，如服务期约定、保密期约定、竞业限制等。④ 从《中华人民共和国劳动合同法》第二十二条、第二十三条、第二十五条等规定来看，在劳动者承担违约金问题上，法律原则上保持严格限制态度，只认可劳动者在违反竞业限制协议和违反服务期约定两种例外情况承担违约金。这一制度设计虽然对由劳动者承担违约金和损害赔偿做了诸多限制，但也从公平、正义的角度作出了平衡。⑤ 为了防止劳动者接受服务期培训后服务期未满离职，使用人单位的期待落空，有必要要求未满服务期离职的劳动者承担违约责任。⑥ 同

① 参见邱婕：《培训协议服务期的管理》，《中国劳动》2005 年第 5 期，第 55 页。

② 参见程小勇、孟高飞：《劳动合同服务期制度的适用》，《人民司法》2014 年第 17 期，第 73—76 页。

③ 参见董宝华：《论劳动合同中的服务期违约金》，《法律适用》2008 年第 4 期，第 29 页。

④ 参见占菲菲：《服务期违约金的适用范围和法律定性》，《中国劳动关系学院学报》2017 年第 2 期，第 50—51 页。

⑤ 参见王洪亮：《违约金功能定位的反思》，《法律科学（西北政法大学学报）》2014 年第 2 期，第 123 页。

⑥ 参见郭昌盛：《劳动法上违约金制度的反思与完善——以户口违约金条款的司法实践为例》，《河北法学》2019 年第 10 期，第 149 页。

时，为了保护劳动者的利益，还限制了违约金的数额，将违约金定位为"赔偿性"违约金，而非"惩罚性"违约金，① 即劳动者辞职承担的违约金不是为了惩罚劳动者或担保劳动合同的履行，而是补偿因为劳动者辞职给企业造成的损失。遵循这一思路，对于劳动者违反服务期约定的违约金范围，也应进行严格限制，防止用人单位随意扩大范围，侵害劳动者合法权益。《中华人民共和国劳动合同法实施条例》第十六条明确规定："劳动合同法第二十二条第二款规定的培训费用，包括用人单位为了对劳动者进行专业技术培训而支付的有凭证的培训费用、培训期间的差旅费用以及因培训产生的用于该劳动者的其他直接费用。"可见，劳动者违反服务期约定的违约金范围仅限于培训费、差旅费等与培训直接相关的费用，超出部分属于违反法律禁止性规定的约定，应认定为无效。违约时，劳动者所支付的违约金不得超过服务期尚未履行部分所应分摊的培训费用，体现了劳动法侧重于保护劳动者的立法宗旨，同时兼顾双方的利益。

此外，向劳动者支付工资、社会保险费、住房公积金等，是用人单位依照劳动法、社会保险法、住房公积金管理条例等法律、行政法规的强制性义务，不得通过约定免除，否则亦应认定无效。本案中，《规培协议》服务期违约金条款约定："除应全额退还培训期间培训单位提供的生活补助、补贴外，还需全额退还清远市 F 保健院为辅助袁某辉完成培训所提供的工资福利和相关的一切开支费用"，显然将应支付袁某辉的工资、社保、住房公积金等均纳入培训费的范围，超过了法律规定的范围，侵害了劳动者的合法权益，依法应认定无效。

总而言之，在《中华人民共和国劳动法》的思维框架下，在对服务期协议进行判定时，既要注意做到平衡劳动者与用人单位双方之间的关系，保护双方的合法权益，更要注意对劳动者实行"倾斜"保护。在确认劳动者承担服务期违约责任时，应以补偿用人单位的实际损失为原则，② 不能照搬双方协议约定确定劳动者的违约责任，当协议约定内容违背了劳动法对劳动者给予倾斜保护的要求，也违背了"损失补偿或适当补偿原则"时，该项协议条款应视为无效。

----

① 参见姜颖：《劳动合同违约金存在的问题及立法构想》，《法律适用》2006 年第 6 期，第 43 页。
② 参见秦国荣：《服务期协议：概念、本质及其法律效力分析》，《法律科学（西北政法大学学报）》2009 年第 1 期，第 121 页。

（二）违反服务期约定违约金数额的确定

《中华人民共和国劳动合同法》第二十二条明确订立服务期协议的前提是，用人单位提供专项培训费用对劳动者进行专项技术培训。因此，要确定劳动者违反服务期约定违约金数额，首先应厘定专项技术培训认定的考量因素以及专项培训费用的支付范围。

对专业技术培训的认定，可综合考量下列因素：① ①劳动者的自认。劳动者是培训过程的亲历者、专业技术的掌握者，其事先或事后对培训内容的专业技术性所作的确认，应优先得到认可。②培训的形式和期限。培训可以是课堂或视频教学，也可以是现场观摩、操作或师徒式学习。培训可由本公司或关联公司的人员进行，也可由其他公司或培训机构进行。较长期限的脱产、半脱产学习更为接近专业技术培训。③培训的费用和对象。有专门培训费用的支出、支出的培训费用数额较大、针对少数人员展开的培训，更宜认定为专业技术培训。④培训后的情况。若劳动者接受培训后不久得到职务的晋升或报酬的提高等，则更可能是专业技术培训。对专项培训费范围的认定，依《中华人民共和国劳动合同法实施条例》第十六条，专项培训费用包括有凭证的培训费用、培训期间的差旅费用以及因培训产生的用于该劳动者的其他直接费用，故审查培训费用，可从客观性（确实已经支出）、关联性（用于该劳动者）、必要性（为培训所必须）三个层面进行。专项培训费的范围应包括在本公司或关联公司培训的费用支出。② 有些规模较大的企业或集团，对员工的专业技术培训可能由本公司或关联公司的人员进行，而基于各种原因未另行支付培训费用。对此必须明确，专业技术培训的核心是受训劳动者劳动技能和水平的提升，而不是有直接凭据的费用支出。上述情形下，用人单位客观上存在相关费用的支出，故对专业技术培训应从严判别，对培训费用支出宜放宽审查。

对于违约金责任的成立，应由用人单位承担举证责任。如果用人单位不能举证证明劳动者客观上存在违约行为，主观上存在过错、用人单位客观上存在损害事实、该损害事实与劳动者违约行为之间存在因果关系等全部要件成立，

---

① 参见程小勇、孟高飞：《劳动合同服务期制度的适用》，《人民司法（应用）》2014年第17期，第74页。

② 参见程小勇、孟高飞：《劳动合同服务期制度的适用》，《人民司法（应用）》2014年第17期，第75页。

或者不能举证证明其中某一项要件能够成立，则劳动者即应减轻或不承担法律责任①。当违约金责任成立，但当事人对损失的具体程度，即培训费的具体数额无法提供达到证明标准的证据时，应如何处理？这涉及自由心证适用范围的问题，在法律没有明确规定且理论与实践颇有争议的情况下，应肯定法院根据个案情况进行裁量，最大限度地实现法律价值的必要性。

根据国家有关住院医师规范化培训制度的政策规定，住院医师规范化培训是培养具有良好职业道德、扎实医学理论、专业知识和临床技能，独立承担本学科常见疾病诊治工作的中、高级专业技术职务临床医师而进行的专项技术培训。该项培训政策性强、条件严格、周期较长，医院方通常在人才培养上需投入较多的成本，此问题在自身无培训资格的医疗机构上尤为明显，而培训费用因涉及政府、选送单位、培训基地多方主体，培训费、差旅费、住宿费等多项费用，培训时间四年至六年等时间较长等因素，具体金额往往难以量化和举证，如对医院方苛以过重的举证责任，仅因其举证不利就拒绝权利保护，显然有违公平原则。与此同时，如果劳动者在培训期满不遵守双方约定的服务期，在通过培训获益后，仅因医院方举证不利就豁免劳动者违约责任，明显有违诚信原则，也会导致违约成本过低而加剧落后地区医疗人才流失。此时，人民法院可以适用《最高人民法院关于适用〈中华人民共和国民事诉讼法〉的解释》第一百零五条关于自由心证的规定，根据当事人的主张和在案证据、遵循法官职业道德、运用逻辑推理和生活经验等，结合住院医师规培的特性，综合规培人员收入、当地工资水平、财政补贴标准、实际服务期限等因素，合理确定规培学院违反服务期限约定的违约金具体数额，而不是机械套用证明责任的规定全部驳回医院方主张的违约金。

---

① 参见秦国荣：《服务期协议：概念、本质及其法律效力分析》，《法律科学（西北政法大学学报）》2009 年第 1 期，第 122 页。

007

美术作品独创性的认定
——H 公司与 T 公司著作权权属、侵权纠纷案

广东省清远市清城区人民法院　谭文雅

裁判要旨　以世界地图作为蓝本，七大洲四大洋及其他元素构成，在文字描述及整体形象上均体现出创作者的取舍及独特构思，具有一定的独创性，属于著作权法上的美术作品，依法应受保护。他人未经著作权人许可，以商业用途的复制、发行等方式向公众传播其作品的，构成侵权。

案例索引　一审：广东省清远市清城区人民法院（2022）粤 1802 民初 1467 号。

一、案情

原告：H 公司。

被告：T 公司。

2008 年 9 月 3 日，上海市版权局对名称为《世界地图地毯》的作品进行登记，登记类别为美术作品，登记作者为陈某文，著作权人为上海 Y 贸易有限公司，登记号为 09-2008-F-7××，作品完成时间为 2008 年 3 月 26 日，该美术作品图案为长方形，有世界地图板块，七大洲四大洋及相应的英文名称，每个板块配有对应的卡通动物图案等。

上海 Y 贸易有限公司授权原告 H 公司自 2021 年 5 月 21 日起永久独占使用 09-2008-F-7××号作品著作权，在授权使用许可的期限内，享有作品包括但不限于复制权、发行权、出租权、信息网络传播权、改编权、翻译权、汇编

权等相关权利，如发现有侵犯协议项下作品著作权的行为，有权自主决定采取法律手段在内一切行动维护自身权益，包括但不限于提起民事诉讼、行政处理等。

2021 年，原告 H 公司发现被告 T 公司在其网络上许诺销售《世界地图地毯》。2021 年 8 月 5 日，原告 H 公司委托上海市徐汇公证处申请证据保全。2021 年 8 月 16 日，H 公司与 T 公司签订购买合同。2021 年 9 月 1 日，上海市徐汇公证处公证员及工作人员与申请人的委托代理人对已送达并保管于该公证处的快递包裹（其中包裹表面贴有"我爱世界地图教学毯"字样标签）进行外部查验后，拆开快递包裹取出快递包裹内物品进行查看，对上述包裹内物品加贴公证处封条予以封存，并对封存过程予以拍照。2021 年 9 月 8 日，上海市徐汇公证处出具（2021）沪徐证经字第 8406 号《公证书》。

经本院当庭拆开上海市徐汇公证处封存的公证物，内有儿童爬行毯一张。该产品形状为椭圆形，组成为世界地图板块，有七大洲四大洋及相应的英文名称，每个板块配有对应卡通动物图案，从左向右依次为北美洲水牛、南美洲鹦鹉、非洲大象、欧洲马、印度洋老虎、亚洲熊猫、大洋洲袋鼠，顶部北冰洋鲸鱼，底部南极洲企鹅。图案左下角有指南针形状图案，东南西北方向标有英文缩写"NSWE"。经比对，被诉侵权产品与原告 H 公司的美术作品画面布局、表现方式、构成元素等均相同，除产品的整体形状、背景底色、卡通动物形象略有不同外，视觉效果相近似。

二、审判

广东省清远市清城区人民法院一审认为，著作权法中的美术作品，是指绘画、书法等以线条、色彩或者其他方式构成的有审美意义的平面或者立体造型艺术作品，具有独创性。原告 H 公司提交上海市版权局登记的《世界地图地毯》作品体现了作者对事物的取舍，在文字表达及整体形象上均体现出创作者的独特构思，具有一定的独创性，属于著作权法上的美术作品，依法应受保护。结合原告 H 公司的主张，其可在本案中主张的该美术作品著作权的具体权项即为作为商业用途的复制权、发行权。未经著作权人许可，以复制、发行等方式向公众传播其作品的，属于侵犯著作权的行为，应承担停止侵权、赔偿经济损失及合理费用。本案中，被告 T 公司销售的儿童爬行毯与原告 H 公司提交浙江省版权局登记的《世界地图地毯》的形象表达与描述及整体形象等相似，且未得到权利人的授权，其行为构成著作权侵权，应承担停止侵权、赔偿经济损失及合理费用。

三、评析

著作权法中的美术作品，是指绘画、书法等以线条、色彩或者其他方式构成的有审美意义的平面或者立体造型艺术作品，具有独创性。原告 H 公司提交上海市版权局登记的《世界地图地毯》作品体现了作者对事物的取舍，在文字表达及整体形象上均体现出创作者的独特构思，具有一定的独创性，属于著作权法上的美术作品，依法应受保护。同时，原告 H 公司提交上海市版权局登记的《世界地图地毯》作品属于美术作品中的实用艺术作品。实用艺术作品纳入著作权法保护体系，是鼓励创作、促进文化科学事业发展与繁荣之立法宗旨的重要体现。但在立法中，我国著作权法对实用艺术作品的保护缺乏内在一致性。在法律适用过程中，立法的模糊处理、理论上的争执、司法的摸索以及学理与司法实践的脱节始终纠缠在一起，严重影响了人们的认识及司法裁判的合理统一。为了明晰保护逻辑、界定保护对象与范围、规范法律规则的适用、促进实用艺术作品相关产业的发展，应当在著作权法上明确实用艺术作品的独立地位，并将其界定为具备实用性功能与审美意义整体产生的空间或平面艺术作品，以彰显其与其他美术作品不同的特质。

（一）实用艺术作品的界定

实用艺术作品源于《伯尔尼公约》"works of applied art"这一表述。该英文又被译为应用美术，与装饰艺术（decorative arts）几乎同义使用，以区别于纯美术（fine art）。[①] 据考证，与应用美术相对应的纯美术概念是在 17、18 世纪出现的，是以人为中心的人文思潮的表现形式。应用美术与纯美术的区分只是近代的产物。在此之前，包括工艺、绘画、雕塑、建筑、文学、音乐在内的艺术呈现出综合形式，都带有工艺性。自此，纯美术与工艺分道扬镳，内涵殊异，纯美术是个人主义的产物，是为了欣赏而作的作品，追求纯粹之美，是自

---

① ［英］史密斯著，殷企平等译：《艺术词典》，生活·读书·新知三联书店 2005 年版，第 10、63 页。

由的艺术；应用美术则是体现了实用性的作品，追求实用物品的审美效果，受限于用途、材料与工艺，是不自由的艺术。①

　　明确界定实用艺术作品是对其进行保护的先决条件，然而，何谓实用艺术作品依然存在模糊之处。从本次著作权法的修改情况来看，实用艺术作品的定义并没有形成明确表述。首先，要解决的问题是如何描述其实用性与艺术性特征，并厘清其与美术作品的关系。其次，在司法实务中，很多可独立存在的作品因为实用性与艺术性同时存在均被认定为实用艺术作品。这种泛化理解已经使实务中接纳的实用艺术作品与真正的实用艺术作品大异旨趣。因此，有必要立足于著作权法的基本原理来界定实用艺术作品。

　　实用艺术作品是具有实用性并表现出创作者审美情趣的作品，因而兼具实用性与艺术性特征。其中的核心问题莫过于实用性与艺术性的结合与分离。通常，艺术性与实用性的结合有两种方式：一是艺术作品被用于实用品的设计中，这种结合是随机的、可变的，因而也是可以物理分离的。二是艺术作品被整体创作出来，兼具实用性与艺术元素。这种结合是整体性的、相互依存的，因而也是不可物理分离的。

　　如果不考虑可否物理分离而界定实用艺术作品，就会使由这两种结合方式产生的作品都被纳入著作权法保护。如此一来，采用第一种结合方式产生的实用艺术作品的艺术部分就面临保护的重叠与冲突。一方面，单独的艺术作品受到著作权法的保护；另一方面，结合后的实用艺术作品的艺术部分又受到著作权法的保护。实用艺术作品与美术作品在保护期限与权利内容上的不同会将这种重叠保护情形推向相互矛盾的境地，即如果按照前者予以保护，则可能获得较短期限的保护，如果按照后者予以保护，则可能获得较长期限的保护。② 笔者认为，将通过这种结合方式产生的作品视为实用艺术作品，实际上是混淆了作品与作品载体的界限。③ 无论是器皿容器、用具还是纸张、布帛、木材等，

①　［日］柳宗悦著，徐艺乙译：《工艺文化》，广西师范大学出版社 2006 年版，第 12、26 页。
②　吕炳斌：《实用艺术作品可版权性的逻辑》，《比较法研究》2014 年第 3 期，第 68 页。
③　张伟君：《实用艺术作品著作权法保护与外观设计专利法保护的协调》，《知识产权》2013 年第 9 期，第 53 页。

都只是美术作品的载体而已，并没有改变作品的表现形式，也没有改变作品。①《实施国际著作权条约的规定》将第一种结合方式排除在外。参与立法者认为，这一做法是实用艺术作品同纯美术作品的区别所在。②

就第二种结合方式而言，如果实用功能限制了其表达的选择空间，或者说只能有一种表达方式，实用性与艺术性完全结合在一起，即便艺术性确实存在，也会丧失著作权法保护的基础。其理由在于：如果著作权法保护实用性，就会破坏著作权法与专利法的融洽关系，并突破著作权法的逻辑一致性。实用性表征的是物品的实际用途、功能或者效果，是授予专利权的必要条件之一。如果著作权法与专利法共同使用这一要件，其客体的实质性要素就会存在部分重叠，原本泾渭分明的关系会被打破，同时著作权法客体以艺术性为内涵的逻辑前提就会被动摇。

因此，恰当的界定方式是实用艺术作品的实用性与艺术性在物理上无法分离，但是在观念上可以分离。所谓物理上无法分离，是指实用艺术作品以物品形态存在且兼具实用性与艺术性，无法在空间上分离出实用性部分与艺术性部分。观念上可以分离则是指以物品形态存在的实用艺术作品既具有实用性，也给人以艺术美感，两种属性可在人的意识观念层面上产生区分。例如本案中一张有艺术美感的儿童地毯，艺术性部分与地毯的保护功能是结合在该物品上的，无法在空间上产生隔离，否则地毯将达不到很好的效果，但是在普通人的观念上，该件地毯除了使用功能之外还有美感意义，能够产生审美体验，这两者是可以独立存在的。这一界定的合理性在于：第一，进一步厘清了作品与载体的关系。实用性与艺术性在物理上可分离就意味着两者在表达方式上可以彼此脱离而独立存在。当两者分离时，艺术性依然存在，这就表明实用性的任何部分对艺术性均没有贡献，作品的情感、意志、思想、选择、判断等只存在于艺术性之中，实用部分只为艺术部分的存在提供载体。既然作为著作权保护的"灵魂"的艺术性是完整的，艺术性就可以在不同载体中展现。第二，明确了思想表达的合并原则，即当作品的表达方式仅有一种或有限的几种时，作品的

---

① 在"溧阳市一壶春茶业有限公司与周丽等侵犯著作权纠纷案"中，"精品新芽"茶叶包装使用了美术作品，其实就涉及美术作品载体与实用艺术作品的区分。参见江苏省高级人民法院（2006）苏民三终字第 0064 号民事判决书。

② 胡康生主编：《中华人民共和国著作权法释义》，法律出版社 2002 年版，第 17 页。

表达与思想难以区分，因而也就不再受到保护。实用性与艺术性完全不可分离意味着表达艺术成分的形式也具有实用功能，或者艺术性与实用性的表达形式重叠在一起。著作权法不能为了保护艺术性而在事实上保护实用性，否则就会违反著作权法不保护思想的基本原理，不适当地扩大保护范围，也会损害由思想、实用功能、处理过程操作方法或者数学概念等构筑的公共领域及其背后承载的公共利益。比如，牙刷的 S 形设计既表达了曲线美，又是为了实现随意弯曲的功能，由于 S 形设计是实现弯曲功能的唯一表达或仅有的几种表达之一，两者完全融合，即便在观念上能够感受到美，著作权法也不能给予保护。①

（二）实用艺术作品独创性的认定

实用艺术作品受著作权保护的实质性条件是符合作品独创性要求。应当允许认为自己的作品的著作权被侵害的权利人就侵权行为提起诉讼。在这一阶段，法官应当就实用艺术品的著作权的有效性做出决定。该决定的做出，与其说是基于实用艺术品是否具备"分离特性"和"独立存在"，不如说是基于作品是否具备原创性。② 因此，独创性的认定是实用艺术作品著作权保护的基石。

1. 判断独创性的一般标准

独创性是作品著作权保护的核心，同样也是判断实用艺术作品是否受著作权保护的重要标准。独创性认定是针对判断对象的表达是否达到作品著作权保护最低标准的判断活动，而不是学术上的肯定与否定。作品的质量不能成为区分受保护和不受保护作品的标准。③ 因此，该判断对象是如何完成的、完成后又得到怎样的评价，这些对于独创性的认定都不重要。笔者认为，作品表达的独立完成和个性特征是衡量判断对象是否符合独创性要求的一般标准。

首先，独立完成是产生实用艺术品独创性的基础。以美国法为代表的版权体系国家和以德国法为代表的作者权体系国家在长期的司法实践中已逐渐形成

---

① 对于实用艺术作品的实用性与艺术性在物理上无法分离，但在观念上可以分离的合理性，还可以找到比较法依据。参见美国《版权法》第 101 条、韩国《著作权法》第 2 条第 15 项。

② Valerie V. Flugge, Works of Applied Art: an Expansion of Copyright Protection, *Southern California Law Review*, November, 1982.

③ ［法］克洛德·科隆贝著，高凌翰译：《世界各国著作权和邻接权的基本原则——比较法研究》，上海外语教育出版社 1995 年版，第 9 页。

了较为完整的独创性判断规则。尽管两大体系国家在独创性的认定标准上不完全一致甚至存在质的差异，但是，作品为作者独立完成却被一致认为是主张著作权保护的最低要求。独立完成，意味着作者对作品的整体构思和具体表达经过自己的独立思考，运用了自己的聪明才智和技巧，付出创造性劳动，并获得了创作成果，而不是直接从他人那里复制、剽窃或抄袭而来。独立完成之条件落实到创作行为的构成条件，即一个完整的创作行为（包括阶段性的创作行为），应当包括创作意图、创作行为和创作结果。① 就实用艺术品而言，独立完成要求该产品是原创设计的结果。而具体到诉讼中的举证时，作品从构思到表达过程中留下的平面设计草图、修改、定稿以及立体雕模说明等证据是最具说服力的。

其次，个性特征是构成实用艺术作品独创性的必要内容。作品是内容与形式的结合，而表达形式上的鲜明个性特征是判断实用艺术作品是否具备独创性的重要指征。个性特征是实用艺术作品设计者的主观见之于客观的设计活动的最终结果。因此，相同的主题产品由不同的人设计会有不同的设计结果，而这不同的设计结果恰恰是实用艺术作品的个性特征所在，也是其独创性的重要表现。实践中，识别作为判断对象的实用艺术作品是否具备个性特征应当注意以下方面：第一，实用艺术作品的描述对象本身并不构成独创性判断的内容；第二，应当以实用艺术作品整体作为判断对象；第三，作品的"创作"并不包含绝对的从"无"到"有"的要求。在作品的创作过程中，参考、借鉴、吸收现有的素材和他人已有的作品是十分正常的，在某种情形下甚至是必要的。在知识的生产过程中包含着知识消费的公共性与知识生产的个体性的矛盾，有关独创性判断标准的制度设计或法律适用应当有助于这一矛盾的解决。运用于实用艺术作品独创性合格条件的判断，需要剔除的仅是对象对已有作品的完全复制或实质性复制，或者其表达根本不存在任何个性发挥之余地。②

2. 实用艺术作品的独创性判断

首先，实用艺术作品创作时受到的限制影响了作品创作的自由度，从而决定了作品个性表达的有限性。作品创作是一个从思维到表达的过程，多数的作

---

① 孟祥娟：《版权侵权认定》，法律出版社2001年版，第150页。
② 丁丽瑛：《实用艺术品著作权的保护》，《政法论丛》2005年第3期，第138页。

品创作都允许作者运用虚构或夸张的手法来表达其构思或主题。在不违反法律禁止性规定的前提下，纯美术作品创作允许作者"尽情地发挥"而无任何的限制。而实用艺术作品的设计首先应当考虑的是产品的功用，艺术创作必须服务于产品的实用性要求以及产品制造的技术性指标。因此，实用艺术作品设计中的创作自由度相对较低。这也就意味着实用艺术作品设计中的艺术创作机会和个性表达形式在客观上是有限的。而这应当是实用艺术作品独创性判断中应当考虑的一个重要因素。

其次，实用艺术作品的独创性的个性要求应低于纯美术作品而定位于"具有一定的审美个性"。独创性的出现是以客观上存在创作机会为前提的。所谓的创作机会是指表达个性的余地。① 一件实用艺术作品应当达到怎样创作高度才算具有独创性？有学者认为，实用艺术作品被视为美术作品进行著作权保护，是不应当考虑其艺术质量的。不考虑作品的艺术质量，就意味着一个非常简单的绘画也将受到著作权法的保护，只要它是原创的。笔者认为，实用艺术作品的独创性可以定位为"具有一定的审美个性"。这种审美个性可以体现于产品设计中的外观形状、空间结构、色彩搭配、人物或动物的脸部或动作造型等诸多方面。同时，在具体案件的处理上，独创性标准的评估应当根据权利人主张构成侵犯著作权的他人行为涉及的是属于未经授权的，具有商业制造和销售规模的复制或实质性复制，还是纯艺术的抄袭、剽窃而有所不同，即对独创性掌握的判断标准应当灵活。在第一种情况下，如果有人声称有关作品没有独创性因而不受保护，这时对独创性的评估应该放宽，即使有关作品的个性极不明显也应认为其已符合独创性条件。在第二种情况下，对独创性的理解必须十分严格。必须确定在两部作品之间是否存在着某种可以识别的同一种表达方式，是否两部作品都基本上属于同一种表现形式。②

再次，实用艺术作品独创性的判断应当有利于以著作权法鼓励产品创新和市场公平竞争。著作权保护源于作品创作后产生的利用价值及其利益。"财产是劳动的结果，智力劳动的结果即知识产品当然也是财产"。③ 比较一般财产

---

① 韦之：《著作权法原理》，北京大学出版社 1998 年版，第 16 页。

② ［西班牙］德利娅·利普希克著，联合国教科文组织译：《著作权与邻接权》，中国对外翻译出版公司 2000 年版，第 44 页。

③ 吴汉东、胡开忠：《走向知识经济时代的知识产权法》，法律出版社 2002 年版，第 23 页。

法与著作权法对劳动成果的保护规则，只有著作权才能提供禁止他人未经许可地复制、仿制等产品生产及成品销售行为的保护。著作权保护需以符合独创性要求为条件，在具体的制度安排和运作中，笔者认为，任何法律制度的安排事实上都是一种利益选择的结果，并以实现社会资源的效率最大化为追求目标。在利益对等条件下，如果不减少一方的经济利益，就不能改善另一方的经济利益，而这种改善又显然是有助于维护市场公平竞争秩序、保护符合社会正义的劳动成果和鼓励产品创新精神的，则应当以实现这种改善作为实际认定独创性的价值取向。换言之，为了实现这种改善，有必要以扩展的目光审视著作权对象的范围。这种保护对象范围的扩展，相对于纯美术作品而言，就是降低实用艺术作品独创性的判断标准。即在不能从整体上肯定实用艺术作品为复制他人或已有作品之结果的前提下，实用艺术作品的独立完成成为作品独创性判断的重要核心。

008

非高压触电人身损害责任纠纷适用过错责任原则

—— 曾某润等 4 人与徐某森、广东电网有限责任公司清远 Q 供电局触电人身损害责任纠纷案

广东省清远市中级人民法院　童伟娟

裁判要旨

触电人身损害责任，依据电力设施所输送的电力的电压等级不同，适用不同的侵权责任归责原则。电力设施输送 1 千伏以上高压电的，适用无过错责任的归责原则，电力设施的产权人除能够证明存在法律规定的免责事由外，应当承担侵权责任。电力设施输送是 1 千伏以下非高压电的，适用过错责任原则，电力设施产权人在存在过错的情况下承担侵权责任。

案例索引

一审：广东省清远市清新区人民法院（2021）粤 1803 民初 2528 号。

二审：广东省清远市中级人民法院（2021）粤 18 民终 4678 号。

一、案情

上诉人（原审被告）：广东电网有限责任公司清远 Q 供电局（以下简称 Q 供电局）。

上诉人（原审被告）：徐某森。

被上诉人（原审原告）：曾某润、李某流、曾某玲、曾某桃。

2015 年 3 月 31 日，Q 供电局与徐某森签订《供用电合同（低压）》，约定向用电方供额定电压为 380 伏的交流电；供、受电设施产权分界点为客户电源线路接入公用电网的连接点，分界点电源侧产权属供电方，负荷侧产权属用电

方，用电计量装置产权属供电方。

2021年5月21日9时许，曾某佳在自家菜地择菜时，被下垂的没有包裹线芯的电线击伤倒地当场死亡。该下垂电线是徐某森承包鱼塘时自己架接用于鱼塘抽水和供氧的。经勘验，Q供电局负责公用电网接到杨屋排灌站所安装的电箱内有电表［即上述《供用电合同（低压）》上产权分界示意图的产权分界点］及刀闸，没有安装漏电开关。

二、审判

广东省清远市清新区人民法院一审认为，公民的生命权受法律保护。受害人死亡的，其近亲属有权要求赔偿义务人承担赔偿责任。行为人因为过错侵害他人民事权益的，应当承担侵权责任。本案受害人曾某佳触电死亡，曾某润等人作为受害人的近亲属，有权要求赔偿义务人承担赔偿责任。本案争议焦点为各方当事人应否承担责任及承担责任的比例。案涉380伏电线虽为低压线路，但同样能致人伤亡，具有高度危险性，Q供电局作为该线路的经营、管理者以及专业的电力经营单位，有监督安全用电、管理、维护职责，尤其在案涉线路接入产权分界点的杨屋排灌站所安装的电箱（内有电表及刀闸，没有安装漏电开关），更应当履行高度注意义务和安全防护义务。徐某森是触电事故线路架设者，供其承包鱼塘用电专门使用，平时由其控制和管理。根据事故现场图，涉案电线存在裸露的情况，徐某森在电线裸露处仅作包裹处理，没有对破损电线进行更新，且在用电完毕后（抽水）没有将刀闸断开，继而外出务工，未履行安全管理义务。综合本案实际情况，受害人曾某佳死亡原因是触电死亡，本案无证据证明曾某佳死亡是其故意或不可抗力造成的。Q供电局和徐某森并不存在共同故意或者共同过失，故应根据过失大小或者原因力比例各自承担相应的赔偿责任，应由Q供电局承担30%的赔偿责任，由徐某森承担70%的赔偿责任。Q供电局以与徐某森达成了协议为由抗辩免责，虽然Q供电局与徐某森就鱼塘用电安全及责任达成协议，但Q供电局维护、管理电力设施安全是其法定的义务，不能因约定免除其责任。徐某森抗辩受害人应承担一定责任及Q供电局应承担主要责任，未能举证证明，一审法院对Q供电局及徐某森的抗辩不予采信。一审法院在核实有关损失后，依照《中华人民共和国民法典》第一千一百六十五条、第一千一百七十九条、第一千一百八十三条，

《最高人民法院关于审理人身损害赔偿案件适用法律若干问题的解释（2020 年修正）》第九条、第十四条、第十五条，《最高人民法院关于确定民事侵权精神损害赔偿责任若干问题的解释（2020 年修正）》第五条，《最高人民法院关于适用〈中华人民共和国民事诉讼法〉的解释》第九十条，《中华人民共和国民事诉讼法》第六十四条第一款、第三款的规定，作出判决：一、Q 供电局于判决生效之日起十日内向曾某润、李某流、曾某玲、曾某桃支付民事赔偿款 135787.80 元；二、徐某森于判决生效之日起十日内向曾某润、李某流、曾某玲、曾某桃支付民事赔偿款 296838.20 元；三、驳回曾某润、李某流、曾某玲、曾某桃的其他诉讼请求。

宣判后，Q 供电局、徐某森提出上诉。

广东省清远市中级人民法院二审认为，本案是因非高压电造成曾某佳触电死亡的一般人身损害赔偿案件，故本案案由为触电人身损害责任纠纷，应遵循一般侵权损害赔偿案件的归责原则，即过错责任原则。曾某润等人请求 Q 供电局承担损害赔偿责任，应当就 Q 供电局存在过错以及过错与曾某佳死亡之间存在因果关系负证明责任。参照原电力工业部《供电营业规则》第四十七条"供电设施的运行维护管理范围，按产权归属确定。责任分界点按下列各项确定：1. 公用低压线路供电的，以供电接户线用户端最后支持物为分界点，支持物属供电企业"和第五十一条"在供电设施上发生事故引起的法律责任，按供电设施产权归属确定。产权归属于谁，谁就承担其拥有的供电设施上发生事故引起的法律责任。但产权所有者不承担受害者因违反安全或其他规章制度，擅自进入供电设施非安全区域内而发生事故引起的法律责任，以及在委托维护的供电设施上，因代理方维护不当所发生事故引起的法律责任"之规定，供电企业将电能送至用电户的电能表，经过计量后进入用电户线路，用电户应当对电能妥善管理、合理使用。本案中，Q 供电局与徐某森签订的供用电合同亦约定双方按产权归属各自负责其供、受电设施的维护、日常管理和安全工作，并承担法律责任。即产权归属于谁，谁就承担其拥有的供电设施上发生事故引起的法律责任。涉事电线是徐某森自行架设，供其承包鱼塘用电专门使用，该电线线路位于供用电计量装置以下，产权不属于 Q 供电局所有，也不在供电局供用电能的合法范围之内。Q 供电局作为供电方不存在过错，与曾某佳的触电事故亦不具有直接因果关系。关于漏电保护器问题，根据《农村低压电力技术规程》有关规定，剩余电流动作保护电器是指在规定条件下，当剩余电流达到或超过设定值时能自动断开电路的机械开关电器或组合电器，俗称"漏电保护器"，农村用户应安装剩余电流动作保护电器。因此，在末端安装、维护漏电保护器是用电户自己的义务，而非供电局的责任。本案中，徐某森作为电力使用者，负有安装和维护漏电保护器的义务。徐某森认为 Q 供电局没有安装漏电保护器存在过错，应承担 60% 赔偿责任的主张不能成立，一审法院适用法律错误，导致对 Q 供电局的责任认定错误。依照《中华人民共和国民事诉讼法》第一百七十条第一款第二项规定，作出判决：撤销一审判决；徐某森于判决生效之日起十日内赔偿曾某润、李某流、曾某玲、曾某桃432626 元；驳回曾某润、李某流、曾某玲、曾某桃的其他诉讼请求。

三、评析

随着我国电力产业的快速发展，电力设施的不断完善在给国民经济发展带来巨大便利的同时，也伴生了大量因触电事故引发的民事纠纷。触电人身损害责任，依据电力设施所输送电力电压等级的不同，适用不同的侵权责任归责原则。电力设施输送 1 千伏以上高压电的，适用无过错责任的归责原则，电力设施的产权人除能够证明存在法律规定的免责事由外，应当承担侵权责任。电力设施输送的是 1 千伏以下非高压电的，适用过错责任原则，电力设施产权人在存在过错的情况下承担侵权责任。因此在非高压用电触电纠纷中，受害人一方应当举证证明电力设施产权人对于触电事故的发生存在过错，且过错与触电事故之间存在因果关系。

（一）高压触电和非高压触电的界定

对高压电和非高压电的界定，关系到对触电人身损害责任纠纷适用何种归责原则的确定。现行有效的原电力工业部于 1996 年 10 月 8 日公布并施行的《供电营业规则》第六条规定，供电企业供电的额定电压：①低压供电：单相为 220 伏，三相为 380 伏；②高压供电：为 10、35（63）、110、220 千伏。《电业安全工作规程（电力线路部分）》（GB 26859—2011）规定，"3.1　低（电）压是用于配电的交流电力系统中 1000V 及其以下的电压等级。"根据《最高人民法院关于审理触电人身损害赔偿案件若干问题的解释》第一条的规定，"高压"包括 1 千伏（kV）及其以上电压等级的高压电；1 千伏（kV）以下电压等级为非高压电，即将1千伏定为对周围环境具有高度危险电压的起点。该解释虽然已经废止，但其关于高压的界定仍具有参考意义。目前实务界对高低压电的界定通常以1千伏为分界点。根据《中华人民共和国民法典》第一千二百四十条的规定："从事高空、高压、地下挖掘活动或者使用高速轨道运输工具造成他人损害的，经营者应当承担侵权责任；但是，能够证明损害是因受害人故意或者不可抗力造成的，不承担责任。被侵权人对损害的发生有重大过失的，可以减轻经营者的责任。"此条为高压触电人身损害纠纷的请求权基础，高压输电线路和高压设施致人损害，属于高度危险责任纠纷，适用无过错责任原则。低压电致人损害属于一般侵权责任，适用过错责任原则，两者的归责原则截然不同，本文仅讨论本案例涉及的低压电致人损害责任纠纷。

（二）电力设施产权人的界定

无论是高压触电还是低压触电，都要依照法律和行政规章的规定来认定责任主体。根据《中华人民共和国民法典》中有关高压触电的规定，其立法宗旨在于将高度危险活动造成的侵权损害归责于进行此类高危活动的经营者[1]。让经营者承担因高度危险活动造成损害的侵权责任，能够有效地预防和控制有关作业中的潜在风险。但高度危险活动的经营者并不是造成损害的责任主体[2]。关于《中华人民共和国民法典》将经营者规定为高度危险活动损害赔偿的责任主体，认为这是新法对责任主体作出的最新规定而不应再使用"电力设施产权人"的概念，与认为应当继续适用《触电人身损害赔偿司法解释》规定的"电力设施产权人"的概念之间的分歧，就是对该条法律不同理解的争点[3]。以电力设施的产权为标准来界定高压电的经营者具有充分的理论依据。王利明教授指出，经营者在高压电致人损害的赔偿案件中所指的就是电力设施的产权人，其确定标准就在于产权归属原则。供电设施的产权归属于谁，由该设施所引发事故的法律责任也就应当归责于谁[4]。立法者的官方也采取了同样的立场，认为应当注意到电流的情形中不同环节往往处于不同主体的产权

---

① 参见杨立新：《高压电力设施损害赔偿责任主体的界定》，《中国应用法学》2017年第1期，第144页。

② 参见杨立新：《高压电力设施损害赔偿责任主体的界定》，《中国应用法学》2017年第1期，第144页。

③ 参见杨立新：《废止触电损害赔偿司法解释遗留的真空及填补》，《判解研究》2013年第2辑。

④ 参见王利明：《侵权责任法研究》（下册），中国人民大学出版社2011年版，第604-605页。

范围之内，如果电流的损害是由于工厂内的生产设备所导致的，就应当由工厂的经营者来承担责任。① 官方的这一解释虽然没有明确提出以电力设施的产权人作为判断标准，但它事实上已经采取了这种做法。

在触电人身损害责任纠纷中，受害方或一般用电主体会天然地认为供电局作为供电方应承担责任。但根据法律规定，受害人请求供电局承担损害赔偿责任，应当就供电局存在过错以及过错与损害事实之间存在因果关系负证明责任，其中最主要的争议焦点是供电局是否涉事电力设施的产权人，供电局有无管理、维护职责，有无尽到相应注意义务和安全维护义务。

在有关电流的法律关系中，虽然是同一个电流，但并非只有一个经营者，而是分为发电人、输电人、供电人和用电人四种不同的经营者，电流流经某个经营者享有产权的电力设施时，这个经营者就是电流的经营者。当因触电发生损害事故时，应当以电力设施的产权人为标准，确定侵权责任主体。② 作这样认定的依据如下：首先，《中华人民共和国民法典》第六百五十条对于供电合同的履行地点作出了规定，③ 该规定对于确定触电侵权损害赔偿责任主体的界限具有直接意义。其次，原电力工业部于 1996 年 10 月发布的《供电营业规则》第五十一条对于电力设施责任主体的确定规则作出了规定。④ 最后，原《触电人身损害司法解释》第二条第一款也作出了类似规定，⑤ 尽管该司法解释现已整体废止，但这一规则并没有错误。

之所以让电力设施的产权人承担电力设施引发事故的法律责任，是产权人对于该电力设施享有权益，对电力设施的管理和维护具有实际控制能力⑥。电

---

① 参见王胜明主编：《中华人民共和国侵权责任法释义》，法律出版社 2013 年版，第 410 页。

② 参见杨立新：《高压电力设施损害赔偿责任主体的界定》，《中国应用法学》2017 年第 1 期，第 145 页。

③《中华人民共和国民法典》第六百五十条：供用电合同的履行地点，按照当事人约定；当事人没有约定或者约定不明确的，供电设施的产权分界处为履行地点。

④《供电营业规则》第五十一条：在供电设施上发生事故引起的法律责任，按供电设施产权归属确定。产权归属于谁，谁就承担其拥有的供电设施上发生事故引起的法律责任。但产权所有者不承担受害者因违反安全或其他规章制度，擅自进入供电设施非安全区域内而发生事故引起的法律责任，以及在委托维护的供电设施上，因代理方维护不当所发生事故引起的法律责任。

⑤《最高人民法院关于审理触电人身损害赔偿案件若干问题的解释》第二条第一款：因高压电造成人身损害的案件，由电力设施产权人依照民法通则第一百二十三条的规定承担民事责任。

⑥ 参见杨立新：《高压电力设施损害赔偿责任主体的界定》，《中国应用法学》2017 年第 1 期，第 145 页。

力体制改革后，发电、供电、电网企业之间已相分离。发电厂只负责电能生产，生产电能后卖给供电公司；供电公司负责电能的经营销售，从发电厂购进电能后销售给用户；供电公司借以输送电能的高压输电线路却不属于供电公司，而属于电网公司。界定电力设施产权人最直接的方法就是查明电力设施的产权分界点。电力硬件设施一般分为两部分，供电企业的硬件设施一般称为供电设施（产权分界点电源侧），用户的硬件设施一般为受电设施（产权分界点负荷侧），两者之间存在产权分界处。产权分界处直接划分了电力设施的产权分界点及运行维护管理范围。用电人保证受电设施及相关装置使用处于安全状态，对受电设施进行维护管理①。一般来说，产权分界点会在供用电合同中作出约定，比如本案中 Q 供电局与徐某森签订的供用电合同约定"供、受电设施产权分界点为客户电源线路接入公用电网的连接点，分界点电源侧产权属供电方，负荷侧产权属于用电方，用电计量装置产权属供电方"。《中华人民共和国民法典》第四百六十五条第二款规定："依法成立的合同，仅对当事人具有法律约束力，但是法律另有规定的除外。"因此，在判决中，为遵循合同自由原则，应确定有效的合同及约定的效力②。如果合同未作约定，则可参照原电力工业部《供电营业规则》第四十七条："供电设施的运行维护管理范围，按产权归属确定。责任分界点按下列各项确定：（一）公用低压线路供电的，以供电接户线用户端最后支持物为分界点，支持物属供电企业"来进行划分。实务中也有一些地方法规对电力设施的产权分界点作出直接规定，比如《天津市供电用电条例》第九条规定了供电设施与受电设施的分界以及责任分界点；《重庆市供用电条例》第二十六条规定了供用电设施的运行维护管理及安全责任范围的责任分界点；《青海省供用电条例》第十五条规定供用电设施的维护管理范围，按照产权归属确定以及具体责任分界点的确定。

（三）电力设施产权人在存在过错的情况下应承担侵权责任

过错责任是由法律的目的所决定的，是必然的、普遍的、常态的和传统的归责原则，因系传统、常态而非例外，故立法上无须处处都做"因过错"之类的烦琐表述。③ 非高压触电人身损害责任纠纷在《中华人民共和国民法典》

---

① 参见杨立新：《高压电力设施损害赔偿责任主体的界定》，《中国应用法学》2017 年第 1 期，第 146 页。

② 参见崔建远：《合同法学》，法律出版社 2015 年版，第 8 页。

③ 参见喻志耀：《过错责任：民法的基本归责原则》，《华东政法学院学报》2001 年第 6 期，第 56 页。

中并没有特别规定，因此适用过错责任原则，要求电力设施产权人在存在过错的情况下承担侵权责任。鉴于无论是发电、输电、供电还是用电，电能都是在同一条电线（分段为不同产权人所有）上运行的实际情况，故对责任主体的界定需有特别规则。① 参照《供电营业规则》第五十一条"在供电设施上发生事故引起的法律责任，按供电设施产权归属确定。产权归属于谁，谁就承担其拥有的供电设施上发生事故引起的法律责任。但产权所有者不承担受害者因违反安全或其他规章制度，擅自进入供电设施非安全区域内而发生事故引起的法律责任，以及在委托维护的供电设施上，因代理方维护不当所发生事故引起的法律责任"的规定，供电企业将电能送至用电户的电能表，经过计量后进入用电户线路，用电户应当对电能妥善管理、合理使用。本案中，Q供电局与徐某森签订的供用电合同亦约定双方按产权归属各自负责其供、受电设施的维护、日常管理和安全工作，并承担法律责任。即产权归属于谁，谁就承担其拥有的供电设施上发生事故引起的法律责任。涉事电线是徐某森自行架设，供其承包鱼塘用电专门使用，该电线线路位于供用电计量装置以下，产权不属于Q供电局所有，也不在供电局供用电能的合法范围之内。Q供电局作为供电方不存在过错，与曾某佳的触电事故亦不具有直接因果关系。另外，关于漏电保护器的问题。根据《农村低压电力技术规程》有关规定，剩余电流动作保护电器是指在规定条件下，当剩余电流达到或超过设定值时能自动断开电路的机械开关电器或组合电器，俗称"漏电保护器"，农村用户应安装剩余电流动作保护电器。因此，在末端安装、维护漏电保护器是用电户自己的义务，而非供电局的责任。本案中，徐某森是触电事故线路架设者，供其承包鱼塘用电专门使用，平时由其控制和管理。涉案电线存在裸露的情况，徐某森在电线裸露处仅作包裹处理，没有对破损电线进行更新，且在用电完毕后没有将刀闸断开，也没有安装和维护漏电保护器，最终造成事故的发生，应由其承担全部赔偿责任。

① 参见汪治平：《人身损害赔偿若干问题研究》，中国法制出版社2001年版，第15页。

009

认缴期限届满前转让股权的股东追加为被执行人的司法认定

——张某良与谭某连等9人及广东某旅游发展有限公司申请执行人执行异议之诉案

广东省清远市中级人民法院　童伟娟

【裁判要旨】 被执行公司财产不足以清偿生效法律文书确定的债务，该公司股东在认缴期限届满前未履行出资义务即转让股权的，应从股权转让与债权债务成立的时间先后、股权转让时公司的经营情况以及公司注册资本金额、认缴期长短、转让价款以及受让人出资能力等方面综合衡量股权转让是否存在逃废债务故意，是否属于法定的应予追加为被执行人的"未依法履行出资义务即转让股权"的情形。

【案例索引】
一审：广东省英德市人民法院（2021）粤1881民初1925号。
二审：广东省清远市中级人民法院（2022）粤18民终171号。

一、案情

上诉人（原审被告）：谭某连、刘某明、莫某瑶。

被上诉人（原审原告）：张某良、黄某场、关某朗、徐某泽、朱某培、伍某成。

原审第三人：广东长湖W生态文化村旅游发展有限公司（以下简称W公司）。

广东省英德市人民法院于2019年11月26日作出（2019）粤1881民初5237号民事调解书，确定W公司分五期向张某良返还保证金300万元。进入执行程序后，因无可供执行财产，广东省英德市人民法院于2020年10月30

日裁定终结本次执行。

W公司于2017年2月23日在英德市市场监督管理局登记成立，注册资本1000万元，股东为黄某场、莫某瑶、刘某明、谭某连，其中：黄某场认缴100万元、占出资比例10%；莫某瑶认缴100万元、占出资比例10%；刘某明认缴700万元、占出资比例70%；谭某连认缴100万元、占出资比例10%，均于2025年12月30日前缴足。

2017年8月17日，刘某明、莫某瑶将各自持有的W公司的70%、10%股权以0元价格转让给奉某德。2017年10月24日，谭某连将持有的W公司10%股权以0元价格转让给奉某德。2018年7月4日，奉某德将持有的W公司90%股权以0元价格转让给关某朗。2018年8月4日，关某朗将持有的W公司85%股权以0元价格转让给徐某泽。2019年12月23日，黄某场将持有的W公司10%股权以0元价格转让给朱某培，关某朗将持有的W公司5%股权以0元价格转让给朱某培。2019年12月27日，徐某泽将持有的W公司85%股权以0元价格转让给伍某成。目前W公司的股东为伍某成和朱某培，其中伍某成认缴出资额850万元、占85%；朱某培认缴出资额150万元、占15%。

二、审判

广东省英德市人民法院一审认为，根据《中华人民共和国公司法》，在注册资本认缴制下，股东虽然依法享有期限利益，但W公司作为被执行人，经法院穷尽执行措施未发现有财产可供执行，W公司不能清偿到期债务，明显缺乏清偿能力，已具备《中华人民共和国破产法》第二条规定的破产情形，因无人申请破产，故张某良主张股东出资期限加速到期，符合法律规定。本案中，根据张某良提供的国家企业信用信息公示系统查询结果，W公司于2021年5月填报的《2020年度报告》显示股东的出资额为零。该报告内容是由W公司填报，并由W公司对信息的真实性和合法性负责。伍某成和朱某培作为公司现任股东，并未提供证据证明其已履行了出资义务，应承担举证不能的法律后果。因此，张某良主张伍某成和朱某培未履行出资义务，并申请追加伍某成和朱某培作为被执行人，在尚未缴纳的出资范围内对W公司在（2020）粤1881执3351号案件的债务承担赔偿责任，一审法院予以支持。黄某场、谭某连、刘某明、莫某瑶未履行出资义务即转让股权，而奉某德、关某朗、徐某泽对此明知仍受让股权并在未履行出资义务的情况下再次转让股权，且后续股东亦未履行补充出资义务，张某良请求追加黄某场、谭某连、刘某明、莫某瑶、关某朗、徐某泽为被执行人，并在未出资的范围内承担连带责任，一审法院予以支持。依照《最高人民法院关于民事执行中变更、追加当事人若干问题的规定（2020 年修正）》第十七条、第十九条、第三十四条，《中华人民共和国民事诉讼法》第六十四条、第一百四十四条之规定，判决：一、追加伍某成和朱某培为被执行人，并在各自认缴的出资金额 850 万元、150 万元范围内对 W 公司在（2020）粤 1881 执 3351 号案件的债务承担赔偿责任；二、追加黄某场、谭某连、刘某明、莫某瑶为被执行人，并在各自认缴的出资金额 100万元、100 万元、700 万元、100 万元范围内对 W 公司在（2020）粤 1881 执3351 号案件的债务承担连带清偿责任；三、追加关某朗、徐某泽为被执行人，并在各自认缴的出资金额 900 万元、850 万元范围内对 W 公司在（2020）粤1881 执 3351 号案件的债务承担连带清偿责任。

宣判后，谭某连、刘某明、莫某瑶提出上诉。

广东省清远市中级人民法院二审认为，依照《最高人民法院关于适用〈中华人民共和国公司法〉若干问题的规定（三）》〔下称《公司法解释（三）》〕第十三条第二款"公司债权人请求未履行或者未全面履行出资义务的股东在未出资本息范围内对公司债务不能清偿的部分承担补充赔偿责任的，人民法院应予支持"和第十八条第一款"有限责任公司的股东未履行或者未全面履行出资义务即转让股权，受让人对此知道或者应当知道，……公司债权人依照本规定第十三条第二款向该股东提起诉讼，同时请求前述受让人对此承担连带责任的，人民法院应予支持"之规定，有限责任公司的股东未履行或者未全面履行出资义务，公司债权人可以请求该股东在未出资本息范围内对公司债务不能清偿的部分承担补充赔偿责任。在注册资本认缴制下，股东应当按期足额缴纳公司章程规定的认缴出资额，股东对于认缴的出资享有期待利益，在出资期限届满前无实际出资的义务，因此，股东在认缴出资期限届满前转让股权，不属于未履行或者未全面履行出资义务。本案中，谭某连于 2017 年 10 月24 日、刘某明和莫某瑶于 2017 年 8 月 17 日将各自股权转让给奉某德时，三人的认缴出资期限尚未届满，亦无证据表明三人转让行为存在恶意串通或违反法律、行政法规的强制性规定的情形，三人的转让行为不属于未履行或未全面履行出资义务即转让股权。而且，张某良与 W 公司之间的债权债务发生在上述股权转让之后，即案涉债务在股权转让时并不存在，张某良对三人并不存在期待利益或信赖利益。因此，张某良以谭某连、刘某明、莫某瑶未依法履行出资义务即转让股权为由，申请追加三人为被执行人并在未出资本息范围内承担责任，缺乏事实及法律依据，应不予支持。此外，依照上述法律规定，公司债权人可以请求未履行或者未全面履行出资义务的股东承担的是补充赔偿责任、受让人承担的是连带责任，一审判决对当事人责任承担认定有误，但鉴于相关当事人没有提出上诉，二审法院不作处理。遂判决维持一审判决第一项、第三项；变更一审判决第二项为追加黄某场为被执行人，并在认缴的出资金额 100 万元范围内对 W 公司在（2020）粤 1881 执 3351 号案件的债务承担连带清偿责任；驳回张某良的其他诉讼请求。

三、评析

强制执行程序中追加被执行人是执行依据在法律、司法解释规定的前提下，在一定程度或者一定范围内对于作为执行依据的生效法律文书主文没有明确的义务履行主体的扩张，因此执行追加被执行人应严格按照法定条件和情形。[①] 按照《最高人民法院关于民事执行中变更、追加当事人若干问题的规定》（下称《执行规定》），"未依法履行出资义务"的原股东可被追加为被执行人。但对于出资期限届满前转让股权是否属于该情形，理论界与实务界均存在争议。[②] 该争议不仅涉及对相关法律条款的理解与适用，更涉及如何平衡股东自治权益、公司经营以及债权人利益之间的冲突，殊值讨论。

（一）未届出资期限转让股权情形下转让方对公司债权人责任承担的观点争鸣

目前的司法解释在转让人层面，《执行规定》对执行程序中追加已转让股权的原股东作出了规定，即作为被执行人的公司，财产不足以清偿生效法律文

[①] 参见谭华霖等：《民事执行中追加被执行人问题探析》，《北京航空航天大学学报（社会科学版）》2018 年第 3 期，第 24-26 页；刘育林：《变更与追加被执行人义务主体的类型和法律适用》，《当代法学》2002 年第 7 期，第 136 页。

[②] 参见王东敏：《公司法资本制度修改对几类民商事案件的影响》，《人民司法（应用）》2014 年第 5 期，第 12 页。

书确定的债务，其股东未依法履行出资义务即转让股权，申请执行人申请变更、追加该原股东或依公司法规定对该出资承担连带责任的发起人为被执行人，在未依法出资的范围内承担责任的，人民法院应予支持。在受让人层面，《公司法解释（三）》在第十八条做出规定，即有限责任公司的股东未履行或者未全面履行出资义务即转让股权，受让人对此知道或者应当知道，公司请求该股东履行出资义务、受让人对此承担连带责任的，人民法院应予支持。

根据《公司法解释（三）》的条文理解，"未履行出资义务"是指根本未出资，具体包括出资不能、拒绝履行、虚假出资等；"未全面履行"是指未完全或不适当履行，包括货币出资不足、出资的实物及工业产权等非货币出资价值明显低于公司章程中约定的出资价值，出资的时间、方式、手续等违反法律规定等。① 按照上述理解，在已届出资期限未出资或债务发生后公司股东会决议延长股东出资期限的情形下转让股权当然属于"未依法履行出资义务即转让股权"应无疑问。② 但问题在于，在我国公司注册资本从法定资本制转向授权资本制后，股东对于认缴出资享有期限利益。③ 假若公司股东未届出资期限即转让股权，是否属于"未依法履行出资义务"，是否可以追加其为被执行人，在司法实务中目前观点不一。

转让方免责说。该观点认为，在注册资本认缴制下，股东享有期限利益。股东转让股权即视为债权债务的概括转移，转让股权后原股东即退出出资关系，由受让股东替代原股东承担出资义务。现行法律并未规定股东在认缴期限届满前转让股权时必须缴纳出资，如要求原股东在转让股权后仍承担出资义务，将严重影响股权的流转，不利于公司经营运转和市场繁荣。④

转让方担责说。该观点认为，股东对公司的责任与其认缴出资的时间无关。有限责任公司的股东以其认缴的出资额为限对公司承担责任，股东未出资部分依然属于公司财产。认缴出资期限的约定是一个可选择的时间点，在期限前任何时间实缴都符合约定，而非只能在认缴的期限实缴。实缴的进度与公司

---

① 参见最高人民法院民事审判第二庭编著：《最高人民法院关于公司法解释（三）、清算纪要理解与适用》，人民法院出版社 2011 年版，第 204-208 页。

② 参见（2022）京 02 民终 11736 号民事判决书；（2019）京民终 530 号民事判决书。

③ 参见朱锦清：《公司法学（修订版）》，清华大学出版社 2019 年版，第 66-68 页。

④ 采此观点的判决参见：（2019）最高法民终 230 号民事判决书；（2022）湘 04 执异 131 号民事裁决书；（2022）辽 02 民初 1001 号民事判决书；（2023）沪 0104 执异 29 号民事裁定书。

的实际经营情况，尤其是负债情况紧密联系。在公司长期处于负债未结的情况下，股东就有义务在认缴范围内实缴出资或向公司债务人承担责任。股东在出资期限届满前转让股权可视为股东对其出资义务的预期违约，应当允许出资义务的加速到期。[①]

以上两种观点显然都过于绝对，一般情形下，股东在出资期限届满前转让股权不应该承担出资义务，但在有证据证明存在股东利用注册资本认缴制恶意逃避出资义务、损害债权人权益的特殊情形下，股东依然要承担出资义务。[②]

（二）股东在出资期限届满前转让股权一般不应承担出资义务

在注册资本认缴制下，股东依法享有期限利益。在出资期限未届满时，债权人无权要求股东在未出资范围内对公司不能清偿的债务承担补充清偿责任，即原则上股东出资不应加速到期。同理，股东在认缴出资期限届满前转让股权，不属于未履行或者未全面履行出资义务，不得追加其为公司债务的被执行人，此为一般情形。

（三）股东在出资期限届满前转让股权应承担出资义务的司法认定

股东对公司的出资是公司法人财产的重要组成部分，构成公司独立承担责任的基础。注册资本认缴制为股东出资赋予了更多的灵活性与自主性，股东对其出资的方式、数额、期限享有充分的自治权，但这并不意味着股东出资义务可以当然或变相免除。对于滥用股东出资期限利益，恶意逃避债务，损害公司债权人利益，违反诚实信用原则的行为应予否定，具体可从以下方面进行司法认定：

一是区分股权转让发生与公司债务形成的时间先后。如果股权转让发生在公司债务形成之前，由于债务形成时股权已经转让，公司债权人对于股权转让方的出资能力并未形成期待或信赖，股权转让方的资信状况不属于债权人与公司发生交易时所考量的因素，不存在需要法律予以特别保护的期待利益或信赖利益，因此，债权人不得要求转让方对转让股权后发生的公司债务承担责任，债权人只能向股权受让方主张相应权利，否则将会使股权转让方的利益长期处于不稳定的状态。相反，若股权转让发生在公司债务形成之后，则转让方是否

---

① 采此观点的判决参见：（2018）豫 0811 民初 963 号民事判决书；（2020）鲁 02 民终 12403 号民事判决书；（2019）京 0112 民初 34005 号民事判决书。

② 采此区分的裁判参见：（2021）京 02 民终 17362 号民事判决书；（2022）粤 01 民终 8388 号民事判决书；（2022）粤 01 民终 8389 号民事判决书；（2022）新 01 民终 2650 号民事判决书。

承担责任的情形更加复杂，应当结合其他因素进行综合考量。[①] 在公司已不能清偿生效判决确定的债务，且债权人已对转让方股东提出追加为被执行人的诉讼，转让方转让股权的，可认定股东具有转让股权以逃废出资义务的恶意。[②]

二是区分股权转让时公司的经营情况。公司的生存与运营离不开资本的支持，而股东的出资是构成公司财产以及确保公司正常运转的基石。资本认缴制下允许股东自行约定出资期限的前提是不影响公司的正常经营和周转。股东在享受自由出资期限利益的同时，应当保证公司不沦为其转嫁经营风险的工具，危及与公司从事正常交易的债权人的合法权益。在公司非破产、解散的情形下，《九民会议纪要》首次以但书的形式规定了股东出资责任可以加速到期的两种情形，其中第一种情形即为公司作为被执行人的案件，人民法院穷尽执行措施无财产可供执行，已具备破产原因，但不申请破产的。因此股权转让时公司的经营情况成为认定股权转让方应否承担责任的重要因素。在公司已出现经营困难，长期债务未结的情形下，股东出资期限利益危及债权人利益。未届出资期限的股权转让不仅是一种权利的转让，实际也是债务的转移，这种债务转移与公司及债权人密切相关，因此转让股权时存在出资期限加速到期情形的，股权转让方应承担出资义务。对此债权人应承担举证责任，需举证证明股权转让的时间节点公司出现了无法正常运行或出现破产的原因。[③]

三是区分注册资本金额、认缴期长短、转让价款以及受让人出资能力等因素。股东的认缴出资义务形成对公司附履行期限的债务，股权转让导致公司股东的变动，关乎出资债务能否按期履行。公司股东因股权转让发生变动，并不当然推定认缴股东的出资义务随之转让给继任者。为防止股东以股权转让名义逃避出资责任，还应重点审查公司的注册资本金额及认缴期长短，公司是否存在注册资本不高的情况下零实缴出资并设定超长认缴期。例如出资资本 10 万元，实缴出资 0 元，认缴期为 30 年甚至 50 年；股东转让股权的对价是否合理；受让方是否真实支付股权转让款；受让方是否明显缺乏出资能力以及出让股东在转让股权后是否以隐名方式实际行使股东权利等情形。

---

① 参见钱卫清：《公司诉讼——公司司法救济方式新论》，人民法院出版社 2003 年版，第 40 页。

② 参见（2023）京 02 民终 314 号民事判决书。

③ 相关判决参见：（2023）浙 0782 执异 3 号民事裁定书；（2022）京 03 民终 16737 号民事判决书；（2022）京 03 民终 10399 号民事判决书。

010

职业病造成劳动能力功能障碍损失的认定标准

——邓某虾诉 Y（英德）纸品有限公司健康权纠纷案

广东省英德市人民法院　黄俊涛　朱剑清

【裁判要旨】 根据《中华人民共和国职业病防治法》的规定，劳动者患职业病，除可以获得工伤保险待遇外，还可以依据相关民事法律获得赔偿。若用人单位存在过错，职工有权以补充模式要求单位承担侵权赔偿责任。在目前的《人体损伤致残程度分级》未对职业病设定伤残评定标准的情况下，法院仍可参照人体伤残等级对其相应的损失赔偿进行认定并判令用人单位承担相应的侵权赔偿责任。

【案例索引】 一审：广东省英德市人民法院（2021）粤 1881 民初 220 号。

二审：广东省清远市中级人民法院（2021）粤 18 民终 2578 号。

一、案情

上诉人（原审被告）：Y（英德）纸品有限公司。

被上诉人（原审原告）：邓某虾。

邓某虾于 2007 年 6 月入职 Y（英德）纸品有限公司从事纸品科纸盒包边工作。2017 年 12 月，邓某虾在在职体检中检出白细胞偏低，2018 年 1 月 2 日 Y（英德）纸品有限公司安排体检，体检结果为白细胞偏低。2018 年 1 月 18 日邓某虾在华测职安门诊部进行在岗体检时被检查为"疑似职业性慢性苯中毒"。2018 年 6 月 14 日至 2018 年 7 月 4 日邓某虾在广东省职业病防治院进行职业病诊断住院观察。出院医嘱：定期复查血常规、血生化。2018 年 6 月 6

日，广东省职业病防治院出具职业病诊断证明书，邓某虾被诊断为职业性慢性轻度苯中毒（白细胞减少症、中性粒细胞减少症），出院医嘱：出院后继续在有资质的职业健康监护机构连续定期检测血常规，每次血常规检查间隔为2周，直至3个月医学观察期满。2019年1月29日，英德市人力资源和社会保障局作出《关于邓某虾工伤认定决定书》（英人社工认〔2019〕40号），认定邓某虾遭受到职业性慢性轻度苯中毒（白细胞减少症、中性粒细胞减少症）的伤害属工伤。2019年4月24日至2019年7月23日邓某虾在广东省职业病防治院住院治疗，住院医嘱：继续治疗。2019年7月23日至2019年8月23日邓某虾在广东省职业病防治院住院治疗，住院医嘱：定期复查血常规、血生化。2019年10月11日，清远市劳动能力鉴定委员会作出《初次鉴定（确认）结论书》[清劳鉴（1）初字2019年98号]，鉴定邓某虾的劳动功能障碍等级为七级，生活自理障碍等级为无级。2020年1月8日，该委员会作出《复查结论书》（〔2020〕64941号），再次鉴定邓某虾的劳动功能障碍等级为七级。2020年3月25日，英德市社会保险基金管理局向邓某虾发放一次性伤残补助金52010.4元。2020年5月6日，广东医科大学司法鉴定中心以被鉴定人邓某虾诊断为职业性慢性轻度苯中毒（白细胞减少症、中性粒细胞减少症）系中毒性血液病，在《人体损伤致残程度分级》中尚无相对应的鉴定条款为由，对其申请伤残等级鉴定不予受理。

邓某虾诉至法院，请求法院判令Y（英德）纸品有限公司向其支付残疾赔偿金332933.6元、精神损害抚慰金40000元、住院伙食补助差额10448元以及营养费20000元。

二、审判

广东省英德市人民法院一审认为，邓某虾在Y（英德）纸品有限公司从事纸品科纸盒包边工作，因接触苯等有毒有害苯系物，患上职业性慢性轻度苯中毒（白细胞减少症、中性粒细胞减少症），被认定为七级工伤。上述事实有英德市人力资源和社会保障局出具的工伤认定书，广东省职业病防治院出具的诊断证明书、出院小结等证据为证，可见邓某虾患职业病与用人单位未充分履行劳动保障义务具有法律上的因果关系，因此一审法院认定Y（英德）纸品有限公司应承担本案侵权责任。

　　虽然《人体损伤致残程度分级》未对慢性中毒职业病设定伤残评定标准，鉴定机构无法参照其进行伤残鉴定，但邓某虾劳动能力因该疾病受损，邓某虾主张参照劳动能力鉴定的功能障碍等级计算残疾赔偿金，合理合法，因此法院参照人体损伤致残程度等级分级对邓某虾的相应损失进行认定，最终依照《中华人民共和国侵权责任法》第六条、第十六条，《最高人民法院关于审理人身损害赔偿案件适用法律若干问题的解释》第十七条、第十八条、第二十三条、第二十四条、第二十五条，《最高人民法院关于确定民事侵权精神损害赔偿责任若干问题的解释》第十条和《中华人民共和国民事诉讼法》第六十四条的规定，判决如下：一、Y（英德）纸品有限公司于判决发生法律效力之日起十日内向邓某虾赔偿残疾赔偿金、住院伙食补助费、营养费、精神损害抚慰金等共 364163.6 元；二、驳回邓某虾的其他诉讼请求。

　　宣判后，Y（英德）纸品有限公司提出上诉。

　　广东省清远市中级人民法院二审认为，本案系健康权纠纷。依照《最高人民法院关于适用〈中华人民共和国民事诉讼法〉的解释》第三百二十三条的规定，本案二审应围绕上诉人上诉请求的范围进行审理。本案中，邓某虾所患职业性慢性轻度苯中毒（白细胞减少症、中性粒细胞减少症）已经英德市人力资源和社会保障局认定为工伤，其所患职业病系在 Y（英德）纸品有限公司工作时接触到含有苯的有害物质导致，Y（英德）纸品有限公司未提供证据证明其已尽到职业病防治义务、其对邓某虾患职业病不存在过错等事实，故邓某虾患职业病与 Y（英德）纸品有限公司的不当行为之间存在因果关系，根据《中华人民共和国职业病防治法》第五十八条和《最高人民法院关于审理人身损害赔偿案件适用法律若干问题的解释》的相关规定，邓某虾有权向 Y（英德）纸品有限公司提出赔偿要求。且邓某虾在主张残疾赔偿金、住院伙食补助费时已对其已获得的一次性伤残补助金、住院伙食补助费予以扣减，一审法院在计算案涉人身损害赔偿项目时，亦对具有同等性质的工伤保险待遇项目进行扣减，并无重复计算赔偿数额。故 Y（英德）纸品有限公司主张邓某虾已享受相应的工伤保险待遇，其在本案诉请的赔偿存在重复的依据不足，本院不予采纳。至于能否参照清远市劳动能力鉴定委员会出具的劳动能力鉴定的功能障碍等级认定本案邓某虾的人身损害伤残等级的问题，由于邓某虾所患的职业性慢性轻度苯中毒（白细胞减少症、中性粒细胞减少症）系中毒性血液病，在《人体损伤致残程度分级》中尚无对应的鉴定条款，鉴定机构无法参照进行伤残程度鉴定，而邓某虾确实因患该职业病对身体构成伤害，且清远市劳动能力鉴定委员会是有资质的鉴定机构，鉴定依据充分，故参照清远市劳动能力鉴定委员会对邓某虾出具的劳动能力鉴定的功能障碍等级认定邓某虾患职业病构成七级伤残，并支持邓某虾的残疾赔偿金、精神损害抚慰金、营养费等，合法合理，本院予以维持。综上所述，上诉人Y（英德）纸品有限公司的上诉请求不能成立，应予驳回；一审判决认定事实清楚，适用法律正确，应予维持。依照《中华人民共和国民事诉讼法》第一百七十条第一款第一项规定，判决如下：驳回上诉，维持原判。

三、评析

在人身损害赔偿案件中，残疾赔偿金的计算依据《最高人民法院关于审理人身损害赔偿案件适用法律若干问题的解释》第十二条之规定，即"残疾赔偿金根据受害人丧失劳动能力程度或者伤残等级，按照受诉法院所在地上一年度城镇居民人均可支配收入或者农村居民人均纯收入标准，自定残之日起按二十年计算"。表明残疾赔偿金的计算依据有丧失劳动能力程度和伤残等级两种。但司法实践中，残疾赔偿金均是根据伤残等级计算，鲜有根据丧失劳动能力程度计算的案例，这主要是因为伤残等级计算标准明确、易于操作，且一般情况下伤残等级越高、丧失劳动能力程度越严重，两者基本对应。然而，随着新兴职业和高科技残疾辅助器具的不断出现，伤残等级与丧失劳动能力程度不相对应的情况日益普遍，如果仍单纯根据伤残等级计算残疾赔偿金极有可能违背残疾赔偿金的立法本意并导致事实上的失衡。但司法理论界和实务界对此少有关注，导致该选择性条款实际上被弃置不用。本案中，邓某虾所患的职业性慢性轻度苯中毒（白细胞减少症、中性粒细胞减少症）系中毒性血液病，在《人体损伤致残程度分级》中尚无对应的鉴定条款，鉴定机构无法参照进行伤残程度鉴定，然而二审法院参照清远市劳动能力鉴定委员会对邓某虾出具的劳动能力鉴定的功能障碍等级认定邓某虾患职业病构成七级伤残，进而做出维持原判的判决，对相关案件的审判有参考价值。

（一）我国残疾赔偿金的性质与理论依据

残疾是指因残损导致个体正常活动能力的任何一种受限或丧失。① 残疾赔偿金则是指在受害人遭受人身伤害致残的情形由赔偿义务人给予受害人的赔偿费用。②

1. 我国残疾赔偿金的性质之变

1986 年制定的《中华人民共和国民法通则》并没有明确使用残疾赔偿金的概念，但规定了残疾者生活补助费，一般认为此即为残疾赔偿金的雏形，其性质属财产损害赔偿。此后的《道路交通事故处理办法》《医疗事故处理条例》等法律文件根据《中华人民共和国民法通则》的精神，均规定了残疾者生活补助费或残疾生活补助费。1994 年颁布的《中华人民共和国国家赔偿法》明确使用了"残疾赔偿金"这一名称，根据我国国家赔偿只赔偿财产损失、不赔偿精神损失的原则，该法亦将残疾赔偿金定性为财产损害赔偿。

但是，最高人民法院 2001 年颁布的《关于确定民事侵权精神损害赔偿责任若干问题的解释》却明确将残疾赔偿金定性为精神损害赔偿，该司法解释第九条规定"精神损害抚慰金包括以下方式：（一）致人残疾的，为残疾赔偿金；……"。至于为什么该司法解释将其定性为精神损害赔偿，有观点认为这种流变与 20 世纪后期法学界对精神损害赔偿的过分强调有关。③

将残疾赔偿金定性为精神赔偿虽然名义上对受害人精神损害有一定赔偿，但赔偿内容仍是财产性的，且由于刑事诉讼明确将精神损害赔偿排除在外，导致受害人身体遭到严重刑事伤害时所得赔偿反而不如一般民事人身损害所得赔偿的消极后果。因此，2003 年出台的《最高人民法院关于审理人身损害赔偿案件适用法律若干问题的解释》对此做出重大调整，该司法解释第十七条第二款规定"受害人因伤致残的，其因增加生活上需要所支出的必要费用以及因丧失劳动能力导致的收入损失，包括残疾赔偿金、残疾辅助器具费……，赔偿义务人也应当予以赔偿"。明确把残疾赔偿金确定为财产损害赔偿。至此，残疾赔偿金的性质再次回归到财产损害赔偿，但显然是更高层次的回归，残疾

① 参见杨立新：《人身损害赔偿司法解释释义》，人民出版社 2004 年版，第 302 页。
② 参见赵熙：《残疾赔偿金和死亡赔偿金的性质讨论》，《技术与市场》2008 年第 9 期，第 62 页。
③ 参见唐柏树：《民商事裁判精要与规范指导丛书——人身损害赔偿纠纷》，法律出版社 2010 年版，第 163 页。

赔偿金由最初的生活补助过渡到丧失劳动能力的损失赔偿，提高了赔偿的数额，强化了对受害人的保护。

2. 残疾赔偿金的理论依据

在将残疾赔偿金定性为财产损害赔偿的前提下，关于残疾赔偿金的理论依据主要有三种学说。

所得丧失说认为，之所以对受害人进行赔偿是因为侵权行为发生后受害人因致残造成其以后的收入受损，残疾赔偿金即对受害人此部分损失的赔偿。[①] 该学说最突出的优点在于便于计算赔偿额，但对于无收入者，伤残不会对其收入造成任何影响也就不能请求侵权人赔偿，这显然不合理。

生活来源丧失说认为，受害人身体受到伤害，劳动能力丧失或减少必然导致其生活来源丧失，因此应当对受害人予以赔偿以恢复其生活来源，具体体现为残疾者生活补助费。[②] 我国以往的立法和司法实践正是采取生活来源丧失说，这在《中华人民共和国民法通则》《道路交通事故处理办法》《医疗事故处理条例》等法律文件中均有体现。

劳动能力丧失说认为，被害人因身体或健康受损害，致使其丧失或减少劳动能力本身即为损害，并不限于实际收入之损失。因为劳动能力本身即为一种能力资本，虽无如一般财物之交换价格，但通过雇佣或劳动契约方式，可以获得相应的对价，故丧失或减少劳动能力本身即为损害。这种学说的主要优点是突破了实际收入的限制，体现了"有损害即有赔偿"的原则，成功解决了无收入者的残疾赔偿问题。其缺点在于具体衡量标准较难确定。从《最高人民法院关于审理人身损害赔偿案件适用法律若干问题的解释》第十七条和第二十五条的规定不难看出，该司法解释在理论依据上采取的正是劳动能力丧失说，[③] 认为残疾赔偿金是侵权人对受害人因人身遭受侵害而丧失全部或者部分劳动能力的财产损害赔偿。

（二）实践中根据伤残等级计算残疾赔偿金的现实动因

根据《最高人民法院关于审理人身损害赔偿案件适用法律若干问题的解

---

① 唐柏树：《民商事裁判精要与规范指导丛书——人身损害赔偿纠纷》，法律出版社 2010 年版，第 163 页。

② 杨立新：《人身损害赔偿司法解释释义》，人民出版社 2004 年版，第 311 页。

③ 朱友江：《法医伤残等级评定标准刍议》，《中国司法鉴定》2005 年第 5 期，第 45 页。

释》第二十五条的规定，残疾赔偿金的计算公式为：残疾赔偿金=赔偿标准（受诉法院所在地上一年度城镇居民人均可支配收入或者农村居民人均纯收入）×赔偿系数（伤残系数)①×赔偿年限（20年）。

其中：赔偿系数是根据受害人丧失劳动能力程度或者伤残等级确定的赔偿比例。虽然实践中也有个别按丧失劳动能力程度确定赔偿系数的案例,②但目前绝大多数情况下仍根据伤残等级确定，一级伤残按100%赔偿、二级伤残按90%赔偿、三级伤残按80%赔偿，以此类推。既然《最高人民法院关于审理人身损害赔偿案件适用法律若干问题的解释》在残疾赔偿金的理论依据和赔偿原则上采取了劳动能力丧失说，也规定计算依据有丧失劳动能力程度和伤残等级两种，但为什么实践中却只根据伤残等级计算呢？这主要源于以下两方面因素。

首先，根据伤残等级计算残疾赔偿金标准明确，易于掌握和操作。虽然目前在伤残等级鉴定方面还存在政出多门、标准难以统一的情况，造成了同一伤残依据不同的鉴定标准鉴定等级不同的现象。但是，在同一地区、同一领域目前已经基本形成一套行之有效的鉴定体系、标准和易于掌握的操作模式，有相应的组织机构和人员配备，有数十年的制度运行经验。通过这一模式法院可以轻易得到一份法律上认可的鉴定结论，并据此公式化地计算出残疾赔偿金的准确金额。对于这些标准之间是否存在矛盾和冲突，并不是实务法官过多考虑的问题。

其次，根据丧失劳动能力程度计算残疾赔偿金则标准缺失，难以操作。职业的复杂性和多样性导致制定丧失劳动能力鉴定标准难度较大，以至于直到现

---

① 虽然目前各省、自治区、直辖市和设区的市都有劳动能力鉴定委员会，2002年劳动和社会保障部也颁布了《职工非因工伤残或因病丧失劳动能力程度鉴定标准（试行）》（以下简称《职工丧失劳动能力鉴定标准》）。但是，根据2005年颁布实施的《全国人民代表大会常务委员会关于司法鉴定管理问题的决定》的规定，劳动能力鉴定委员会并不是法定的司法鉴定机构，《职工丧失劳动能力鉴定标准》也不能作为人身损害赔偿案件司法鉴定标准。

② 《最高人民法院关于审理人身损害赔偿案件适用法律若干问题的解释》第十三条规定：残疾辅助器具费按照普通适用器具的合理费用标准计算。

在都没有丧失劳动能力程度的司法鉴定标准，也无相应的司法鉴定机构。① 在没有司法鉴定的情况下，法官显然也不会对这一专业性问题作出自己的判断，这也是实践中不根据丧失劳动能力程度计算残疾赔偿金的根本原因。

（三）典型意义

在目前的《人体损伤致残程度分级》未对职业病设定伤残评定标准的情况下，对于罹患职业病的劳动者依法维护追索其因工伤造成的劳动功能障碍、生活自理障碍造成了一定的困扰与阻碍，虽然最高人民法院赔偿委员会办公室对于丧失劳动能力的程度判定作出了指导，但在司法实践中法院对于类案的处理标准仍不尽相同，容易造成同案、类案不同判。本案在对于工作中罹患职业病的劳动者认定损失时结合劳动障碍等级，参照人体伤残等级对其相应的损失赔偿进行了认定，对于劳动者的工伤损失进行了保障，亦为此类案件提供了参考标准。

---

① 虽然目前各省、自治区、直辖市和设区的市都有劳动能力鉴定委员会，2002 年劳动和社会保障部也颁布了《职工非因工伤残或因病丧失劳动能力程度鉴定标准（试行)》（以下简称《职工丧失劳动能力鉴定标准》)。但是，根据 2005 年颁布实施的《全国人民代表大会常务委员会关于司法鉴定管理问题的决定》的规定，劳动能力鉴定委员会并不是法定的司法鉴定机构，《职工丧失劳动能力鉴定标准》也不能作为人身损害赔偿案件司法鉴定标准。

011

其他不宜采取家庭承包方式的农村土地村委会能否主动解除合同

——何某桃、何某锋、何某金与清远市清新区太平镇 T 村民委员会林业承包合同纠纷案

广东省清远市清新区人民法院　李　芬

在农村土地承包合同中对其他不宜采用家庭承包方式的土地可以由本集体经济组织以外的个人承包，合同承包期限不明并非法定解除事由，在并未出现约定或法定解除合同的情况下，一方作出解除合同的行为不发生解除合同的法律效力。

一审：广东省清远市清新区人民法院（2020）粤 1803 民初 3526 号。

二审：广东省清远市中级人民法院（2021）粤 18 民终 662 号。

一、案情

上诉人（原审被告）：清远市清新区太平镇 T 村民委员会（以下简称 T 村委会）。

被上诉人（原审原告）：何某桃、何某锋、何某金。

1992 年 12 月 5 日，原 T 管理区（后名称变更为清远市清新区太平镇 T 村村民委员会）作为甲方与何某桃、何某锋、何某金的父亲何某水作为乙方，经协商签订一份《承包土地合同书》，主要内容（节选）包括：为开发农业、促进经济发展，经双方协议订立承包土地协议书，约定承包土地的地点、范围、承包款、承包期间、违约责任及其他事项，其中明确在承包期间乙方只有使用权，没有所有权，承包期限由 1993 年 1 月 1 日起计算至永远承包止。

合同签订后，何某水在承包地上种植经济作物并依约交纳租金。何某水后因交通事故于 2016 年意外去世，其生前已离婚，其父母早已去世，何某水生育三个小孩，即何某桃、何某锋、何某金，四人均不属于 T 村委会集体经济组织成员。后由何某桃、何某锋、何某金继续经营上述承包地，并每年向 T 村委会缴交承包款 600 元。一审法院于 2020 年组织双方当事人到涉案承包地现场勘查，勘查情况为：涉案承包地上种植有大量凤眼果和水竹，中间建有 6 间平房，搭建有约 300 平方米铁棚，种有少量木棉花、白银香等树种，还种有部分蔬菜。

2020 年 9 月 1 日，T 村委会向何某桃、何某锋、何某金发出《解除合同通知书》，主要内容为"现因本村委需要收回上述土地作他用，因此决定就上述土地与您解除租赁关系，请您在收到本通知书之日起 3 个月内（即 2020 年 12 月 1 日前），将上述租赁土地范围内属于您的种植物、安装的附属设施等个人合法财物迁走，约定期满本村委将收回土地，届时若上述土地范围内有未接的作物及附属物等财物，本村委将按无主物处理"。何某桃、何某锋、何某金认为 T 村委会上述《解除合同通知书》不发生解除合同的法律效力，遂诉至法院。

二、审判

广东省清远市清新区人民法院一审认为，农村土地承包方式包括家庭承包方式和其他承包方式，以其他方式承包的承包方，可以是本集体经济组织人员，也可以由本集体经济组织以外的单位或者个人承包。根据《中华人民共和国土地承包法》第四十八条"不宜采取家庭承包方式的荒山、荒沟、荒丘、荒滩等农村土地，通过招标、拍卖、公开协商等方式承包的，适用本章规定"的规定，该条中的"等"字是表示列举未尽，除荒山、荒沟、荒丘、荒滩以外，其他不宜采取家庭承包方式的农村土地也可以其他方式承包。《中华人民共和国土地承包法》第五十二条规定"发包方将农村土地发包给本集体经济组织以外的单位或者个人承包，应当事先经本集体经济组织成员的村民会议三分之二以上成员或者三分之二以上村民代表的同意，并报乡（镇）人民政府批准"，本案虽未经法律规定的民主议定程序，但《承包土地合同书》明确注明"经甲乙双方协议订立"，表明该承包合同是以公开协商的方式承包的，且何某水及何某桃、何某锋、何某金实际使用多年，按约缴交承包款，清远市清新区太平镇 T 村民委员会及其集体经济组织人员并未提出异议，故应视为未违反民主议定程序。从立法目的看，土地承包合同报经行政批准，是出于行政管理目的所作出的行政强制性规范，显然属于管理性规范而不属于效力性规范，故有无报经政府批准并不影响其合同效力，且本案涉案《承包土地合同书》的签订时间早于《中华人民共和国农村土地承包法》的施行时间。综上，从涉案《承包土地合同书》的性质、内容及法律的规定来看，涉案《承包土地合同书》的性质为农村土地承包合同。涉案《承包土地合同书》合法、有效，何某水及何某桃、何某锋、何某金在履行合同过程中并未违反合同约定，也没有发生法律规定的可解除的其他情形，而清远市清新区太平镇 T 村民委员会作出的《解除合同通知书》要求解除的理由是收回土地作他用，不属法律规定的解除事由，故清远市清新区太平镇 T 村民委员会作出的《解除合同通知书》不发生解除合同的效力，何某桃、何某锋、何某金和清远市清新区太平镇 T 村民委员会应继续履行《承包土地合同书》。综上所述，依照《中华人民共和国合同法》第九十三条、第九十四条、第九十六条，《中华人民共和国农村土地承包法》第四十八条、第五十二条、第五十四条，《中华人民共和国民事诉讼法》第六十四条之规定，判决如下：确认清远市清新区太平镇 T 村民委员会于 2020 年 9 月 1 日作出的《解除合同通知书》不发生解除《承包土地合同书》的效力。

广东省清远市中级人民法院二审认为，土地租赁合同是指国家将国有土地出租给使用者使用，由使用者支付租金的合同。出租方为国家，代表国家行使出租权的是县级以上人民政府土地管理部门，租赁合同有一定期限，最长不超过法律、法规规定的同类用途土地出让最高年限。而涉案《承包土地合同书》项下土地是农民集体所有土地，不符合上述土地租赁合同的特征，T 村委会主张涉案合同属于土地租赁合同，出租人可以随时解除不定期租赁合同，理据不足，不予采纳。从 T 村委会一审答辩及庭审辩论意见来看，其主要是以涉案《承包土地合同书》约定的承包期限与法律规定不符而发出《解除合同通知书》。但解除合同以合同有效为前提，合同无效并非解除合同的法定事由；当事人以通知方式解除合同的，应当享有约定或法定解除权，否则不发生合同解除的效果。本案中，T 村委会并未举证证实涉案《承包土地合同书》存在约定或法定解除的情形。而且，涉案《承包土地合同书》约定的承包期限即"永远承包"虽然与国家政策或农村土地承包法有关土地承包期限的规定相冲突，但该冲突属于超期部分应否认定无效的问题，不属于解除涉案《承包土地合同书》的法定理由。综上所述，依照《中华人民共和国民事诉讼法》第一百七十条第一款第一项规定，判决如下：驳回上诉，维持原判。

三、评析

本案系涉及其他不宜采取家庭承包方式的农村土地的承包纠纷，系保护合同承包方市场主体，维护市场经营秩序稳定的典型案例。对本案的分析应从以下三方面予以论述：

（一）从法律适用分析案涉土地承包人资格问题

农村土地，是指农民集体所有和国家所有依法由农民集体使用的耕地、林地、草地，以及其他依法用于农业的土地。① 目的是所有法律的创造者，② 为了保护农村土地承包关系的长期稳定，保护土地资源，维护承包双方当事人的合法权益，从 1983 年前后我国农村土地开始实行土地承包，1986 年土地经营承包权作为一项财产权利写入了《中华人民共和国民法通则》③，2007 年在《中华人民共和国物权法》中明确土地承包经营权为用益物权的一种，由此确认了土地承包经营权的物权属性，2021 年 1 月 1 日生效的《中华人民共和国民法典》（以下简称《民法典》）再次确认了土地承包经营权和土地经营权的法律地位④，在一定程度上促进了农村经济发展和提高了农民生活水平，促使农村社会稳定。

由于工业化和城镇化的驱动和牵引，农村人口尤其是劳动力人口大规模向城镇迁移。截至 2018 年底，全国农民工总量达 28836 万人，其中外出农民工 17266 万人⑤。大量农村人口转移使农村的经济结构和社会结构发生巨大变

---

① 《中华人民共和国农村土地承包法》（2019 年 1 月 1 日起施行）第二条。
② 参见陈辉：《德国法教义学的结构与演变》，《环球法律评论》2017 年第 1 期。
③ 参见靳英桃：《我国农村土地经营权继承问题研究》，《山西农经》2021 年第 9 期。
④ 参见熊威：《土地经营权继承阐释——以 2019 年〈农村土地承包法〉为论述基础》，《南京航空航天大学学报（社会科学版）》2020 年第 2 期。
⑤ 参见国家统计局：《2018 年国民经济和社会发展统计公报》，中国统计出版社 2019 年版，第 4 页。

化①，包括人口过疏化、土地空废化、房屋闲置化和产业空心化②。另外，农村产业发展滞后，基础设施匮乏等也给当地农业生产和农村经济发展带来负面影响。③ 基于以上社会现实，多地政府颁布相关条例政策，鼓励外出务工人员返乡，并积极培养新型职业化农民，发展多种土地经营模式④。农村土地流转的传统方式主要为转包、互换、转让、出租等，后经过实践创新出现了股份合作、信托等方式。当前，流转主体呈现多元化、专业化等特点⑤，土地流转模式主要有大户主导、村集体主导、农业合作社主导等类型。

本案中，何某桃、何某锋、何某金的父亲何某水与原 T 管理区于 1992 年 12 月 5 日签订《承包土地合同书》，当时处于农村第一轮土地承包时期，适用法律为《中华人民共和国土地管理法》（1987 年 1 月 1 日起施行），其并未对土地承包方式和不同承包土地性质的承包期限进行区分。直到《中华人民共和国农村土地承包法》（2003 年 3 月 1 日起施行）第三条⑥和第二十条⑦才分别对承包方式和承包期予以规定。从当事人签订的《承包土地合同书》可以看出，案涉承包土地为流转林场土地，系用于种植植物，且承包人实际种植的树种有凤眼果、水竹、木棉花、白银香等。根据《中华人民共和国农村土地承包法》（2003 年 3 月 1 日起施行）第三条第二款⑧的规定，案涉土地并非法

---

① 参见刘彦随、刘玉、翟荣新：《中国农村空心化的地理学研究与整治实践》，《地理学报》2009 年第 10 期。

② 参见郑雄飞、王提：《从单一到多元：新中国农村土地生产经营模式的演变路径探析》，《学术研究》2020 年第 2 期。

③ 参见郑殿元、文琦等：《中国村域人口空心化分异机制及重构策略》，《经济地理》2019 年第 2 期。

④ 参见郑雄飞、王提：《从单一到多元：新中国农村土地生产经营模式的演变路径探析》，《学术研究》2020 年第 2 期。

⑤ 参见罗玉辉：《"三权分置"下中国农村土地流转的现状、问题与对策研究》，《兰州学刊》第 2019 年第 2 期。

⑥《中华人民共和国农村土地承包法》（2003 年 3 月 1 日起施行）第三条规定：国家实行农村土地承包经营制度。 农村土地承包采取农村集体经济组织内部的家庭承包方式，不宜采取家庭承包方式的荒山、荒沟、荒丘、荒滩等农村土地，可以采取招标、拍卖、公开协商等方式承包。

⑦《中华人民共和国农村土地承包法》（2003 年 3 月 1 日起施行）第二十条规定：耕地的承包期为三十年。草地的承包期为三十年至五十年。林地的承包期为三十年至七十年；特殊林木的林地承包期，经国务院林业行政主管部门批准可以延长。

⑧《中华人民共和国农村土地承包法》（2003 年 3 月 1 日起施行）第三条第二款规定：农村土地承包采取农村集体经济组织内部的家庭承包方式，不宜采取家庭承包方式的荒山、荒沟、荒丘、荒滩等农村土地，可以采取招标、拍卖、公开协商等方式承包。

律明确规定需采取家庭承包方式的土地，故承包人是否本集体经济组织的农户并不影响合同效力。虽然《中华人民共和国农村土地承包法》（2003 年 3 月 1 日起施行）第五十二条①规定了本集体经济组织以外单位、个人承包农村土地必须履行的程序，但是从法不溯及既往的原则及立法目的来看，《承包土地合同书》未履行规定程序并不影响合同的有效性，故承包人的主体资格并无不当。

（二）所涉合同性质的认定问题

关于合同性质的判断，即合同是一时性合同还是继续性合同，合同的标的是物还是行为，是转移标的物的所有权还是使用权，不同性质的合同，其考虑的解除权重也不同。根据双方的诉辩意见可知，先需厘清本案所涉基础法律关系是土地承包关系还是土地租赁关系。土地租赁关系和土地承包关系在主体资格、权利类型、期限要求、法律适用等方面存在诸多不同，更涉及下文要论述的行使合同解除权是否产生合同解除后果的问题。土地租赁是土地所有权与土地使用权在一定期间相分离，由不同主体享有，由土地使用者向土地所有者支付租赁期限内的租金，期限届满后土地使用者按约定归还土地的一种民事法律行为，我国现有土地租赁存在国有土地租赁和土地使用权出租两种方式。《中华人民共和国土地管理法实施条例》（1999 年 1 月 1 日起施行）第十七条第二款②将国有土地租赁作为国有土地有偿使用的方式之一。土地承包是农村集体经济组织成员或以外的人与集体经济组织签订承包农村土地，并交付一定收益的行为，也表现为土地所有者和土地使用者相分离，一般指农村土地承包经营制度。案涉土地为农村集体所有土地，所交纳的费用为承包款，从《承包土地合同书》可看出双方当事人签订合同时的意向为承包土地，结合上文的具体分析，可明晰案涉合同更符合土地承包关系的特征。

（三）合同解除权的行使及能否发生解除效力问题

合同解除是在合同履行过程中通过行使解除权来终止合同权利义务关系的

---

①《中华人民共和国农村土地承包法》（2003 年 3 月 1 日起施行）第五十二条规定：发包方将农村土地发包给本集体经济组织以外的单位或者个人承包，应当事先经本集体经济组织成员的村民会议三分之二以上成员或者三分之二以上村民代表的同意，并报乡（镇）人民政府批准。　由本集体经济组织以外的单位或者个人承包的，应当对承包方的资信情况和经营能力进行审查后，再签订承包合同。

②《中华人民共和国土地管理法实施条例》（1999 年 1 月 1 日起施行）第十七条第二款规定：国有土地有偿使用的方式包括：（一）国有土地使用权出让；（二）国有土地租赁；（三）国有土地使用权作价出资或者入股。

情形，旨在解决有效成立的合同提前终止的问题，避免合同僵局带来不利影响，损害市场经济主体权益①。我国合同解除具体分为约定解除和法定解除两种形式，分别在《中华人民共和国民法典》第五百六十二条②和第五百六十三条③予以规定，只有在符合相应情形下才能产生解除合同的法律后果。合同约定解除权与法定解除权不同，并无必须达到合同目的不能实现的程度④，合同当事人可以事先约定更为轻微的解约事由，以便条件成就时从合同中解脱。案涉《承包土地合同书》并未约定解除合同的事由，T 村委会于 2020 年 9 月 1 日发出的《解除合同通知书》是否享有法定解除权是该解除行为是否产生解除后果的关键因素。法律规定的法定解除权将"合同目的不达"或"不能实现合同目的"作为允许解除合同的基础，将不定期继续性合同的随时终止作为补充。T 村委会要求解除合同的理由收回土地作他用并不属于法律规定的解除情形，且案涉《承包土地合同书》约定的承包期限虽不明确，与国家政策或法律法规不相符合，但该情况属于超期部分是否认定无效问题，而解除合同应以合同有效为前提，该部分的效力问题也并非解除合同的法定情形。现何某桃、何某锋、何某金已经营案涉土地多年，在履行合同过程中并未出现违反合同约定的情形，也没有出现法律规定可解除的其他情形，已成立生效的合同对双方当事人具有约束力，在 T 村委会并无法定解除权的情况下而作出的《解除合同通知书》不发生解除合同的法律效力，故可认定双方当事人应按《承包土地合同书》继续诚信履行。这也是保护合同守约方、履行契约精神的应然体现，更有利于维护农村经济，实现农村社会稳定发展，助力乡村振兴。

---

　　① 参见崔建远：《合同法学》，法律出版社 2015 年版，第 210 页。

　　②《中华人民共和国民法典》第五百六十二条规定：当事人协商一致，可以解除合同。当事人可以约定一方解除合同的事由。解除合同的事由发生时，解除权人可以解除合同。

　　③《中华人民共和国民法典》第五百六十三条规定：有下列情形之一的，当事人可以解除合同：（一）因不可抗力致使不能实现合同目的；（二）在履行期限届满前，当事人一方明确表示或者以自己的行为表明不履行主要债务；（三）当事人一方迟延履行主要债务，经催告后在合理期限内仍未履行；（四）当事人一方迟延履行债务或者有其他违约行为致使不能实现合同目的；（五）法律规定的其他情形。以持续履行的债务为内容的不定期合同，当事人可以随时解除合同，但是应当在合理期限之前通知对方。

　　④ 参见赵文杰：《论法定解除权的内外体系——以〈民法典〉第 563 条第 1 款中"合同目的不能实现"为切入点》，《华东政法大学学报》2020 年第 3 期。

012

守约方行使约定解除权效力的认定

——连州市 R 农业综合开发有限公司与连州市龙坪镇龙坪村 D 经济合作社农村土地承包合同纠纷案

广东省清远市中级人民法院　林士崟

【裁判要旨】 守约方行使约定解除权，应符合诚实信用原则，综合合同性质、当事人过错程度、合同履行情况、违约后果等因素，守约方构成滥用权利的，其解除行为无效。

【案例索引】 一审：广东省连州市人民法院（2020）粤 1882 民初 500 号。

二审：广东省清远市中级人民法院（2021）粤 18 民终 128 号。

一、案情

上诉人（原审被告）：连州市 R 农业综合开发有限公司（以下简称 R 公司）。

被上诉人（原审原告）：连州市龙坪镇龙坪村 D 经济合作社（以下简称 D 经济合作社）。

2014 年 12 月 10 日，R 公司与 D 经济合作社签订承包合同，主要约定租用 D 经济合作社约 500 亩山地，租期从 2014 年 1 月起算 30 年，租金每亩每年 30 元，免租 2 年，每年 1 月 1 日前交当年租金；不能按期交租的，D 经济合作社有权终止合同。

合同签订后，R 公司依约支付租金至 2018 年，但未如期支付 2019 年租金。2020 年 1 月 5 日，D 经济合作社向 R 公司发出《解除合约通知》，要求 R 公司在收到通知 5 日内支付 2018 年和 2019 年的租金，并决定解除合同。R 公司收到通知后于 2020 年 3 月 23 日将 2019 年至 2020 年的租金汇给 D 经济合作社，被 D 经济合作社退回。双方因此发生争议，R 公司于 2020 年 4 月 15 日起诉请求确认《解除合约通知》无效，D 经济合作社反诉请求支付 2019 年度租金、归还承包土地并支付至撤场时的占用费。

二、审判

广东省连州市人民法院一审认为，R 公司未按约缴纳 2019 年的租金，合同约定的解除条件已成就；且 R 公司起诉请求确认《解除合约通知》无效已经超过三个月的法定期限，D 经济合作社可以依约行使解除权。对 D 经济合作社关于 R 公司支付拖欠的租金、归还土地和土地占用费的反诉请求，应予支持。广东省连州市人民法院依照《中华人民共和国合同法》第九十三条、第九十六条，《最高人民法院关于适用〈中华人民共和国合同法〉若干问题的解释（二）》第二十四条，《中华人民共和国民事诉讼法》第六十四条、第二百五十三条，《最高人民法院关于适用〈中华人民共和国民事诉讼法〉的解释》第二百三十二条、第二百三十三条的规定，判决：一、R 公司向 D 经济合作社支付拖欠的租金 18570 元；二、R 公司将承包土地返还给 D 经济合作社；三、R 公司向 D 经济合作社支付从 2020 年 1 月 9 日起至实际交还上述土地之日止的土地占用费；四、驳回 R 公司的诉讼请求。

宣判后，R 公司提出上诉。

广东省清远市中级人民法院二审认为，当事人可以约定解除合同的条件，条件成就时，解除权人可以解除合同。但是，当事人行使权利应当遵循诚实信用原则。如果违约方的违约程度显著轻微，不影响守约方合同目的实现，守约方不能行使合同解除权。本案中，R 公司确未按约支付 2019 年租金，合同约定的解除条件成就。但是，涉案合同为长期性合同，R 公司已在涉案林地经营林地 6 年，并按约支付租金至 2018 年，欠付 2019 年租金的后果并不严重；R 公司在收到解除通知后亦支付 2019 年和 2020 年的租金，以积极的行为表明其履约能力和意愿，违约后果能够得到修复。另一方面，D 经济合作社述没有证据证明在发出《解除合约通知》前进行过催收，而《解除合约通知》关于 R 公司欠付 2018 年租金的内容失实，且 R 公司对 D 经济合作社解除合同的决定持有异议，其未在通知限定的期限内支付 2019 年租金存在客观原因，故不能认定 R 公司有拖欠租金的故意。因此，R 公司的违约程度轻微，不影响 D 经济合作社合同目的的实现，D 经济合作社不享有解除权，即便其未在异议期限内提起诉讼，也不发生合同解除的效果。同时，R 公司应支付 2019 年度的租金。鉴于 D 经济合作社请求 2020 年后的占有使用费是按照租金的标准计算，且 R 公司实际亦同意支付租金，可视为 D 经济合作社提出了支付 2020 年租金的请求，法院一并予以判处。广东省清远市中级人民法院依照《中华人民共和国民事诉讼法》第一百七十条第一款第二项之规定，作出如下判决：一、撤销一审判决；二、确认 D 经济合作社向 R 公司发出的《解除合约通知》无效；三、R 公司向 D 经济合作社支付 2019 年及 2020 年的租金 37140 元；四、驳回 D 经济合作社的其他诉讼请求。

三、评析

《中华人民共和国民法典》第五百六十二条（原《中华人民共和国合同法》第九十三条）对于约定解除作出了规定①，在合同目的不能实现时，法律设置合同解除制度，为当事人提供一种救济方式，使其摆脱原有合同权利义务关系的束缚，在公平合理的基础上创设新的交易关系，进而促进交易效率与市场资源的配置效率。合同约定解除权是指在合同成立以后且未履行完毕之前，合同当事人一方所享有依先前合意发生的具有单方作出意思表示即能够使合同效力消灭性质的解除权。② 从我国民法长期惯例来看，享有合同解除权的主体为守约方。"在当事人一方违约的情况下，合同解除权归守约方享有，否则违约方会利用解除制度来谋取不正当利益。"③ 而其中守约方行使约定解除权效力的审查主要包括两个方面：约定条件是否成就，解除效力能否发生。本案争议焦点涉及后一问题，即在约定条件成就时，如何认定解除行为的效力。当事人行使约定解除权体现的是意思自治原则，上述问题的实质是能否对守约方行使约定解除权的行为进行限制以及如何限制。对此，《九民纪要》第 47 条规

---

① 《中华人民共和国民法典》第五百六十二条规定：当事人协商一致，可以解除合同。当事人可以约定一方解除合同的事由。解除合同的事由发生时，解除权人可以解除合同。（《中华人民共和国合同法》第九十三条规定：当事人协商一致，可以解除合同。当事人可以约定一方解除合同的条件。解除合同的条件成就时，解除权人可以解除合同。）

② 参见韩世远：《合同法总论（第四版）》，法律出版社 2018 年版，第 656—657 页。

③ 崔建远：《合同法学》，法律出版社 2015 年版，第 210 页。

定提供了原则性的解决方案，即在"违约程度显著轻微，不影响守约方合同目的实现"时，通过诚实信用原则限制守约方行使约定解除权的效力。该方案在审判实践中可参照执行，但仍需进一步细化规则。

（一）守约方行使合同约定解除权效力认定的原则

合同自由原则是民事合同法律中最基本的原则，也是鼓励交易、促进市场经济发展的必要条件。① 约定解除权的适用是合同自由原则的要求。

合同自由并非无限的自由，现代合同法律也体现出对合同自由限制的倾向。② 约定解除权作为体现合同自由的制度设计，正应当受到正义理念的限制。而诚实信用原则是民法的基本原则，贯穿于整个民商事交易的始终，是合同约定解除权效力认定的重要限制原则。"诚实信用原则是指当事人在从事民事活动时，应当诚实守信，以善意的方式履行其义务，不得滥用权利以及规避法律或合同规定的义务。"③ 民事主体从事民事活动应遵循诚实信用原则，依法正确行使权利和履行义务，包括以善意、合法方式行使权利，不得以损害他人、社会利益或浪费资源、污染环境和破坏生态的方式来获取私利。大陆民法学者徐国栋认为，诚信原则就是要求民事主体在民事活动中维持双方的利益平衡，以及当事人利益与社会利益平衡的立法者意志。……概言之，诚信原则就是立法者实现上述三方利益平衡的要求，目的在于保持社会稳定与和谐的发展。④ 史尚宽先生认为，诚实信用原则不只是保护当事人之间的信用利益，还应保护第三人或公众的信用利益。⑤ 诚实信用原则是从正面去引导权利的正当行使权利，兼顾各方之利益平衡，而禁止权利滥用原则则是从反面去否定不当行使权利的法律效力，对导致各方利益严重失衡的权利之行使进行制约。权利之行使，必有一定的界限，超过正当的界限而行使权利，即为权利之滥用。现代民法关于权利之行使，从正面规定须遵循诚实信用原则，复于反面规定禁止

---

① 韩松主编：《民法学》，中国政法大学出版社2004年版，第477页。
② 参见王丽萍：《对契约自由及其限制的理性思考》，《山东大学学报（哲学社会科学版）》2006年第6期。
③ 王利明、崔建远：《合同法新论·总则修订版》，中国政法大学出版社2000年版，第109页。
④ 徐国栋：《民法基本原则解释——以诚实信用原则的法理分析为中心》，中国政法大学出版社2004年版，第72页。
⑤ 史尚宽：《债法总论》，中国政法大学出版社2000年版，第331-332页。

权利滥用原则。①

　　诚实信用原则具有为利益关系平衡提供法律依据和法理支持的功能。在合同约定解除权的行使中，诚实信用原则的适用具有以下要求：第一，对被解除一方的要求。依据诚实信用原则，法律对合同约定解除权适用的合法性进行确认。在法定解除之外还要求被解除一方遵守当初的合意，在解除权人行使解除权后自愿配合达成相关事宜，保护解除权人的合理期待。第二，对双方当事人的要求。要求合同任意一方当事人都不得以不合理的方式导致另一方的不利益。一方面，解除权人不得滥用权利，损害合同相对人的正当利益。另一方面，被解除一方也不得恶意抗辩，损害解除权人的利益。② 第三，要求以公平合理的方式调整当事人之间的不公平或不合理的权利义务。③ 诚实信用原则谋求民事活动中当事人之间以及当事人与社会之间利益的平衡，即要求民事主体在进行民事活动、履行民事义务时，既要维护各方面当事人的利益平衡，又要维护当事人利益和社会利益的平衡。这三方利益平衡的实现，有赖于民事主体以诚实之理念善意地行使权利、履行义务，并通过法院的公正审理和能动性司法来保障。为平衡各方当事人利益，维护法之公平正义，应赋予办案法官相应之自由裁量权，诚实信用原则可以为法官的自由裁量之行使正当性提供理论支撑。④ 人民法院在解释合同条款、确定履行内容、决定合同应否解除时，均应考虑诚实信用原则；在确定合同责任时，也要根据诚实信用原则，合理确定当事人的权利义务关系，强化对守法守约者诚信行为的保护，加大对违法违约行为的制裁与惩罚。合同解除会打破既有交易秩序，对当事人的权利义务产生重大影响，如果审判实践中对合同约定解除条件作机械解释，尤其是约定本身比较宽泛时，过度放任当事人的意思自治，与合同法鼓励交易的核心价值相背。因此，可以借助诚实信用原则评价守约方行使约定解除权的行为，以矫正权利滥用的流弊，平衡当事人的利益关系，维护交易秩序，实现实质正义。

　　（二）守约方行使合同约定解除权效力认定方法和标准

　　《九民纪要》第47条将"违约程度显著轻微，不影响守约方合同目的实

---

① 梁慧星：《民法总论（第三版）》，法律出版社2007年版，第265页。
② 参见宁红丽：《合同法》，对外经济贸易大学出版社2013年版，第36页。
③ 江平：《民法学》，中国政法大学出版社2011年版，第27页。
④ 朱晓喆、唐启光：《民法基本原理研究——以大陆法系民法传统为背景》，中国方正出版社2005年版，第149页。

现"作为否定守约方行使约定解除权行为效力的标准。上述标准可以从合同性质、当事人过错、合同履行、违约后果、行使期限等因素予以具体化。法院应根据个案情况，选择相关因素，综合考虑各因素对标准的影响及相互之间的协调关系，在分析所有相关因素的作用之后，对守约方行使合同约定解除权的效力作出准确认定。①

（1）合同性质因素。关于合同性质的判断，即合同是一时性合同还是继续性合同，合同的标的是物还是行为，是转移标的物的所有权还是使用权，②不同性质的合同，其考虑的解除权重也不同。涉案合同系农地承包合同，承包期限较长；同时，基于林木生长的自然规律，林业资源的经营前期投入较大、收益周期较长。承包关系长期稳定才能保障农民集体长远收益、安定林业经营者的投资信心、促进林业资源的发展。本案中，R公司在涉案林地上已经经营6年，基本完成了前期投入，在认定守约方行使合同约定解除权的效力时，应充分考虑林业资源发展的特点，减少认定解除权有效的权重，避免造成资源浪费。

（2）当事人过错因素。自2001年德国债法发展至今，世界主要国大多国家均抛弃了以过错作为合同解除的要求。③尽管我国合同法违约责任构成不以过错为要件，但当事人的过错程度在诸多合同制度中仍然具有重要的价值。从法经济学的分析视角来看，效率系现代合同法律中的重要价值。④合同约定解除权与法定解除权不同，并无必须达到合同目的不能实现的程度，⑤合同当事人可以事先约定更为轻微的解约事由，以便条件成就时从合同中解脱。因此，在认定守约方行使合同约定解除权的效力时，要考察违约方的过错程度轻重，过错程度越轻，越应减少认定有效的权重；反之，如果违约方故意违约，拒绝履行合同，必然导致合同目的无法实现，理应认定解除有效。本案中，R公司逾期时间较长，但D经济合作社述在发出《解除合约通知》前并未催收，且

---

① 参见最高人民法院民事审判第二庭主编：《〈全国法院民商事审判工作会议纪要〉理解与适用》，人民法院出版社2019年版，第314-315页。

② 参见张广兴、韩世远：《合同法总论》（下册），法律出版社1999年版，第47页.

③ 参见张良：《合同解除疑难问题研究》，《理论月刊》2009年第6期。

④ 参见王俐智：《合同僵局解除权的"限制"与"扩张"》，《地方立法研究》2021年第4期。

⑤ 参见赵文杰：《论法定解除权的内外体系——以〈民法典〉第563条第1款中"合同目的不能实现"为切入点》，《华东政法大学学报》2020年第3期。

《解除合约通知》关于 R 公司部分内容失实，R 公司因对此持有异议而未在通知限定的期限内支付存在客观原因，并无拖欠租金的故意，不应直接认定解除有效。

（3）合同履行因素。尽管从给付义务与附随义务的违反通常不至于给对方以严重的损害后果，但如果此种给付义务对于债权人权利、预期利益、合同目的的实现具有与主给付义务同样的重要性和意义，则其纵然为从给付义务或附随义务，亦应当赋予其与违反主给付义务相同的法律效果，方能达致法律设置解除权制度之初衷。[①] 这也意味着不仅要考察违约方违背的是主给付义务、从给付义务，抑或附随义务，还应将违约行为与履行行为进行比较。如果违约部分占整个合同或履行部分的比例较低，属于违约后果轻微，当事人通过继续履行或采取补救措施等方式实现救济更为适当。本案中，R 公司已按约支付租金至 2018 年，欠付 2019 年租金占已履行部分的比例较低，违约后果并不严重，应减少认定解除有效的权重。

（4）违约后果因素。当事人订立合同均为达到一定目的，合同各项条款及其用语均是达到该目的的手段。[②] 不同的当事人订立的不同合同也是为了实现各自不同的目的。法律赋予守约方合同解除权的立法精神在于当其合同目的不能圆满实现时可进行利益的救济，如若其合同的目的能够切实地得到实现，也就不存在进行救济的必要。在合同被解除前，因为债务人的瑕疵履行或者不完全履行使相对人获得解除合同的权利，若债务人对此瑕疵积极地进行补正可使合同的履行回复到圆满的状态。[③] 在出现违约行为之后，如果违约方以实际行动采取补救措施，修复了违约行为造成的损害，守约方坚持解除合同则容易导致当事人利益失衡。本案中，R 公司在收到解除通知后及时补足了 2019 年的租金，并支付了 2020 年的租金，以积极的行为表明其履约能力和意愿，违约后果能够得到修复，不影响合同目的的实现，应减少认定解除有效的权重。

（5）行使权利的时间因素。解除条件成就后，守约方应在合理期限内行使权利；长期怠于行使权利的，解除权将因超除斥期间而失权，与解除无效的后果相当。对于合理期限的认定，民法典实施之前并无明确规定。纵使按照民

[①] 参见刘凯湘：《民法典合同解除制度评析与完善建议》，《清华法学》2020 年第 3 期。

[②] 崔建远：《论合同目的及其不能实现》，《吉林大学社会科学学报》2015 年第 3 期。

[③] 参见郑玉波：《民法债编总论（修订二版）》，中国政法大学出版社 2004 年版，第 333 页。

法典规定精神，本案中 D 经济合作社提出解除的时间接近一年，且 D 经济合作社并无催告行为，故行使权利的时间对 D 经济合作社解除行为效力的认定起不到重要作用，在本案中可不予评价。

从以上各项分析来看，并无可以直接认定解除有效的情况，且总体表现为应减少认定解除有效的权重，R 公司符合"违约程度显著轻微，不影响守约方合同目的实现"的标准，D 经济合作社行使合同解除权的行为不符合诚信原则，构成权利滥用行为，其解除合同的效力应予否定。

013

行政机关违反规定建造垃圾填埋场造成环境污染损害的责任认定

——H 村民小组与 L 市政局环境污染责任纠纷案

广东省清远市中级人民法院　卢永坚　刘艳兰

【裁判要旨】 环境污染民事责任的归责原则为无过错归责原则。因果关系是环境污染民事案件最重要的要件，采取何种认定方式及由谁承担举证责任，需在加害人和受害人之间进行利益衡量和价值判断。为保护弱势一方即受害人的权益，应将因果关系的举证证明责任分配给加害方。

【案例索引】 一审：广东省连州市人民法院（2018）粤 1882 民初 892 号。

二审：广东省清远市中级人民法院（2019）粤 18 民终 3494 号。

一、案情

上诉人（原审被告）：L 市政局。

被上诉人（原审原告）：H 村民小组。

2007 年 10 月 12 日，H 村民小组、X 村民小组（乙方）与 L 规划市政局（甲方）（现更名为"L 市政局"）签订《租赁荒地协议书》，约定 L 市政局在连南县三江镇铜锣营老寨背租赁 H 村民小组、X 村民小组的荒地建造垃圾处理场，租赁面积约 70 亩至 80 亩，租期 30 年，租金 300000 元，垃圾填埋场必须符合科学标准及严格严谨操作，做到天天喷药杀菌，避免苍蝇、蚊子滋生，如消杀工作做不好，因垃圾填埋场污染该村，H 村民小组、X 村民小组有权要求 L 市政局做好环保工作，待处理好方可继续进行工作。此后，L 市政局运送大量垃圾至租用的上述垃圾填埋场直接倾倒，即 L 市政局在倾倒垃圾到垃圾填埋场前没有按照《租赁荒地协议书》关于"垃圾填埋场必须符合科学标准及严格严谨操作"的约定,事先进行污染防治工作,既没有对垃圾填埋场底部进行硬底化引流防渗漏处理,亦没有先行铺设防渗漏膜(网)预防垃圾污染土壤、污染地下水资源。

2012年8月13日,连州市疾病预防控制中心对X村水源进行采样检验,样品所检项目结果菌落总数、总大肠菌和粪大肠菌群超标,不符合卫生标准。2013年7月22日,连南瑶族自治县环保局作出《关于你投诉连南县铜锣营垃圾填埋场污染饮用水问题仍未处理的答复》载明,小溪冲石岩水的上游污染源主要有连南县垃圾填埋场渗滤液、三江镇铜锣营村民居住区的生活污水以及连州市辖区的两个养猪场和一个养鸡场的直排污水。小溪冲的上游入岩口水和小溪冲石岩水的细菌总数、总大肠菌群和耐热大肠菌群等指标超标,不符合生活饮用水的标准要求。2013年,为解决H、X自然村的饮水问题,由连南瑶族自治县供水公司安装主供水管道到该自然村,L市政局以监证方在《H、X自然村饮用连南县供水公司自来水协议》上盖章确认。2014年11月13日,L市政局与金光道环境建设集团有限公司签订《协议书》,约定由金光道环境建设集团有限公司在三江镇铜锣营承包建设简易垃圾填埋场污染整治工程,该工程于2016年1月26日通过验收,结算价为1071852.90元。2017年,L市政局与清远市H建筑有限公司签订合同,约定由清远市H建筑有限公司在连南县三江镇铜锣营承包建设连南县简易垃圾填埋场污染整治工程—封场处理部分工程,工程内容包括建设垃圾堆体整形、封场覆盖系统、防渗系统、填埋气体导排系统、地表水收集排放系统,以及消防、植物恢复等,该工程至今未竣工验收。

2018年1月11日,经连州市环境监测站对湟白水岩头、大岩水源头的水温、pH、高锰酸盐指数、氨氮、六价铬、总砷、色度、总汞进行瞬时采样监督性监测,湟白水岩头地下水的高锰酸盐指数为4.18,结果评价Ⅳ,氨氮1.708,结果评价Ⅴ,大岩水源头地下水的高锰酸盐指数为0.59,结果评价Ⅰ,氨氮0.252,结果评价Ⅳ。2018年8月2日,连南县疾病预防控制中心接受L市政局的委托按GB/T 5750—2006《生活饮用水标准检验方法》对小溪冲岩水(垃圾场下游)、大岩溪水(垃圾场上游)进行采样检验,样品检测项目总大肠菌群、耐热大肠菌群检测结果不符合GB/T 5749—2006《生活饮用水卫生标准》，其余检测项目检测结果符合该标准。

经广东省连州市人民法院组织双方当事人到连南县铜锣营垃圾填埋场进行现场勘验，垃圾填埋场已停止运营，垃圾填埋场的表面已被厚厚的泥土覆盖，下面建有引导系统，将垃圾发酵产生的气体及液体导出至挡土墙下方建成一个面积约 2.5 亩的露天渗滤液收集池。该露天渗滤液收集池建有防渗系统、渗滤液收集处理系统等；地形是从连南县界往连州市界下倾，下方现存有从垃圾填埋场里的引导系统引流出来的污水；污水面积约占整池 3/5；污水既黑又臭。原连南县铜锣营垃圾填埋场的北边约 600 米的位置有一条地下河，河水流向连州市方向。

广东省连州市人民法院以（2015）清连法民二初字第 161 号立案受理 H 村民小组、X 村民小组诉 L 市政局合同纠纷一案，该案确认 L 市政局未能按协议约定，履行科学标准及严格监督操作等规程管理垃圾填埋场，导致污水渗透、污染水源等现象，L 市政局应承担相应的违约责任，但认为该违约责任问题与该案不是同一法律关系，应另行解决，判决驳回 H 村民小组、X 村民小组的诉讼请求。

2019 年 6 月 8 日，H 村民小组召开村民代表会议，作出"1. 同意遵守连州市人民法院作出的判决，不上访不带领村民闹事。2. 同意 L 市政局向 H 村民小组赔偿损失 80000 元"的《村民小组会议决议》，明确表示：既然 L 市政局不接受补偿 50000 元了结此事的调解方案，基于 H 村民小组没有财力鉴定评估确定土地被 L 市政局污染造成 H 村民小组损失的具体数额，H 村民小组愿意由 L 市政局一次性赔偿 80000 元了结此事，且今后不再因此事向 L 市政局主张任何权利。

二、审判

广东省连州市人民法院一审认为，L 市政局在本案中既没有提供任何具体、客观、有效的证据反驳案涉垃圾填埋场不存在污染 H 村民小组土地和没有污染小溪冲石岩水且没有对 H 村民小组造成损害的事实，也没有提供案涉垃圾填埋场投入运营前按照《城市生活垃圾卫生填埋处理工程项目建设标准》第十九条规定对填埋场底部应铺设渗沥液收集系统的证据，亦不能提供证据显示其通过整治现能够通过环境影响评价，且没有提供除案涉垃圾填埋场以外的其他污染源存在的证据，应当承担举证不能的不利法律后果。L市政局在案涉垃圾填埋场投入运营前并没有对垃圾填埋场的底部铺设渗沥液收集系统，而是租用农村土地后将大量的垃圾直接倾倒到案涉垃圾填埋场。正因为案涉垃圾填埋场存在严重环境污染，影响案涉垃圾填埋场一带的H村民小组等相关村民小组村民的生产与生活，导致H村民小组等相关村民小组的村民长期以来四处投诉，在案涉垃圾填埋场污染问题被相关媒体报道曝光后和在政府相关部门的督促下，L市政局从2014年才开始投入巨资对案涉垃圾填埋场的污染问题进行整治，且案涉垃圾填埋场的污染问题成为中央环保督导组的督办案件。本案现有证据显示，除案涉垃圾填埋场外，没有发现存在其他污染源的情形，L市政局须依法承担因环境污染造成H村民小组损害的赔偿责任。

本案与广东省连州市人民法院（2015）清连法民二初字第161号案并非属于同一事件、同一事实、同一法律关系，H村民小组在本案中的诉求不符合"一事不再理"的构成要件。鉴于案涉垃圾填埋场对H村民小组的土地、食用饮水等的污染损害结果将会在相当长的时期内仍然存在，由此造成H村民小组的损失随之长期存在；纵观H村民小组提供的证据，剔除H村民小组请求赔偿的项目中存在不合理不合法的部分，仅仅就H村民小组为解决食用饮水问题购买水管、铺设水管管道入户，以及连南瑶族自治县供水公司出具的《证明》证实H村民小组2015年至2017年期间支付的水费43523.20元而言，H村民小组自愿要求L市政局一次性赔偿80000元了结此事，系其自主处分其民事权利的行为，没有违反强制性法律规定，一审法院从其请求，故判决L市政局赔偿80000元给H村民小组。

宣判后，L市政局提出上诉。

广东省清远市中级人民法院二审认为，L市政局租用H村民小组的荒地建造垃圾填埋场，直接在该垃圾填埋场倾倒大量的垃圾，未按照垃圾填埋场项目的建设标准在该垃圾填埋场投入使用前建设防渗工程、坝体工程、渗沥液收集系统、处理和排放设施、填埋气体导出、收集处理设施等，其行为已经对H村民小组的环境造成损害，L市政局亦未提供充分的证据证明其行为与H村民小组的损害之间不存在因果关系，需承担举证不能的法律后果。而案涉垃圾填埋场经过整治后仍可见渗滤液收集池的黑色污水，周边环境损害严重，确实给H村民小组造成难以估量的损失，该损失亦将长期存在，H村民小组有权要求

L市政局赔偿其损失，一审判决依据 H 村民小组的主张，判决 L 市政局赔偿 80000 元并无不当，广东省清远市中级人民法院二审判决：驳回上诉，维持原判。

三、评析

改善农村人居环境，建设美丽宜居乡村，是实施乡村振兴战略的一项重要任务。① 近年来，生活垃圾处理问题日益凸显，"垃圾围城"现象不仅严重影响城市生活，也是造成农村污染的重要因素之一，严重影响了村民生产生活。

本案涉及农村土壤及地下水污染问题，属于较为典型的环境污染责任纠纷案件，应当适用环境污染民事责任的归责原则，即无过错归责原则②。无过错归责原则亦被称为严格责任原则，指当事人实施加害行为，虽然其主观上无过错，但根据法律规定仍应承担责任的归责原则，也即行为人承担责任不以其有过错为前提。③ 在环境污染责任纠纷适用无过错原则主要基于以下考量：在这种受害人与加害人的地位严重失衡的情况下，选择无过错归责原则无疑更有利于保护受害人的利益，更加有助于维护公平正义。④ 无过错归责原则要求：一是过错非侵权损害赔偿责任的构成要件；二是决定责任的基本条件为因果关系；三是不能推定加害人有过错。⑤ 以无过错归责原则为出发点，环境污染民事责任的构成要件有三个：加害行为的违法性、损害结果、加害行为与损害结果之间的因果关系。⑥ 在环境污染侵权诉讼中，证明责任分配如下：一是原告的证明责任。由原告（被污染者）就环境污染行为、环境损害结果以及二者间存在关联性等事项予以举证证明；二是被告（污染者）的证明责任，主要

---

① 《高举中国特色社会主义伟大旗帜　为全面建设社会主义现代化国家而团结奋斗——在中国共产党第二十次全国代表大会上的报告》，https://finance.sina.com.cn/wm/2022-10-25/。

② 《中华人民共和国民法典》第一千二百二十九条规定：因污染环境、破坏生态造成他人损害的，侵权人应当承担侵权责任。

③ 曾祥生、赵虎：《环境侵权民事责任归责原则研究》，《武汉大学学报（哲学社会科学版）》2011 年第 6 期。

④ 童光法：《环境侵害的归责原则》，《东方法学》2015 年第 3 期。

⑤ 刘北溟：《从〈侵权责任法〉看环境污染侵权的民事责任构成要件》，《环境保护》2011 年第 C1 期。

⑥ 叶锋：《新司法解释视域下环境侵权责任因果关系的反思与重构——以 120 份民事判决书为分析样本》，《法律适用》2016 年第 4 期。

指向免责事由和不存在因果关系。① 而环境侵权责任最重要的构成要件是侵害行为与法益损害之间责任成立的因果关系，因果关系是涵盖价值判断的不确定概念，采取何种认定方式及由谁承担举证责任，需在加害人和受害人之间进行利益衡量和价值判断。王利明教授认为，环境侵权诉讼因果关系是指损害行为与损害结果之间的关系。② 在环境侵权诉讼案件中，因果关系的确定与双方当事人是否需要承担法律的不利后果密切相关，如果被告的环境侵权行为是造成原告合法权益损失的必要条件，则被告需要对其环境侵权行为承担法律上的不利后果。由于环境侵权具有复杂性、潜伏性、技术化及长期性等诸多特点，传统抽象的因果关系无法应对现代的环境侵权案件。在环境侵权领域应突破传统的因果关系证明的限制，寻求新的因果关系证明方法。③ 作为原告提起环境侵权诉讼的初步证据，关联性的证明在程序上是先于因果关系证明的。在污染行为和损害结果都比较明确的前提下，对关联性内涵的认知将直接关涉到对其举证所要求达到的证明标准，进而影响到证明责任的分配和最终诉讼的结果。对于关联性的理解，有学者将其描述为"污染者排放的污染物或其次生的污染物与损害事实相关联，能够增加损害发生的可能性"，④ 也有学者侧重从关联性与因果关系的一致性方面强调"致害因素与损害结果之间的可能性"。⑤ 对于关联性的考量，基于科技水平和社会共识的认知程度，可以将关联性划分为"常识型""科学确定型""科学不确定型"三种形态。

就本案中，H 村民小组已就 L 市政局租用荒地建造垃圾填埋场，在投入使用前未按照垃圾填埋场项目的建设标准建设防渗工程及相关处理设施，并将生活垃圾直接倾倒堆放，以及 H 村民小组的农村土壤和饮用水源受到损害的事实进行了举证，加之 H 村民小组的村民因土壤及饮用水资源被污染的问题长期向有关部门投诉，在被相关媒体报道曝光及政府部门的督促下，已通过安装自来水供水管道解决村民的饮用水问题，且 L 市政局也从 2014 年开始对垃圾

① 田亦尧、刘英：《环境侵权诉讼中关联性的证明责任》，《法律适用》2019 年第 24 期。
② 王利明：《侵权行为法归责原则研究》，中国政法大学出版社 2003 年版，第 492 页。
③ 戴茂华：《论进一步完善我国环境侵权民事责任立法的必要性——兼评〈侵权责任法〉中环境污染责任条款》，《河北法学》2011 年第 1 期。
④ 孙佑海、孙淑芬：《环境诉讼"关联性"证明规则实施阻碍和对策研究》，《环境保护》2018 年第 23 期。
⑤ 陈伟：《环境侵权因果关系类型化视角下的举证责任》，《法学研究》2017 年第 5 期。

填埋场的污染问题进行专项整治，故对损害行为与损害事实的认定难度不大，案件的难点在于案涉垃圾填埋场的违规建造及生活垃圾直接倾倒堆放与 H 村民小组的农村土壤及地下水污染的损害之间的关联性认定。结合本案案情，认定存在关联性主要基于以下几个方面的考量：第一，经连州市人民法院委托和连州市林业局委派，连州市森林资源调查队对案涉垃圾填埋场的用地情况作出《连南瑶族自治县鬼子冲垃圾场用地调查鉴定书》，明确建造的案涉垃圾填埋场使用了 H 村民小组的土地。第二，从案涉垃圾填埋场所处的地形地貌来看，垃圾填埋场从连南县界往连州市界下倾，下方的污水收集池存有从垃圾填埋场的引导系统引流出来的又黑又臭的污水，加之垃圾填埋场投入运营前并未对底部铺设渗沥液收集处理系统等，而北边 600 米的位置有一条地下河，河水流向连州方向。第三，由连南瑶族自治县的市政、国土、环保、疾控中心、环卫处、供水等部门及三江镇政府成立专题工作组，对连州小溪冲岩水口（至垃圾填埋场丁字路口距离为 1409.9043 米）取水点取样后，经检测分析认定小溪冲石岩水上游污染源包括垃圾填埋场渗滤液。第四，现有证据显示，除案涉垃圾填埋场外，没有发现其他污染源的存在。为保护弱势一方即受害人的权益，举证责任倒置将举证责任在当事人双方之间进行反向的配置，即"基于应由一方当事人承担的证明责任被免除之前提，转由另一方当事人对待证明对象承担与前者证明方向相反的证明责任"。① 根据举证责任倒置原则，L 市政局未能举证证明免责事由及其行为与 H 村民小组的农村土壤及地下水污染的损害结果不存在因果关系，故应承担环境侵权民事赔偿责任。

　　生态文明建设是关系到民生的重大社会问题。② 生态环境安全不仅影响到公民个人的生存环境，还关系到整个国家的安全建设。习近平总书记指出，建设美丽中国，必须树立和践行"两山论"③，为人民群众创造良好的生态环境，为世界可持续发展作出贡献。树立和践行"两山论"的正确理念，是建设美

---

① 邵明：《民事诉讼法理研究》，中国人民大学出版社 2004 年版，第 294 页。
② 中共中央文献研究室：《习近平关于社会主义生态文明建设论述摘编》，中央文献出版社 2017 年版，第 507 页。
③ 两山论：指的是"绿水青山就是金山银山"理论，是习近平同志时任浙江省委书记于 2005 年 8 月在浙江湖州安吉考察时提出的科学论断。

丽中国的理论明灯。① 加快推进新时代生态文明建设，必须坚持以习近平新时代中国特色社会主义生态文明观和国家治理思想为指导，有效保护生态环境安全，尤其是妥善处理和应对与之相关的环境民事侵权诉讼制度中存在的冲突问题。行政机关对生态环境保护工作本应承担更多的行政职责和法定义务，L 市政局租用 H 村民小组农村荒地建造垃圾填埋场，本应严格遵循垃圾填埋场相关建设标准以及管理规程，却将生活垃圾直接倾倒堆放，造成农村土壤及地下水污染，在垃圾填埋场污染问题被相关媒体报道曝光后才引起重视并进行专项整治，而垃圾填埋场的污染问题成为中央环保督导组的督办案件。本案依法判决 L 市政局承担环境侵权责任，运用司法手段推动改善生态环境质量，② 对于规范垃圾填埋场的建设和管理行为，防范农村生态环境污染破坏，推进农村人居环境整治提升，推动美丽乡村建设具有积极的示范意义。本案入选 2019 年度人民法院环境资源典型案例、广东法院 2019 年度环境资源保护典型案例、清远法院服务保障乡村振兴战略十大典型案例。

---

① 刘旭友：《"绿水青山就是金山银山"的理论与实践价值》，《光明日报》2017 年 11 月 7 日，第 1 版。

② 吕忠梅、吴一冉：《中国环境法治七十年：从历史走向未来》，《中国法律评论》2019 年第 5 期。

014

订单农业合同的审理应注重对农户和企业合法利益的平衡保护

——T公司、Z农场与L公司合同纠纷案

广东省清远市中级人民法院　曾　夏

裁判要旨

在订单农业合同纠纷的审理中，人民法院应准确把握双方当事人的利益契合点，既要维护农户的利益，又不损害企业的利益，体现司法助力提高订单农业合同的履约率，又不失对合同双方主体合法利益的平衡保护。

案例索引

一审：广东省阳山县人民法院（2021）粤1823民初1804号。

二审：广东省清远市中级人民法院（2022）粤18民终882号。

一、案情

上诉人（原审原告）：阳山T农业发展有限公司（以下简称T公司）。

上诉人（原审原告）：阳山县L镇Z家庭农场（以下简称Z农场）。

上诉人（原审被告）：阳山县L科技有限公司（以下简称L公司）。

Z农场与L公司于2019年1月24日签订《购销合同》，约定L公司提供树苗，Z农场负责种植，并由L公司保价收购。T公司与L公司以及张某学于2020年3月27日签订《杂交构树委托生产管理合作协议》，约定由张某学对项目进行管理，由T公司支付费用。T公司与L公司于2020年3月27日签订《生态农产品加工项目合作协议》，合同项目主要为农产品的生产组织和产品收购。Z农场与L公司于2020年3月27日签订《杂交构树种植基地转让经营合作协议》，L公司将租赁的共409.19亩土地转让给Z农场经营。

在双方履行合同过程中，L公司进行第一次收购后，其工作人员卢某以其法人生病为由，告知Z农场停止收购。双方当事人由此产生纠纷，T公司、Z农场向广东省阳山县人民法院提起诉讼，请求解除上述签订合同，并判令L公司向T公司支付构树收购费用15600元、支付违约金50万元、赔偿998078.7元及利息。

二、审判

广东省阳山县人民法院一审认为，双方同意合同解除，故予以准许。按照《购销合同》约定，L公司应向T公司、Z农场收购产品，但L公司的工作人员卢某却以其法定代表人生病为由停止收购，L公司已构成违约，按照合同的约定，L公司应向T公司支付违约金50万元。此外，因双方没有对合作期间的费用进行清算，且T公司投入和支出是经营构树产品的成本，是否构成损失，尚不确定，T公司也未能举证证明其损失的存在及具体数额，故对T公司主张L公司支付赔偿购买树苗费用及赔偿各项损失的请求不予支持。综上，一审法院判决如下：一、确认《购销合同》《杂交构树种植基地转让经营合作协议》《阳山县农业生态产业合作框架协议》《生态农产品加工项目合作协议》共四份合同于2021年11月5日解除；确认《杂交构树委托生产管理合作协议》于2021年3月17日终止；二、L公司应在判决生效后十日内支付违约金50万元给T公司；三、驳回Z农场、T公司的其他诉讼请求。

宣判后，T公司、Z农场、L公司均不服提出上诉。L公司没有交纳二审案件受理费，且经二审法院传票传唤亦未到庭参加诉讼，依法按其自动撤回上诉处理。

广东省清远市中级人民法院二审认为，L公司没有按照合同约定收购产品的违约事实在《情况说明》以及S村人民调解委员会制作的笔录、L镇人民调解委员会制作的笔录中均得到证实，L公司向T公司、Z农场支付50万元违约金并无不当。关于L公司应否向T公司、Z农场支付构树苗费用15600元、赔偿损失998078.7元及利息的问题，二审法院认为《购销合同》约定Z农场支付购种苗款的方式是签署合同后先支付40%的货款，余下货款从收购的构树产品货款中扣除，原审法院认为双方应先对已收购的构树产品结算后再行处理并无不当，故Z农场主张L公司赔偿购买构树苗的15600元没有依据。另，经审查《杂交构树种植基地转让经营合作协议》以及《生态农产品加工项目合作协议》关于违约责任的约定，L公司均不存在私自转让、擅自或授权他人冒用知识产权、违反国家法律法规，或擅自售卖产品给他人以及违反保密责任等情形，因此T公司、Z农场主张L公司除支付50万元违约金，还需赔偿损失998078.7元及利息没有依据。依照《中华人民共和国民事诉讼法》第一百七十条第一款第一项规定，判决驳回上诉，维持原判。

三、评析

我国属于农业大国，农业发展一直以来都是国内关注的焦点。改革开放前，我国没有订单农业的概念，但随着"企业农户"模式的不断推广，订单农业成为农业发展的有力支撑。订单农业合同要在法学上得到清晰定义是一件非常难的事情，从法学角度进行分析，订单农业合同不属于典型合同，各学者对其定义也不一。如兰州大学学者孟霞在国务院研究室农村司课题组对订单农业的概念描述的基础上，得出农业订单合同的概念：农业订单合同是指国家或政府基于公共政策或其他公共利益的要求，对作为合同双方当事人的农户和龙头企业之间关于在农业生产经营过程中按双方约定农户组织安排生产、龙头企业收购农产品的协议进行引导、干预而形成的合同。其本质特征是要把政府农业宏观调控的意志、公共利益的表达、市场需求通过合同的形式反映出来，从而引导农业的产业化、现代化过程。河南大学张丽娟提出从订单农业经营特征出发，订单农业合同可作下述解释：农产品生产前，企业或其他组织机构和农户间所签署的农副产品采购契约，若在特殊订单农业操作情况下，相关组织、中介机构和农户签署的农产品采购合同、技术合同等农业订单合同，农户要根据合同的内容作生产安排，企业等采购组织则完成采购支付的义务，以上权利和义务的总称即订单农业合同。虽然定义不一，但是我们研究其本质特征，可以得出该种模式下的合同可以将订、购、销结合起来，将中介、农户、企业联合起来，实现了"农户—农业订单合同—市场企业"这一利益联结链，成为农民融入市场的组织形式。

随着订单农业的发展，逐渐暴露出许多问题，其中最为严重的问题是违约行为频频发生，法院受理此类型合同因违约而产生的案件也日益增加，农户违约现象和龙头企业违约现象都存在。订单农业中的违约可以分为显性违约和隐性违约。显性违约指那些违约事实清楚的违约，例如明显的欺诈行为①。但现实中，无论企业还是农户哪一方违约，受害一方诉诸法律，都是得不偿失的，因为他们之间的交易量小，胜诉的受益也小，而诉讼及执行的成本却很高②。隐性违约指那些违约事实不太清晰、有关信息难以收集或证实的违约事件。对于隐性违约来说，市场信誉机制的作用有限。如何破解订单农业中的高违约率难题引起理论界的广泛关注。周立群、曹利群认为，在"龙头企业+农户"这一组织框架下没有办法制约任何一方的机会主义行为，因为在签订契约时就准确地预见未来农副产品的价格是不可能的。③ 他们认为，在龙头企业和农户之间引入合作社或大户这些新的组织元素，形成新的组织形态——"龙头企业+合作社（大户）+农户"，有利于龙头企业和农户间契约关系的稳定。但是，周立群、曹利群又认为，通过专用性投资和市场在确保履约方面的作用，龙头企业和农户间的商品契约完全有可能在长期内稳定。其中，市场在确保履约方面的作用正是基于重复博弈中的信誉机制；而专用性投资的作用是通过增大违约成本，在信誉机制的基础上进一步提高了契约的稳定程度。④ 杨明洪不完全同意周立群、曹立群的分析，认为应该用外生交易费用和内生交易费用来解释"龙头企业+农户"的起源及其向"龙头企业+合作社（大户）+农户"的演化。⑤ 生秀东认为应该运用广义的交易费用概念，并把交易费用区分为契约签订之前的事前交易费用和契约签订之后的事后交易费用。龙头企业和农户签订契约之后，对农户而言，较为稳定的供求关系大大减少了各种事前交易费用，例如信息成本、运输成本、垄断定价、专用性投资不足的损失⑥。对龙头企业而言，同样可以减少事前的交易费用，例如市场搜寻成本，运输成本和事后的

---

① 参见生秀东：《订单农业的契约困境和组织形式的演进》，《中国农村经济》2007 年第 12 期，第 35 页。

② 参见周立群、曹利群：《农村经济组织形态的演变与创新——山东省莱阳市农业产业化调查报告》，《经济研究》2001 年第 1 期，第 71 页。

③ 参见周立群、曹利群：《农村经济组织形态的演变与创新——山东省莱阳市农业产业化调查报告》，《经济研究》2001 年第 1 期，第 70 页。

④ 参见周立群、曹利群：《商品契约优于要素契约——以农业产业化经营串的契约选择为例》，《经济研究》2022 年第 1 期，第 18 页。

⑤ 参见杨明洪：《农业产业化经济组织形式演进》，《中国农村经济》2002 年第 10 期，第 12 页。

⑥ 参见生秀东：《劣市场、准市场与农业产业化》，《上海经济研究》2001 年第 9 期，第 15 页。

交易费用，质量监督费用等①。本案合同约定由 T 公司、Z 农场种植构树提供产品，由 L 公司进行收购，通过合同把购销双方连接起来，一方却没有按照合同约定收购产品，正是典型的农业订单合同引起的纠纷。

作为一种制度创新的产物的订单农业，其契约也是非完全性的，契约风险的存在在所难免。订单农业契约风险是指订单农业合同主体依个人理性作出的可能对己有利而导致对方收益不确定性而产生的风险。② 本案的裁判体现了司法对农户和企业合法利益的平衡保护，希望通过本案可以为订单农业合同的审理提供一些思路。

（一）本案的审理思路

关于违约金的问题，《中华人民共和国民法典》第五百七十八条规定："当事人一方明确表示或者以自己的行为表明不履行合同义务的，对方可以在履行期限届满前请求其承担违约责任。"第五百八十五条规定："当事人可以约定一方违约时应当根据违约情况向对方支付一定数额的违约金，也可以约定因违约产生的损失赔偿额的计算方法。"在许多情况下，我们不宜表面地、孤立地停留于当事人关于违约责任的约定，而应透过现象看本质，注意到关于违约责任的约定是当事人各方利益衡量的结果，符合公平正义，裁判其为有效。③ 本案中，按照合同约定，由 T 公司提供产品，L 公司按指定的价格收购，并约定在合同期限内 T 公司不得将产品销售给他人。同时明确若一方违约，应支付 50 万元违约金。在 T 公司的产品符合收购条件时，L 公司明确表示将不履行收购义务造成预期违约，一、二审法院充分阐析了依据合同约定，L 公司应向守约方支付违约金 50 万元的理由。订单一旦签订生效，具有法律效力，受国家法律保护，订单双方必须认真履行。订单应明确规定订单任何一方因市场价与合同价不能履约，致使对方蒙受巨大经济损失的经济赔偿责任。订单应明确规定任何一方出于自身利益无故毁约或恶意毁约，造成对方巨大损失的法律责任，并通过规定严厉的违约处罚力度，提高违约成本，使违约者的

---

① 参见生秀东：《订单农业的契约困境和组织形式的演进》，《中国农村经济》2007 年第 12 期，第 37 页。

② 参见衡霞、杨明洪：《订单农业契约风险形成机理及外部性分析》，《统计与决策》2009 年第 6 期，第 43 页。

③ 参见崔建远：《违约责任探微》，《法治研究》2022 年第 6 期，第 21 页。

违约成本远远高于违约收益，以此来降低违约风险发生的概率。①

关于各项损失的问题，当合同不履行或履行不符合约定时，造成了一方的经济损失，受损一方应获得相应的赔偿，包括合同正常履行可能获得的利益。但为了避免风险分担不合理，赔偿幅度不得超过违约一方可以预见、应当预见的违约损失②。合同约定若因此给守约方造成损失的，还应赔偿相应的实际经济损失，但T公司的投入和支出是T公司经营构树产品的成本，是否构成损失，尚不确定，T公司、Z农场也未能举证证明其损失的存在及具体数额。故一、二审法院均未采纳T公司、Z农场此项主张，这也体现了两级法院对证据规则的熟练运用，对证明标准的严格把握，对举证责任的正确分配。另外，法院在审理中，也查明了本案并不存在利益驱使情况下以强欺弱的违约行为，分析如下：其一，涉案合同并不是要件残缺、形式不规范的合同，涉案合同对产品交易中涉及的质量要求、技术指导培训、价格选择、交货验收等容易引发纠纷的环节进行了重点详细的描述，并明确了相应的违约责任。其二，审理中查明Z农场为个体工商户，组成形式为家庭经营，T公司为有限责任公司（自然人独资），L公司为有限责任公司（自然人投资或控股），涉案合同的当事人并不存在信息获取不对称、经济实力不对称、经济交易能力不对称等导致的主体不对称情况。其三，审理中查明涉案合同违约是由于L公司原法人代表郭某正病重无法再继续合作，并不是因为发生农产品价低于约定价，凭借其经济实力而拒绝履行合同等不诚信事宜。综合考虑上述因素，法院仅支持守约方要求L公司支付违约金的诉求，均未支持其要求赔偿损失的诉求。

（二）本案的社会效果

在违约金的处理上，本案也对在这种特殊农业运作模式下的各个主体起到了一定的法律启示作用，即在《购销合同》中约定违约金条款可以有效地规范农户和农产品购买者的行为，通过法律机制增加潜在违约方的违约成本，从而对其产生威慑作用，预防违约行为的发生，达到提高《购销合同》履约率的目的。

在各项损失的处理中，法院的判决既维护了农户的利益，又不损害企业的

① 参见李彬：《订单农业契约内部治理机制与风险防范》，《农业经济》2013年第2期，第48页。
② 参见张红：《论〈民法典〉内外合同责任之惩罚性赔偿》，《法学评论》2020年第5期，第25-40页。

利益，体现了司法助力提高订单农业合同的履约率，又不失对合同双方主体合法利益的平衡保护。因为此种经营模式订立起来的合同，一方面，对农户而言，由于是按订单组织生产，并且订单生产规模比非订单的生产规模大，如果企业毁约，农民的损失会非常惨重，甚至出现订单农产品烂在田里的悲剧，另一方面，对企业而言，由于有了订单，企业放手搞加工、经营，一旦农户毁约，就会造成企业原材料严重不足，也会造成增加损失的后果。本案的一审和二审中，法官都支持了 T 公司要求 L 公司支付违约金的诉求，均未支持其要求赔偿土地租赁费、工人工资费、肥料费用、委托管理费用等损失的诉求，正是对双方的利益契合点准确把握的体现。

总的来说，订单农业是提高农业市场化程度的必然选择，是发展现代农业不可或缺的重要内容，该种农业模式的运行既可以解决土地资源极度分散、生产规模小所带来的自发性与盲目性问题，又可以通过市场机制的基础性作用优化资源配置，把生产与市场连接起来，以达到有效生产、有效供给、有效流通、满足需求的目的。同时我们也应该看到，随着这种模式的推广，法院受理此类型合同因违约而产生的案件也日益增加，订单农业发展过程中的合同违约问题在一定程度上制约了订单农业的快速发展。法院妥善处理好该类案件，对于助力推进农业产业结构调整，提高农业集约化经营程度，降低农民种植风险，促进农民增收致富，推动农村经济又好又快发展具有积极作用。

015

相邻关系中容忍义务的限度界定

——谭某杰诉谭某焕、清远市清城区东城街道P村民委员会排除妨害案

广东省清远市清城区人民法院 钟凯琳

裁判要旨 本案涉及相邻关系中比较常见的用水、排水问题,裁判焦点在于如何划分相邻权利人之间的合理利用范围和容忍义务范围的界限。

案例索引 一审:广东省清远市清城区人民法院(2021)粤1802民初2404号。

一、案情

原告:谭某杰。

被告:谭某焕。

第三人:清远市清城区东城街道P村民委员会(以下简称P村委会)。

谭某杰是清远市清城区东城P管理区坑边二村16号房屋的所有权人,谭某焕的房屋与谭某杰的房屋相邻,谭某杰房屋的背面与谭某焕房屋的前面相邻有一条约2.9米的公共巷道。2020年11月,谭某杰按照新农村建设的要求,配合P村委会进行美丽乡村建设,修建自家房屋的排水系统,将房屋的生活污水按P村委会要求统一接入P村委会已经事先铺设的主排污管道。在修建的过程中,谭某焕两次阻挠,主张公共巷道在其房屋前面部分归其所有,并在11月18日晚上将谭某杰已挖好的化粪池填平,谭某杰第二天早上通知P村委会工作人员到现场,要求村委会协调并拍照取证,并暂停修建工作,经P村委会工作人员现场查看后同意继续修建才于11月30日开始重新建造,于12月3日修建完成。据谭某杰陈述,修建排污系统共花费了4228元。2020年12

月 3 日晚上，谭某焕手持铁铲将谭某杰已经建好的排污系统损坏，P 村委会的村干部到现场劝阻谭某焕停止侵权行为，并报警，警察随后到场了解情况进行登记拍照工作，但谭某焕拒绝接受调解。谭某杰为此向本院提起诉讼。在谭某杰提起诉讼后，2021 年 3 月 14 日晚上，谭某焕再次破坏谭某杰建好的化粪池，并用砖头、石头填埋了化粪池，用水泥沙将其密封，致使谭某杰一直不能使用上述排污系统。谭某杰再次报警，警察到场后，谭某焕仍拒不配合处理。经谭某杰委托清远市清城区第二建筑工程公司的注册造价师黄某霞评估，谭某杰被破坏的化粪池招标修造价为 7194.99 元，包括：①化粪池建造 4031.49元；②绿色施工安全防护措施费 457.5 元；③计日工 2000 元；④预算包干费111.92 元；⑤增值税销项税额 594.08 元。诉讼过程中，谭某焕及 P 村委会均没有提供答辩意见。

二、审判

广东省清远市清城区人民法院认为，不动产的相邻权利人应当按照有利生产、方便生活、团结互助、公平合理的原则，正确处理相邻关系。不动产权利人应当为相邻权利人用水、排水提供必要的便利。侵权行为危及他人人身、财产安全的，被侵权人有权请求侵权人承担停止侵害、排除妨碍、消除危险等侵权责任。在本案中，谭某杰、谭某焕的房屋相邻，谭某杰按照 P 村委会建设美丽乡村要求修建排污系统，将房屋的生活污水接入 P 村委会已经事先铺设的主排污管道合理合法，谭某焕以公共巷道在其房屋前面部分归其所有为由两次破坏谭某杰的排污系统显属无理，谭某杰请求谭某焕立即停止侵害行为并赔偿损失依据充分，予以支持。关于损失问题，谭某杰提交的评估报告虽为清远市清城区第二建筑工程公司的注册造价师黄某霞个人出具，但考虑到本案争议标的较小，通过正规评估机构进行评估将增加当事人的负担，故参考上述评估报告和谭某杰第一次修建化粪池的费用，根据公平原则，支持评估报告中的化粪池建造费用 4031.49 元，其他费用依据不足，不予支持。综上所述，广东省清远市清城区人民法院于 2021 年 4 月 30 日作出（2021）粤 1802 民初 2404 号判决：一、谭某焕立即停止侵害谭某杰位于清远市清城区东城 P 管理区坑边二村 16 号房屋旁修建的排污系统的行为；二、谭某焕于判决生效之日起七日内向谭某杰赔偿损失 4031.49 元；三、驳回谭某杰的其他诉讼请求。

三、评析

不动产相邻的各方，权利的行使必然会受到相互影响，若权利人完全按个人意志对不动产进行使用，排除相邻方的干涉，易造成邻里冲突。相邻关系属于不动产利用的调整，是实现相邻不动产和谐利用的必要前提。[①]《中华人民共和国民法典》中专门设立相邻关系一章，目的在于协调邻里关系，构建社会和谐氛围。《中华人民共和国民法典》第二百八十八条规定："不动产的相邻权利人应当按照有利生产、方便生活、团结互助、公平合理的原则，正确处理相邻关系。"但上述法律规定过于原则、简单，法官在处理相关纠纷时具有较大的自由裁量空间，难以形成统一裁判标准。同时，《中华人民共和国民法典》第二百八十九条规定："法律、法规对处理相邻关系有规定的，依照其规定；法律、法规没有规定的，可以按照当地习惯。"但在司法实践中，鲜有法官实际运用当地习惯处理相邻关系纠纷，即使在调解过程中采用习惯进行说理，在撰写裁判文书时也会引用相应法律条文。准确衡量相邻权利人之间互相冲突的利益，拿捏好自由裁量的尺度并非易事。本案主要从相邻关系中双方的利益权衡和取舍进行评析。

（一）相邻关系的性质

一般认为，相邻关系是相邻各方在对各自所有或使用的不动产行使所有权或使用权时，相互间应当依法给予方便或接受限制而产生的权利义务关系。[②]相邻关系并非一种独立物权，而是对不动产所有权的合理延伸或必要的限制，以便于正确处理相邻不动产的占有人或使用人之间的关系。[③]根据相邻关系的规定，这种限制或延伸主要体现在两个方面：一是不动产权利人不能随心所欲行使其权利，不能影响相邻方的生活与居住安宁；二是不动产权利人要为相邻方使用不动产提供必要的便利，如在合理范围内容忍相邻方在其不动产上通行、排水、用水等。从相邻关系制度设计的目的来看，其初衷在于充分发挥不动产所有权的权能，相邻不动产的所有人或使用人在行使自己的所有权或使用

---

① 参见李仁玉、吴万军：《地役权与相邻关系》，《法学杂志》2006年第4期，第45页。
②《法学研究》编辑部：《新中国民法学研究综述》，中国社会科学出版社1990年版，第333页。
③ 李由义主编：《民法学》，北京大学出版社1988年版，第235页。

权时，应当以不损害其他相邻人的合法权益为原则，使相邻不动产各方能公平、合理地使用自然资源，从事生产、便利生活。所以相邻关系的规定旨在界限所有权的范围，乃属最小限度土地利用的调整。① 相邻权利人在行使不动产所有权或使用权时必然要受到一定的限制，不能随心所欲，否则会构成权利滥用。

（二）相邻关系中"受害方"的容忍义务

容忍义务是一项独立且区别于其他法律义务的特殊义务，以相邻关系为基础和前提，同时是相邻关系纠纷中规则适用的核心要件，② 以实现有效协调人们之间利害冲突为目的。③《中华人民共和国民法典》目前并未对容忍义务进行明确性的规定，但由于《中华人民共和国民法典》规定了诚实信用原则，而通常又认为容忍义务的价值渊源在于诚实信用原则，这就为容忍义务进入相邻关系规范体系提供了正当性基础。④ 容忍义务亦是对所有权能的限制，所有权人在行使不动产权能时，有权根据法律规定要求相邻方在适当合理的范围内提供必要的便利，相邻方负有容忍的义务，即相邻方不得以加害于邻人的方法使用自己的不动产，如果给相邻他方造成了妨碍，且程度超过了一般人的容忍限度，该行为即属于法律上的禁止行为或所有权的限制行使，相邻他方可主张停止侵害、排除妨害等救济措施。

如何厘清容忍义务的限度便成为处理相邻关系纠纷的难题，学理上主要有实质性损害、过错判断及利益衡量三种评判容忍义务合理限度的标准，⑤ 但面对具体案件，在相邻各方利益发生冲突且法律无明确规定的情况下，法官需根据事实和规则权衡各方利益，充分发挥能动司法，⑥ 适用比例原则、公平原则、公序良俗原则等考虑优先保护哪一种利益最有助于解决纠纷，达到案结事了的效果。在处理过程中可考量以下几个因素：一是加害行为是否具有正当性，通常能否被一般人接受；二是加害行为的程度和持续时间；三是受损利益

① 王泽鉴：《民法物权——用益物权·占有》，中国政法大学出版社 2003 年版，第 76 页。

② 韩光明：《财产权利与容忍义务：不动产相邻关系规则分析》，知识产权出版社 2010 年版，第 166 页。

③ 参见王利明：《论相邻关系中的容忍义务》，《社会科学研究》2020 年第 4 期，第 11 页。

④ 参见韩光明：《〈民法典〉相邻关系规范的体系化构造：兼论容忍补偿请求权的独立性》，《财经法学》2022 年第 5 期，第 142 页。

⑤ 参见王利明：《论相邻关系中的容忍义务》，《社会科学研究》2020 年第 4 期，第 16-18 页。

⑥ 参见王保林：《论容忍义务在审理相邻关系纠纷中的运用》，《法律适用》2009 年第 7 期，第 46 页。

的性质和程度；四是加害行为是否违背公序良俗、当地习惯。

（三）相邻关系请求权的行使

基于相邻关系产生的请求权与侵权损害赔偿请求权具有明显区别，其必须发生在相邻不动产之间，以违反容忍义务或超过容忍限度为产生前提，在容忍义务范围内不动产物权之妨害排除请求权不得行使，① 不要求行为人具有主观过错及加害行为具有违法性，只要不动产权利人的通行、采风、光照、排水、用水等法定权利受到侵害，就有权主张权利。

在相邻关系纠纷中，关于排除妨碍的请求最多。本案中，谭某杰与谭某焕同为清远市清城区东城 P 管理区坑边二村村民，双方的房屋在地理位置上相互毗邻，从而形成不动产相邻关系，故双方符合相邻关系的主体资格。谭某杰按照所在村委会建设美丽乡村的整体规划，在与谭某焕房屋毗邻的公共巷道内自觉、主动地修建符合规划要求的排污系统，是配合村委会对乡村进行升级改造的积极行为，该行为不违背公序良俗、当地习惯且具有正当性，并具有可期待利益，符合美丽乡村建设要求，符合"助力乡村建设行动，打造宜居宜业美丽乡村"的绿色发展理念，应予鼓励。而且该行为是在公共巷道内修建，未超过谭某焕作为相邻权利人合理使用范围，亦未造成谭某焕人身损害或财产损失，没有给谭某焕生活秩序造成不利影响，未降低谭某焕现有的生活质量，同时该排污设施的修建有益于改善乡村居住环境，谭某焕作为同村村民也是受益人之一。因此谭某杰修建排污系统的行为未超过谭某焕的容忍限度，属于谭某焕的容忍义务范围内，谭某焕应遵循"有利生产、方便生活、团结互助、公平合理"的原则，配合谭某杰完成排污系统修建。其两次破坏谭某杰修建的排污系统实属侵权，应依法承担停止侵害、排除妨碍、赔偿损失的侵权责任。

综上所述，相邻关系的根本宗旨是平衡、兼顾和协调相邻各方的利益，按照有利生产、方便生活、团结互助、公平合理精神，重视习惯在相邻关系中的调整作用，② 正确处理相邻关系纠纷，是人民法院进行审判工作的一项重要任务，尤其在涉及乡村治理的案件中，应结合改善农村人居环境、助力乡村振兴建设的目的予以全面考量，妥善处理邻里关系，促进乡风文明。

① 季秀平：《物权总论》，中国法制出版社 2007 年版，第 212 页。
② 参见张鹏、曹诗权：《相邻关系的民法调整》，《法学研究》2000 年第 2 期，第 74 页。

016

村民小组会议决议效力的司法认定

——冯某鹏诉清远市清新区太平镇 D 村委会 S 村民小组侵害集体经济组织成员权益纠纷案

广东省清远市中级人民法院　韩　雯

【裁判要旨】　集体经济组织成员的权益依法应受保护，任何组织、个人不得以非法理由剥夺、侵害。认定村民是否享有权益的关键在于集体经济组织成员资格的认定，只有具备集体经济组织成员资格才有权参与集体收益款的分配。村民小组不得以对成员存在其他"债权"为由，拒不分配集体收益款；亦不得任意通过开会决议的形式剥夺、侵害集体经济组织成员的合法权益。

【案例索引】　一审：广东省清远市清新区人民法院（2022）粤 1803 民初 877 号。

一、案情

原告：冯某鹏。

被告：清远市清新区太平镇 D 村委会 S 村民小组（以下简称 S 村民小组）。

冯某鹏是 S 村民小组的集体经济组织成员，该村民小组将其管辖的土地、收益进行集中，并统一分配及处理。2018 年 4 月，冯某鹏与 S 村民小组签订《土地租赁合同》，租赁 S 村民小组管辖的水田 26 亩，租期为 9 年。租赁合同签订后，冯某鹏缴纳了 2018 年的租金。后因 S 村民小组的原村主任长期在外居住，疏于管理村务，经冯某鹏主动联系后仍不回来收取涉案租赁土地的租金，冯某鹏遂与涉案租赁土地对应的 14 户承包户签订《租田合同》，该合同与原《土地租赁合同》除租赁期限变更外，其他条款均一致。合同签订后，冯某鹏按 14 户承包户所对应的水田面积向该 14 户村民支付了 2019 年、2020年的租金。S 村民小组以此为由，向冯某鹏提起在前诉讼，请求解除原《土地租赁合同》、支付拖欠的租金及利息、占用费等。该案经两审法院审理，均驳回 S 村民小组的诉讼请求。

2022 年 1 月，S 村民小组召开村民小组会议，并作出《S 村村民年终会议记录》，以冯某鹏拒绝上交租金给村集体，且将租金私下发放给部分村民，严重损害村集体利益为由，拒绝向冯某鹏夫妇发放 2019—2020 年村集体分红并要求扣减在前诉讼的律师费等。此后，S 村民小组未分配集体收益款给冯某鹏，但该会议未通知冯某鹏参加，决议结果未送达冯某鹏或进行公示。冯某鹏认为该会议决议侵害其合法权益，诉至法院，请求撤销上述决议内容，并请求分配 2019—2021 年应发未发的村集体收益款。

二、审判

广东省清远市清新区人民法院一审认为，冯某鹏属于 S 村民小组的集体经济组织成员，依法享有与其他集体经济组织成员平等的权利及同等的待遇。涉案决议依据其与冯某鹏在前的租赁合同纠纷，将相应律师费在冯某鹏及其妻子应分配的村集体收益分配款中予以扣除，但该费用并非冯某鹏造成的必然损失。另外，S 村民小组未提供证据证明召开村民小组会议通知了冯某鹏并将涉案决议送达给了冯某鹏及进行了公示，程序存在瑕疵。故涉案决议侵犯了冯某鹏及其妻子获得与其他村民同等收益分配的权利，不利于维护集体经济组织成员权益的稳定，不利于弘扬民主、和谐、平等、公正等社会主义核心价值观，遂判决撤销该会议决议内容，并由 S 村民小组向冯某鹏支付应发未发的村集体收益分配款。

三、评析

尽管外出务工能够获得一定的经济收入，但此种营生手段并不能为其提供长期、稳定、持续的经济来源，集体土地依然是很多进城务工农民的最后生存保障。① 集体经济组织成员权益纠纷是村民拿起法律武器维护自身权利的典型

---

① 参见吴昭军：《民主决议认定成员资格的实现路径》，《人民法治》2019 年第 5 期。

案件，一般包括要求参与分配土地征收补偿费用、收益款、占地补偿费用等。村民不一定必然都是成员，村民自治亦不等于成员自治。① 这类型案件通常需要审查当事人是否具有集体经济组织成员资格、村小组是否存在分配方案、村小组分配决议是否合法。

（一）关于集体经济组织成员中特殊农民群体资格的认定，应结合户籍因素和生活保障基础作综合考量

以户籍登记作为参考要素是认定集体经济组织成员资格的重要因素。其中关于特殊农民群体的资格认定备受争议。目前理论界关于特殊农民群体的具体类型尚未达成共识，有学者概括了外嫁女、入赘婿、全日制大中专学校在校学生、服刑服役人员、空挂户、退休回乡人员等20种特殊农民群体。②

近年来，特殊农民群体成员权益纠纷案件的受理率不断提高，司法机关在特殊农民群体成员资格认定的问题上基本已经完全改变了以往的司法避让策略。③ 但是实践中仍然存在部分法院不予受理或驳回起诉的情形。如，对于外嫁女的集体经济组织成员资格认定问题，认为不是平等主体之间的权利义务关系，应当由相关政府部门予以处理，不属于法院受理民事案件的范围。④ 对于退休还乡人员的集体经济组织成员资格认定问题，法院认为属于村民自治事项，应当由村民通过民主程序决定，不属于法院民事案件的受案范围。⑤

在因土地承包、征收、征用所引发争议的处理问题上，最高人民法院强调以当事人的生产生活状况、户口登记状况以及农村土地对农民的基本生活保障功能为认定标准，综合考量成员资格。⑥ 在三项标准适用的先后顺序及权重占比上，成员以本集体经济组织的土地为基本生活保障这一标准反映了集体经济组织成员身份的实质内涵，集体土地所有制的基本功能就是为了保障每一个农

---

① 参见江晓华：《农村集体经济组织成员资格的司法认定——基于372份裁判文书的整理与研究》，《中国农村观察》2017年第6期。

② 参见丁关良：《特殊人群在农村股改中的股权界定与保护》，《农村经营管理》2020年第2期。

③ 参见赵贵龙：《"外嫁女"纠纷：面对治理难题的司法避让》，《法律适用》2020年第7期。

④ 参见广东省韶关市翁源县人民法院（2020）粤0229民初435号案。

⑤ 参见内蒙古自治区高级人民法院（2018）内民申1928号案与四川省都江堰市人民法院（2016）川0181民初640号案。

⑥ 参见2016年11月30日最高人民法院发布的《第八次全国法院民事商事审判工作会议（民事部分）纪要》。

村居民平等地获得生存保障资源,① 集体土地承载着集体经济组织成员的生存之本、生活之源。② 而户籍是出于行政管理的需要对公民身份的一种确认,③ 并不能准确反映出集体经济组织成员的权利义务,加之伴随户籍制度改革的全面推进和农村人口流动的日益加快,未来逐渐弱化户籍登记的认定标准乃是大势所趋。同样,形成长期固定的生产生活关系的认定标准尽管符合农民集体的自然共同体属性,④ 但其往往仅具有形式上的辨识性,不能真正反映集体经济组织成员身份的本质属性,故二者更适宜作为集体经济组织成员资格认定的辅助依据。关于农村集体经济组织成员资格的司法认定效力,通常认为其法律效力仅及于案件本身,不发生成员权永久确认的效果。⑤

（二）村民小组会议不得排除村集体经济组织成员合法财产权利,否则无效

村民小组会议决议可能因存在侵犯成员合法利益（少分、不分、抵扣其他"债权"）的情形而被确认无效。

（1）"外嫁女"主张村小组按年分配收益款。

"外嫁女"想要依法维护自身的权益确实存在一定的阻力。司法实践中就发生过"外嫁女"为子女上村集体户口而"被迫"签订保证书承诺其与其子女绝不参与集体经济分配的事,也有因为传统思想作祟,认为"绝户"的女儿不能参加村集体经济利益分配的案件。

相关保护"外嫁女"权益的法律法规和政策规定散落于各级各类的法律条款中,如《中华人民共和国宪法》第四十八条第一款;⑥《中华人民共和国

---

① 参见戴威:《农村集体经济组织成员资格制度研究》,《法商研究》2016年第6期。

② 参见管洪彦:《农民集体成员资格认定标准立法完善的基本思路》,《长安大学学报（社会科学版）》2013年第1期。

③ 参见王玉梅:《从农民到股民——农村社区股份合作社基本法律问题研究》,中国政法大学出版社2020年版,第144页。

④ 参见管洪彦:《农民集体成员资格认定标准立法完善的基本思路》,《长安大学学报（社会科学版）》2013年第1期。

⑤ 参见江晓华:《农村集体经济组织成员资格的司法认定——基于372份裁判文书的整理与研究》,《中国农村观察》2017年第6期。

⑥《中华人民共和国宪法》第四十八条规定:中华人民共和国妇女在政治的、经济的、文化的、社会的和家庭的生活等各方面享有同男子平等的权利。

农村土地承包法》第六条、① 第三十一条;② 《中华人民共和国妇女权益保障法》第十八条、③ 第五十六条、④ 第五十七条。⑤ 以及"注重保护外嫁女等特殊人群的合法权利"、⑥"妇女平等享有经济权益"⑦ 等这些规定保障农村妇女平等享有土地承包经营权、宅基地使用权等权益，平等享有农村集体经济组织收益分配、土地征收或征用安置补偿权益等。

法律面前人人平等，但实践中，某些村民要想参与实际补偿款的分配举步维艰，多次沟通无果后才诉至法院，遇到此类案件，法院需加强普法宣传，摘选经典案例，深入农村最后一公里，为美丽乡村建设保驾护航。

（2）村小组决议侵犯了集体经济组织成员的权益，存在多数人的"暴政"。

实践中，外嫁、离异、丧偶妇女的权益经常得不到保障，村小组会通过村民会议等表面合法的形式意图剥夺上述群体参与组织经济利益分配的权利，实际上，离婚并不是农村集体经济组织成员资格丧失的法定条件，离婚后户口未迁出并不丧失所在村集体组织成员的资格，只要继续尽村民的义务，就应当享有与该村村民同等的权利。同样，若离婚后再嫁，并迁出户口，则不再享有该村集体经济组织成员资格。另外，户口没有迁出留在本村的外嫁、丧偶妇女及其子女，亦具有该村的集体经济组织成员资格，同样享有土地征收补偿款分

---

① 《中华人民共和国农村土地承包法》第六条规定：农村土地承包，妇女与男子享有平等的权利。承包中应当保护妇女的合法权益，任何组织和个人不得剥夺、侵害妇女应当享有的土地承包经营权。

② 《中华人民共和国农村土地承包法》第三十一条规定：承包期内，妇女结婚，在新居住地未取得承包地的，发包方不得收回其原承包地;妇女离婚或者丧偶，仍在原居住地生活或者不在原居住地生活但在新居住地未取得承包地的，发包方不得收回其原承包地。

③ 《中华人民共和国妇女权益保障法》第十八条规定：国家保障妇女享有与男子平等的人身和人格权益。

④ 《中华人民共和国妇女权益保障法》第五十六条规定：村民自治章程、村规民约，村民会议、村民代表会议的决定以及其他涉及村民利益事项的决定，不得以妇女未婚、结婚、离婚、丧偶、户无男性等为由，侵害妇女在农村集体经济组织中的各项权益。 因结婚男方到女方住所落户的，男方和子女享有与所在地农村集体经济组织成员平等的权益。

⑤ 《中华人民共和国妇女权益保障法》第五十七条规定：国家保护妇女在城镇集体所有财产关系中的权益。妇女依照法律、法规的规定享有相关权益。

⑥ 2019 年 1 月 3 日中共中央、国务院发布《中共中央、国务院关于坚持农业农村优先发展做好"三农"工作的若干意见》。

⑦ 2021 年 9 月 27 日国务院发布《国务院关于印发中国妇女发展纲要和中国儿童发展纲要的通知》。

配权,村民小组的决议不能剥夺其分配补偿款的权利。与继父母形成抚养关系的继子女,在继父母所在地形成较为固定的生产生活关系,应当享有继父母所在村集体经济组织成员资格。依法履行收养手续或者形成了事实上的收养关系,长期生活在该村并依赖该村养父母提供的物质生产资料生活的,亦应当享有养父母所在村集体经济组织成员资格。村民小组对上述主体不能随意采取决议的形式非法剥夺其参与分配的权利。司法实践中,还存在村民代表大会的分配方案将某些人群包括女婿、外孙、外孙女、外甥、外甥女等一律不参与分配,将上述群体排除在村集体资金分配对象之外,侵害了他们作为集体经济组织成员的合法权益,亦应属于无效条款。

本案中,村民小组组长因自己怠于履行收租金的职责与原告产生纠纷,起诉未获支持后,通过召开程序存在瑕疵(未通知权利人到会、骗取村民签名)的村民会议作出不分配村集体收益款给冯某鹏夫妇的决议,明显侵犯了冯某鹏作为集体经济组织成员依法享有的权益。本案查明了案件的起因,了解了矛盾产生的根源,对村民小组不合法不合理的决议作出了否定评价的同时,依法维护了村民应享有的平等收益分配权。

本案是司法介入下的保护村集体经济组织成员权益的典型案件。村民自治绝不是法外之地,有权也不能任性,村民自治权的行使也必须依法依规。村集体作为村民自治组织,应当主动承担维护村民权益、推进美丽乡村建设、促进乡村产业振兴的责任,乡村振兴战略的落实需要建立完善的农村社区治理机制,坚持自治、法治、德治相结合,确保乡村社会充满活力、和谐有序。本案体现了人民法院妥善审理"三农"纠纷、依法保护集体经济组织成员合法权益、护航美丽乡村建设的司法决心,为乡村治理走善治之路提供了强有力的司法保障和法律指引。

017

商标侵权案件中惩罚性赔偿基数的认定

——DW 有限公司诉谭某波、谭某清侵害商标权纠纷案

广东省清远市中级人民法院　王　凯　刘艳兰

裁判要旨　2013 年修订的《中华人民共和国商标法》在知识产权立法上首先引入惩罚性赔偿制度，在司法实践中如何认定惩罚性赔偿基数成了惩罚性赔偿制度实施的难题。本案综合考量已生效刑事判决认定的销售金额以及被告用于销售侵权产品的微信、支付宝账户入账金额，并结合原告的诉请，最终确定惩罚性赔偿基数。

案例索引　一审：广东省清远市中级人民法院（2019）粤 18 民初 22 号。

一、案情

原告：DW 有限公司。

被告：谭某波。

被告：谭某清。

DW 有限公司是第 G1135×××号"DANIEL WELLINGTON"、第 G1260×××号"**DW** Daniel Wellington"注册商标权利人，核定使用在第 14 类手表带、珠宝首饰、景泰蓝珠宝、琥珀珠宝、闹钟、钟表仪器、表针、时钟、手表、手表带、钟面（钟表制造和手表制造）、钟表构件、计时器（手表）、钟表盒、钟表机件，该商标有效截止日期为 2025 年 3 月 11 日。DW 有限公司注册上述商标后，在上海、广州、深圳等多家自营实体店以及天猫、京东、唯品会等电子商务平台经营、销售标注上述商标的手表，且在大量报纸、杂志及网站对其含有注册商标的手表进行宣传和使用。2017 年 12 月 11 日，公安机关到英德市英城城西居

委会康屋村一出租楼查处谭某波等人组装、销售"DW"手表、表带等产品的窝点，并在现场扣押到"DW"商标手表成品、半成品、表带、包装盒等物品一批。经 DW 有限公司鉴别，该批被扣押的印有"DW"商标手表成品、半成品及表带等产品为假冒侵权产品。经英德市价格认证中心认定，该批印有"DW"商标的手表成品、半成品、表带等产品的价值为 5893620 元。经统计，谭某波等人通过微信等网络平台销售印有"DW"商标的手表、表带等产品的金额为 1353523 元。

在英德市公安局对谭某波所作讯问笔录中，谭某波陈述称：其通过支付宝、手机微信（微信名称分别为"DW 手表工厂直供-工作号""蚂蚁哥"及"清色"）收取销售假冒 DW 手表的款项，支付宝及微信交易记录中除部分本地朋友之间的转账外，其余的都是销售假冒 DW 手表的款项。根据申请，法院依法向财付通支付科技有限公司调取了微信号 QQ1159694×××绑定的财付通账户，经统计该账户自 2017 年 1 月 1 日至 2018 年 2 月 14 日共计入账金额 646726.46 元；微信号 zxcvbnml6×××绑定的财付通账户，经统计该账户自 2017 年 1 月 1 日至 2018 年 2 月 10 日共计入账金额 2338833 元；微信号 Evev×××绑定的财付通账户，经统计该账户自 2017 年 1 月 1 日至 2018 年 2 月 26 日共计入账金额 1055428.62 元。

DW 有限公司主张为制止侵权支付律师费、公证费、诉讼保全担保费、检索费、证据打印费等费用，并提供了发票予以证实，上述发票显示代理费 257352.85 元、诉讼保全担保费 6000 元、公证费 460 元、检索费 1885 元、打印费 520 元。

二、审判

广东省清远市中级人民法院一审认为，谭某波、谭某清未经注册商标所有人许可，通过购买配件进行组装后销售假冒 DW 有限公司商标的商品，侵害了 DW 有限公司的注册商标专用权，应依法承担民事侵权责任。谭某波、谭某清故意侵害 DW 有限公司的商标权，侵权行为长达一年之久，且组装的假冒商品价值及销售金额巨大，情节严重，DW 有限公司请求适用二倍惩罚性赔偿，应予支持。综合考虑谭某波、谭某清侵权的主观故意、侵权时间、销售规模等因素，法院参照谭某波、谭某清违法所得数额作为确定惩罚性赔偿的计算基数，认定谭某波、谭某清赔偿 DW 有限公司经济损失及合理维权费用 3274905.29 元。DW 有限公司在本案中仅请求赔偿 3000000 元，法院从其诉请。依照《中华人民共和国商标法》（2013 年修正）第五十七条、第六十三条，《中华人民共和国侵权责任法》第八条，《最高人民法院关于审理侵害知识产权民事案件适用惩罚性赔偿的解释》第五条，《最高人民法院关于适用〈中华人民共和国民法典〉时间效力的若干规定》第一条之规定，判决如下：谭某波、谭某清于判决发生法律效力之日起十五日内连带赔偿损失 3000000 元（该款项含为制止侵权行为所产生的合理维权费用）给 DW 有限公司。

三、评析

商标是经营者商誉的体现，是经营者重要的无形资产。在我国经济进入高质量发展新时代，实施创新驱动发展战略、扩大对外开放、推动经济转型升级的时代背景下，商标承载着市场主体的创新能力及产品、服务对消费者的吸引力。因此，加大注册商标专用权保护就是激励与保护创新。商标权作为一项民事财产的私权利，在其权利受到侵害时，对权利人的损失进行赔偿理所当然，但在大陆法系中，这种赔偿多以损失填补为原则。一段时期以来，我国存在知识产权"违法成本低，维权成本高"的问题，这不利于对知识产权的保护，不利于促进创新驱动发展，不利于我国综合国力的提高。惩罚性赔偿作为一种制度，主要来源于英美法系的实践，其除了具有填补损失功能外，还具有吓阻或阻却功能。2013 年修订的《中华人民共和国商标法》在知识产权立法上首先引入惩罚性赔偿制度，之后修订的《中华人民共和国种子法》《中华人民共和国反不正当竞争法》《中华人民共和国专利法》《中华人民共和国著作权法》均增加了惩罚性赔偿条款。2021 年实施的《中华人民共和国民法典》这一民事基本法律中，正式确立了知识产权惩罚性赔偿制度，为知识产权各部门法继续细化规定惩罚性赔偿制度提供了上位法支撑和基本遵循。

但在司法实践中，知识产权侵权案件适用惩罚性赔偿制度的非常少。笔者认为之所以出现这种情况，并非在于知识产权惩罚性赔偿主观条件的认定，而是在于惩罚性赔偿基数的认定。

（一）法律规范关于惩罚性赔偿基数的规定

根据《中华人民共和国商标法》（2019 年修订）第六十三条第一款的规

定，惩罚性赔偿的基数按照以下顺序和方式确定：第一，按"实际损失"确定赔偿数额，即按照权利人因被侵权所受到的实际损失确定。根据《最高人民法院关于审理商标民事纠纷案件适用法律若干问题的解释》的规定，"因被侵权所受到的损失"，可以"根据权利人因侵权所造成商品销售减少量或者侵权商品销售量与该注册商标商品的单位利润乘积计算"。第二，按"因侵权所获得的利益"确定赔偿数额。即在注册商标权利人的实际损失难以确定的情况下，可以按照侵权人因侵权所获得的利益确定。根据《最高人民法院关于审理商标民事纠纷案件适用法律若干问题的解释》的规定，"侵权所获得的利益"，可以"根据侵权商品销售量与该商品单位利润乘积计算"，"该商品单位利润无法查明的，按照注册商标商品的单位利润计算"。第三，按"商标许可使用费的倍数"确定赔偿数额。即在权利人的损失或者侵权人获得的利益难以确定的情况下，参照该商标许可使用费的倍数合理确定。根据上述规定，无论是按照原告损失还是被告侵权获利计算赔偿数额，都必须确定被告销售量（原告销售量减少量往往也按照被告销售量确定），而被告销售量恰恰是原告举证的难点所在。实践中，除通过电商平台实施侵权行为的可以通过电商平台的销量确定被告销售量，原告几乎不可能通过其他途径获取被告的销售量。

为正确实施知识产权惩罚性赔偿制度，发挥惩罚性赔偿制度遏制侵权的重要作用，立足知识产权审判实际，最高人民法院于2021年2月7日印发《最高人民法院关于审理侵害知识产权民事案件适用惩罚性赔偿的解释》，该解释第五条第三款将参考原告主张和提供的证据所确定的赔偿数额作为基数的一种。此外，制止侵权的合理开支在实际维权过程中才能发生，与侵权赔偿的指向不同，而且著作权法、商标法、专利法、反不正当竞争法均把合理开支排除在计算基数之外，因此，第五条第一款规定，基数不包括原告为制止侵权所支付的合理开支。

（二）惩罚性赔偿基数认定难

惩罚性赔偿必须建立在确定基数的前提下①，从上述法律规范中可以看出，惩罚性赔偿原则上应以权利人的实际损失或者侵权人侵权所得或者合理许

① 参见朱理：《专利侵权惩罚性赔偿制度的司法适用政策》，《知识产权》2020年第8期，第33页。

可费的倍数为基础①。司法实践中，几乎很少使用这三种计算方法，具体情况如下：

首先，实际损失难以查明。权利人的实际损失受多种因素影响②，不同于动产和不动产，知识产权的价值只有在动态的市场中使用才能实现③。市场的不确定性使得权利人很难证明损害结果的大小或者侵权人获利确因侵权行为而产生。在个案中，被侵犯商标权而导致社会商誉下降所造成的企业利润损失、权利人为保护自身合法权益而付出的预防性投资等情况都无法得到精确的计算。同时，权利人为防止商业信息泄露，往往不愿意提供相关生产、销售、经营数据；权利人较难证明市场份额或利润减少与侵权行为的因果关系，如是否完全由侵权行为造成的，或侵权行为对市场份额或利润减少的影响程度④。

其次，侵权获利难以确定。获利的相关市场销售数量、利润率等证据通常掌握在侵权人手中，权利人难以提供，侵权人往往也不会主动提供⑤。《最高人民法院关于知识产权民事诉讼证据的若干规定》第二十五条规定，人民法院依法要求当事人提交有关证据，其无正当理由拒不提交、提交虚假证据、毁灭证据或者实施其他致使证据不能使用行为的，人民法院可以推定对方当事人就该证据所涉证明事项的主张成立。这种情况下法院实际上仍然无法就实际损失或侵权获利或许可使用费获取具体的证据，从而确定具体的数额，最终可能只能依据权利人的请求确定赔偿数额，但这个数额在性质上并不属于基于实际损失或侵权获利、许可使用费基数计算出的数额，而是采用证据规则确定的赔偿数额⑥。

最后，权利人没有可参照的商标许可使用费，法院在适用许可使用费时对证据的把握十分严格，既要满足真实性，又要满足可比性⑦。

---

① 参见丁文严、张蕾蕾：《知识产权侵权惩罚性赔偿数额的司法确定问题研究》，《知识产权》2021 年第 2 期，第 78 页。

② 参见何国强：《知识产权惩罚性赔偿的数额量定》，《广东社会科学》2022 年第 3 期，第 248 页。

③ 参见丁文严、张蕾蕾：《知识产权侵权惩罚性赔偿数额的司法确定问题研究》，《知识产权》2021 年第 2 期，第 78 页。

④ 参见王欣美：《商标侵权惩罚性赔偿的制度构建》，《知识产权》2020 年第 5 期，第 44 页。

⑤ 参见王欣美：《商标侵权惩罚性赔偿的制度构建》，《知识产权》2020 年第 5 期，第 44 页。

⑥ 参见丁文严、张蕾蕾：《知识产权侵权惩罚性赔偿数额的司法确定问题研究》，《知识产权》2021 年第 2 期，第 78 页。

⑦ 参见王欣美：《商标侵权惩罚性赔偿的制度构建》，《知识产权》2020 年第 5 期，第 44 页。

（三）惩罚性赔偿基数的确定

多份法院调研报告显示，法院高频放弃损害计算规则而适用法定规则，是基于许多案件中原告不提交或少量提交与权利人实际损失、侵权人违法所得或许可费相关的证据①。这种举证上的不作为，不仅基于客观上的举证不能，还与主观上不愿举证有关。例如，原告不提交实际损失的证据，往往由于难以确定损害与侵权行为之间的因果关系；或因损害是隐藏、难以测量的；或因权利人的能力和诉讼成本的难题怠于举证②。因此，有必要对证明规则进行立法上的调整和司法上的严格适用。

1. 实际损失的确定

以权利人的实际损失计算侵害知识产权的赔偿数额，源于《中华人民共和国侵权责任法》的填平原则和《与贸易有关的知识产权协定》（以下简称《TRIPs 协定》）第四十五条的规定③，这也是各国知识产权法规定的知识产权损害赔偿的通行做法。

首先，立法与司法解释层面应明确实际损失的构成。通常认为直接损失更多体现为可得利益的损失，即知识产权的价值因侵权而实际遭受的减损。但由于知识产权的价值并非由生产知识成果的劳动或成本决定，而是通过使用知识产权在市场中实现，是由利用知识成果产生的收益所决定，因此，因知识产权被侵害所遭受的实际损失也不能由生产知识成果的成本所决定，而应当由利用知识成果所产生的收益所决定④。因此，依照知识产权市场化的情况，可以将实际损失分为三类分别予以考量确定⑤：其一，权利人直接将知识成果用于生产经营，当侵权人未经许可而使用知识成果，就会导致权利人的利润损失；其二，权利人通过许可将知识成果许可给他人使用，这种情况下许可费损失即是实际损失；其三，权利人既自己实施又许可他人实施时，既有利润损失也有许

① 参见陈志兴：《专利侵权诉讼中法定赔偿的适用》，《知识产权》2017 年第 4 期，第 30 页。
② Catherine M. Sharkey, Punitive Damages as Societal Damages, *The Yale Law Journal*, 2003, Vol. 113, pp. 347-454.
③ 《与贸易有关的知识产权协定》第四十五条第一款规定，对于故意或有充分理由应知道自己从事侵权活动的侵权人，司法机关有权责令侵权人向权利持有人支付足以补偿其因知识产权侵权所受损害的赔偿。
④ 参见范晓波：《知识产权的价值与侵权损害赔偿》，知识产权出版社 2016 年版，第 89 页。
⑤ 参见丁文严、张蕾蕾：《知识产权侵权惩罚性赔偿数额的司法确定问题研究》，《知识产权》2021 年第 2 期，第 82 页。

可费损失。

其次，明确实际损失确定中的考量因素。司法实践中在确定实际损失的过程中，应综合考量固定成本和侵权人实现销量增加而付出的成本等因素。例如对于权利人因价格侵蚀而遭受的降价、打折等损失予以合理考虑，同时对市场份额、全部市场价值等因素予以考虑，从而实现实际损失计算的精细化。

2. 侵权获利的确定

侵权获利的根本目的在于填平损害，因此精确确定惩罚性赔偿的基数，在以侵权获利作为赔偿基数时，理想状态应是使其尽量接近于实际损失。其一，在适用侵权获利作为损害赔偿计算基数时，首先仍要查明侵权获利与侵权行为之间的因果关系，可借鉴《美国版权法》中关于侵权人证据责任的规定：版权所有人只需提供有关侵权者总收入的证据，侵权者则需证明其可扣除的费用以及因版权作品之外的因素所获得的收入①。其二，由于目前我国各地法院对侵权获利范围的不同认识，因此有必要确定侵权获利之"利"的范围。当前，日本在知识产权侵权赔偿中已逐渐将侵权获利解释为侵权人的边际利润，即产品的销售收入与相应的变动成本之间的差额。基于类似原因的考量，我国也可考虑逐渐采用边际利润的计算方式，以此达到以更加接近权利人实际损失的侵权获利来确定赔偿基数之目的②。

3. 许可使用费的倍数确定

对于合理的许可使用费的确定，我国法律与司法解释暂无规定，美国法律规定了四种方法来确定合理的许可使用费③，分别为既定许可费（established royalty）、惯例（customary rule）、假想协商法（hypothetical negotiation approach）以及分析法（analytical approach）。如前所述，基数的确定应当以权利人所受到的实际损失为准，因此即使以许可使用费的倍数来计算也要以更加接近权利人实际损失为准。同时，原则上只应当考虑该许可费所针对的许可行为与该案侵权行为在权利性质、许可时间、范围等方面的可参考程度，不应当

---

① 参见［美］谢尔登·W. 哈尔彭、克雷格·艾伦·纳德、肯尼思·L. 波特著，宋慧献译：《美国知识产权法原理》，商务印书馆 2013 年版，第 181 页。

② 参见丁文严、张蕾蕾：《知识产权侵权惩罚性赔偿数额的司法确定问题研究》，《知识产权》2021 年第 2 期，第 83 页。

③ 参见刘筠筠：《知识产权侵权损害赔偿问题研究》，知识产权出版社 2017 年版，第 66 页。

考虑惩罚性因素①。有些权利人不愿意把自己的专利许可给其他人，许可使用费不足以抵消权利人的实际损失，只有许可费加倍才能更加接近实际损失。综上，许可使用费的倍数不具有惩罚性，可以作为惩罚性赔偿的基数。

司法实践需重视司法裁判的价值指引作用，通过加大损害赔偿力度的方式来展示裁判对社会公众行为的正确指引。本案中，侵权人通过直接假冒 DW 有限公司商标的行为销售假表，其行为不仅构成了假冒注册商标罪，需要承担相应的刑事责任，还侵害了 DW 有限公司注册商标专用权，有损该公司的社会评价，依照商标法的规定，应承担相应的民事责任。本案判决充分考量了侵权人主观恶意、侵权期间、侵权规模、侵权后果及 DW 有限公司的诉请等因素，最终确定了惩罚性赔偿数额。本案中，DW 有限公司并未提供证据证实其因被侵权所受到的实际损失，生效刑事判决认定谭某波、谭某清销售案涉侵权产品的金额 1353523 元亦不能等同于侵权人因侵权所获得的利益。但法院依申请调取的谭某波、谭某清确认的用于销售案涉侵权产品的通过支付宝、微信账户入账显示，其销售金额达 400 多万元，同时结合 DW 有限公司的诉请金额，最终确定以刑事判决认定 1353523 元作为惩罚性赔偿的计算基数。本案通过依法推进知识产权惩罚性赔偿制度的适用，明确传递加强对故意侵犯知识产权行为司法保护力度的强烈信号，旨在震慑、遏制知识产权恶意侵权行为，更好地维护权利人利益，提高我国知识产权保护水平。

① 参见朱理：《专利侵权惩罚性赔偿制度的司法适用政策》，《知识产权》2020 年第 8 期，第 32 页。

018

商标侵权法定赔偿的惩罚性因素考量

——H 酒店管理（上海）有限公司诉锦绣 R 品悦酒店等侵害商标权纠纷、不正当竞争纠纷案

广东省清远市中级人民法院　林士嵛

裁判要旨　　行为人故意且严重侵害商标权，可以作为法定赔偿中惩罚性因素予以考虑，在法定限额内加重侵权人责任。

案例索引　　一审：广东省清远市清城区人民法院（2020）粤 1802 民初 1550 号。

二审：广东省清远市中级人民法院（2020）粤 18 民终 3440 号。

一、案情

上诉人（原审原告）：H 酒店管理（上海）有限公司（以下简称 H 酒店）。

被上诉人（原审被告）：梁某通。

H 酒店在第 42 类旅馆服务上享有 "R" 系列商标，并被国家工商管理总局认定为中国驰名商标。R 酒店为个体工商户，经营者为梁某通，于 2012 年 6 月 8 日注册登记。原登记名称为 "清远市清新区 R 假日酒店清和店"。

2015 年 4 月 10 日，H 酒店曾以梁某通经营的 "清远市清新区 R 假日酒店"、"清远市清新区 R 假日酒店清和店"、"清远市清新区 R 假日酒店笔架路店" 三家酒店侵犯其商标专用权为由，将梁某通诉至广东省清远市中级人民法院。广东省清远市中级人民法院于 2015 年 9 月 10 日作出（2015）清中法民三初字第 7 号民事判决，判决梁某通停止在其经营场所和商业宣传中使用

"R"注册商标的文字及限期梁某通变更登记字号，变更后的字号不得含有"R"文字，并赔偿损失 80000 元。

判决生效后，梁某通于 2016 年 1 月分别将"清远市清新区 R 假日酒店"变更为"清远市清新区 H 一家酒店"、将"清远市清新区 R 假日酒店笔架路店"变更为"清远市清新区 H 一家酒店笔架路店"、将"清远市清新区 R 假日酒店清和店"变更为"清远市清新区 H 一家酒店清和店"。梁某通于 2018 年 7 月 27 日受让案涉"锦绣 R 品悦"注册商标后，又于 2018 年 9 月 5 日将上述三家酒店名称分别变更为"清远市清新区锦绣 R 品悦酒店"、"清远市清新区笔架路锦绣 R 品悦酒店"、"清远市清新区清和锦绣 R 品悦酒店"。2020 年 9 月 3 日，R 酒店经清新区市场监督管理局核准注销登记。

2019 年，H 酒店发现 R 酒店在其宾馆外观装潢及内部陈设中多次使用"R"文字及服务标识，遂委托北京市信德公证处的公证员于 2019 年 9 月 25 日进行证据保全，并于 2020 年 2 月再次以上述行为构成商标侵权及不正当竞争为由提起诉讼，请求判令锦绣 R 品悦等三家酒店停止侵权、变更字号和赔偿损失。

H 酒店提供北京市信德公证处出具的（2019）京信德内民证字第 07969号公证书及其附件证实，R 酒店经营场所外观使用"锦绣 R 品悦酒店"招牌标识共有三处，其中位于酒店入口上方外墙处使用招牌"锦绣 R 品悦酒店（清和店）"，显示将"锦绣"与"R 品悦酒店""（清和店）"分开三部分进行使用，"锦绣"二字在前，呈竖向排列，字体明显较小，"R 品悦酒店"在中间，呈横排排列，字体明显较大，"（清和店）"在最右边，字体明显缩小，三部分呈现拆分及区别使用形式。另两处为酒店入口正上方门头及入门玻璃门上，显示均将"锦绣"与"R 品悦酒店"分开使用，"锦绣"竖向排列，字体明显较小，"R 品悦酒店"字体明显较大，横向排列，两部分呈现拆分及区别使用形式。

二、审判

广东省清远市清城区人民法院一审认为，根据公证书内容，梁某通经营的 R 酒店使用的标识为"锦绣 R 品悦"。其于 2018 年 7 月 27 日受让该标识并完成商标注册受让，且经营过程中亦未突出使用"R"字样，不构成对 H 酒店

"R"商标的侵权事实。广东省清远市清城区人民法院依照《中华人民共和国商标法》第五十七条，《中华人民共和国民事诉讼法》第六十四条第一款的规定，判决：驳回 H 酒店公司的诉讼请求。受理费 3300 元，由 H 酒店负担。

宣判后，H 酒店提出上诉。

广东省清远市中级人民法院二审认为，R 酒店的"锦绣 R 品悦"商标含有相同的"R"二字，且其在使用该标识时将"锦绣"二字单独排列、字体明显较小，"R 品悦"明显较大。主要识别部分"R 品悦"与"R"相比，虽增加"品悦"两字，但整体含义上并未形成明显区别于"R"的其他含义，故 R 酒店实际使用的商标标识与"R"商标已构成近似。两者同时使用在旅馆类服务上，在"R"商标已具有较高知名度的情况下，易使相关公众混淆误认或者认为二者之间存在关联关系。而且，梁某通因侵犯"R"商标权经法院判决后，仍两次变更企业名称均带有"R"字样，具有明显借用他人商标声誉的主观意图，其被诉行为已构成侵害商标专用权。梁某通对其注册商标"锦绣 R 品悦"以拆分的方式使用，其抗辩系合法受让核准注册商标并合法使用，不予采纳。同时，梁某通在此前已与 H 酒店有商标权诉讼的情况下，在经营同一旅馆类服务时未予合理避让，仍将带有"R"字样的文字组合作为企业字号进行注册，且以拆分方式使用"锦绣 R 品悦"商标，突出使用"R"商标标识，具有明显的"傍名牌""搭便车"的攀附意图，易引起消费者对服务来源产生误认或误认为二者之间存在特定的联系，从而侵犯了 H 酒店的竞争权益，违反了诚实信用原则和商业道德，已构成不正当竞争。

鉴于 H 酒店未能对实际损失、侵权获利或商标许可费等进行举证，且未对商标侵权和不正当竞争赔偿数额予以拆分，综合侵权行为的性质、期间、后果，侵权人的主观过错程度，商标的声誉及制止侵权行为的合理开支，当地经济发展水平等因素，考虑到本案被诉行为具有商标侵权和不正当竞争双重违法性质、经营者梁某通在经法院首次判决后仍变相重复实施侵权行为等，一并酌情确定赔偿数额为 80000 元。具体如下：①R 酒店的行为具有商标侵权和不正当竞争双重违法性质；②R 酒店通过攀附"R"品牌效应增加其客源和收入，其侵权行为持续时间较长，同时根据部分消费者的评价也证实其侵权行为已经降低了 H 酒店"R"品牌的声誉及价值；③R 酒店为个体工商户，其酒店房价、房间数量等经营规模和当地经济发展水平一般；④H 酒店在清远地区未设立"R"商标同类旅业，R 酒店的经营行为未与 H 酒店形成实际性竞争；⑤R 酒店经营者因对 H 酒店商标侵权经法院判决后，仍两次变更企业名称均带有"R"字样，变相重复实施侵权行为，主观恶意较大；⑥H 酒店的"R"驰名商标使用时间较长，经营期间获得了多项奖项，知名度较高；⑦H 酒店因本案支出了合理费用即公证费 2000 元、律师费 10000 元、保全证据住宿费 129 元。

因此，广东省清远市中级人民法院依照《中华人民共和国民事诉讼法》第一百七十条第一款第二项之规定，作出如下判决：一、撤销一审判决；二、梁某通应停止侵害上诉人 H 酒店商标专用权的行为，即不得在其经营场所及商业宣传中使用上诉人"R"商标的文字及服务标识；三、限梁某通向 H 酒店赔偿 80000 元；四、驳回 H 酒店的其他诉讼请求。

三、评析

法定赔偿是商标侵权赔偿数额确定的两种方式之一，采用法定赔偿能否及如何对侵权人进行合理惩罚，是审判实践中经常面临的问题。本案在采用法定赔偿方式确定侵权赔偿数额时，充分考虑侵权人经法院裁判承担责任之后，仍然长期、变相恶意侵权等严重情节，在法定赔偿限额之内大幅提高判赔数额，明确体现了法定赔偿制度的惩罚功能，并对在法定赔偿体现惩罚性的适用规则进行了积极的探索。

（一）法定赔偿体现"惩罚性"的正当性

根据《中华人民共和国商标法》第六十三条第一款和第三款的规定，商标侵权损害赔偿数额的确定区分不同的情况，采用计量和裁量两种方式。前者是在侵权人权利人因被侵权所受到的实际损失、侵权人因侵权所获得的利益、注册商标许可使用费能够确定的情况下，相对准确地确定赔偿数额；后者是在权利人损失无法准确衡量的情况下，通过赋予法院自由裁量权采用定额赔偿的方式确定赔偿数额（又称法定赔偿）。与此同时，惩罚性赔偿明确规定在第一款，即计量性赔偿当中；也只是笼统地将侵权行为的情节裁量依据，是否可以进行惩罚未做明确规定。

关于法定赔偿的功能与价值，有学者主张法定赔偿应以实现损害赔偿的基本功能（填补损害）为目标，知识产权作为民事权利，其损害赔偿制度也应遵循民事损害赔偿最基本的原则，法定赔偿是在填补损害原则框架下使得权利人获得相当性的赔偿金，不应承担惩罚的功能①。如果具有惩罚威慑功能，势必导致与惩罚性赔偿制度适用混淆，削弱了惩罚性赔偿金的制度设计目的。也有学者从我国的现行法律规定角度出发，认为专利法中高额的法定赔偿可以防止侵权人销毁相关证据或造假账等行为，具有突出的法律威慑、惩罚性功能②。从比较法的视角，有学者考察了美国、加拿大等国家的法定赔偿制度，认为法定赔偿不仅具有补偿功能，同时也具有惩罚功能③。对后一种观点，笔者予以赞同。

首先，从法定赔偿制度的建立和发展来看，主要是为了减轻权利人的证明责任，缓解其在侵权赔偿中举证难的困境，提高诉讼效率，及时打击商标侵权行为，而不是单纯为了填平权利人的损失。法定赔偿数额的确定是在权利人无法证明其所受损失的情况下，由法官酌情确定，是对举证环节不得已而求其次的处理。法定赔偿规则以"定额损害论"为理论基础，是在当实际损失、非法所得以及许可使用费这三种计算方式均确实不能计算损害赔偿数额的情形下，迂回地为权利人提供救济，带有"替代赔偿"性质的制度，在程序上能有效减轻证明责任，提高诉讼效率④。法定赔偿在司法实践中能够受到权利人和法院的欢迎，主要是因为采用法定赔偿的计算方式能减轻权利人的证明责任，同时也减轻了法院在采信证据方面的难题，法院只需要根据案件的具体情况在法律规定的数额范围内酌情判决相应赔偿数额即可，这种计算方式很好地解决了缺乏证据及证明困难的难题，不仅能够明显提高司法裁判的效率，而且判决被改判的风险也会大大降低⑤。在法定赔偿中运用惩罚手段并不违背法定赔偿制度的立法目的。

其次，从现行制度设计来看，《最高人民法院关于审理商标民事纠纷案件适用法律若干问题的解释》第十六条第二款明确将侵权行为的性质、期间、

---

① 参见吴汉东：《知识产权侵权诉讼中的过错责任推定与赔偿数额认定——以举证责任规则为视角》，《法学评论》2014年第5期，第126页。

② 参见尹新天：《中国专利法详解（缩编版）》，法律出版社2003年版，第571页。

③ 参见梁志文：《补偿与惩罚——著作权法定赔偿制度价值研究》，《电子知识产权》2005年第12期，第15页。

④ 参见汤敏、胡恒：《商标侵权行为惩罚性赔偿与法定赔偿之关系》，《南京理工大学学报（社会科学版）》2020年第4期，第29页。

⑤ 参见胡海容、王世港：《我国商标侵权适用法定赔偿的新思考——基于北京知识产权法院2015—2019年判决的分析》，《知识产权》2020年第5期，第60页。

后果，侵权人的主观过错程度，商标的声誉及制止侵权行为的合理开支等因素纳入法定赔偿的考量因素；《中华人民共和国商标法》第六十三条第一款规定的惩罚性赔偿适用条件为故意且情节严重，《最高人民法院关于审理侵害知识产权民事案件适用惩罚性赔偿的解释》第二条、第三条将被侵害知识产权客体类型、权利状态和相关产品知名度、被告与原告或者利害关系人之间的关系及侵权手段、次数，侵权行为的持续时间、地域范围、规模、后果，侵权人在诉讼中的行为等因素分别纳入故意和情节严重的考量因素；对照而言，两者在考量因素上存在大量的交叉重合，在侵权人具有主观恶意的情况下确定的赔偿数额，无论是基于补偿性赔偿的数额基数再乘以惩罚性赔偿的倍数，还是直接适用法定赔偿确定的损失金额，都具有惩罚的功能①。在法定赔偿中进行合理惩罚符合规范逻辑，也具有直接的规范基础。

最后，从审判实践来看，目前绝大部分的商标侵权案件之中权利人的实际损失、侵权人获益等均缺乏证据证明，也没有可以参照的许可使用费，通过法定赔偿方式确定责任的案件成为主流，人民法院高频率地适用法定赔偿计算方式的原因主要在于权利人提出赔偿请求后，大多数案例中权利人存在不愿取证、举证不能、证据不全、证据瑕疵等情形②。如果仅仅依靠以精确计量损失下的惩罚性制度，将难以落实知识产权最严格保护政策，尤其在我国商标侵权案件不断增多、权利人举证普遍困难的环境下，在法定赔偿中引入惩罚性因素具有现实的必要性。

（二）法定赔偿体现"惩罚性"的适用规则

硬币正反两面，凡事有利有弊。法定赔偿制度本身在法理上缺乏坚实的支撑，其本质是在证据不足导致事实无法查清的情况下法官确定赔偿数额的无奈之举。法定赔偿制度只是在无法适用其他三种传统知识产权的侵权损害赔偿方法计算赔偿额时，为了缓解知识产权侵权案件权利人举证困难、诉讼周期长等窘境的一种权宜之策，然而在衡量权利人损失、公平确定侵权人责任方面，法定赔偿具有天然的局限性。同时，我国法律对于法官在适用法定赔偿时应当参

① 参见孙那：《民法典视阈下知识产权惩罚性赔偿与法定赔偿的司法适用关系》，《知识产权》2021 年第 4 期，第 70 页。

② 参见曹新明：《我国知识产权侵权损害赔偿计算标准新设计》，《现代法学》2019 年第 4 期，第 119 页。

考何种因素、各种因素比例多少均无规定，因此法定赔偿的酌定性很可能导致法官自由裁量权过大，判决结果偏离权利人真实损失①。囿于司法人员对赔偿制度的认知偏差以及知识产权法中相关赔偿制度涉及不甚合理，实践中存在滥用法定赔偿规则的情况②，容易滋生裁量恣意、裁判标准不统一等流弊。因此，在适用法定赔偿中对侵权人进行惩罚时，应遵循一定的要求。

一是要尽可能将当事人主观过错、侵权情节等抽象的考量因素具体化、类型化，为当事人的行为和法官行使自由裁量权提供明确的指引。对此，《最高人民法院关于审理侵害知识产权民事案件适用惩罚性赔偿的解释》第二条、第三条对惩罚性赔偿的故意、情节严重的认定方法和类型化等方面作出了规定，在适用法定赔偿体现惩罚性时，可以参照适用。适用惩罚性功能的法定赔偿要求侵权者主观故意。最高人民法院在"惩罚性赔偿司法解释"③ 第一条第二款明确指出"故意应包含恶意"。事实上，某些支持法定赔偿带有惩罚性色彩的观点也仅限于故意或恶意侵权的场合，一个直观的例子是，在故意或恶意侵权的场合，侵权人受到的惩罚力度会明显加大。原因在于，在实际损害相同的情况下，法定赔偿金的确定与侵权人的主观过错有着密切联系，法官对过失侵权的情形则从轻确定法定赔偿金，而对故意或恶意侵权的情形则从重确定法定赔偿金。

二是要将惩罚性因素和补偿性因素综合考虑，防止过度惩罚，造成当事人利益失衡。一方面，法定赔偿一般认为隶属于补偿性赔偿范畴，意指当实际损失、侵权获利等数量计算规则无法适用时，可在法定幅度内确定判赔额的计算方法，是一种替代性赔偿方案④。另一方面，法定赔偿要实现惩罚功能，在确定其具体赔偿数额时就必须在可能的实际损失基础上增加适度的赔偿额，增加的赔偿数额应该和侵权者主观故意的程度相适应，即主观恶意者比一般故意侵

---

① 参见汤敏、胡恒：《商标侵权行为惩罚性赔偿与法定赔偿之关系》，《南京理工大学学报（社会科学版）》2020 年第 4 期，第 30 页。

② 参见罗莉：《论惩罚性赔偿在知识产权法中的引进及实施》，《法学》2014 年第 4 期，第 27-28 页。

③ 《最高人民法院关于审理侵害知识产权民事案件适用惩罚性赔偿的解释》第一条规定，原告主张被告故意侵害其依法享有的知识产权且情节严重，请求判令被告承担惩罚性赔偿责任的，人民法院应当依法审查处理。本解释所称故意，包括《商标法》第六十三条第一款和《反不正当竞争法》第十七条第三款规定的恶意。

④ 参见张广良：《知识产权损害赔偿惩罚体系的构建》，《法学》2020 年第 5 期，第 121 页。

权者承担的责任要重。

三是要加强裁判文书说理性，不能仅仅简单列举考量了哪些抽象因素就直接确定赔偿额，而是确定案件的具体考量因素，阐明法定赔偿数额和具体考量因素之间的联系，规范裁量权的行使，统一裁判尺度。例如，在确定赔偿额时，若被告为屡次侵权者，则可判定为恶意者。同时，在法定赔偿中也应该考虑精神损害赔偿的因素，如果侵权者确属故意侵犯人身权，则应该给予惩罚性的赔偿。总之，要综合协调各种因素，使增加的赔偿数额既能达到惩戒目的，同时又不至于使权利人获得超过实际损失的过分赔偿，以符合正义与效率价值。

本案中，H 酒店的"R"驰名商标在持续经营中获得了多项奖项，知名度较高；R 酒店在对 H 酒店商标侵权经法院判决后，两次变更企业名称均带有"R"字样，变相重复实施侵权行为；既实施了商标侵权行为，又实施了不正当竞争行为，且侵权行为从 2014 年 6 月开始，持续时间较长，侵权主观恶意明显，侵权情节严重，有必要在法定赔偿中进行适度惩罚，结合经营规模、当地经济发展水平、权利人维权等其他因素（相应的具体情况包括 R 酒店为个体工商户，其酒店房价、房间数量等经营规模和当地经济发展水平一般；H 酒店在清远地区未设立"R"商标同类旅业，R 酒店的经营行为未与 H 酒店形成实际性竞争；H 酒店因本案支出公证费 2000 元、律师费 10000 元、保全证据住宿费 109 元等），二审判决将赔偿额提高到从第一次判赔金额的 2.66 万提高 3 倍确定为 8 万元，在法定限额内大幅提高赔偿数额，明确传递了人民法院加强知识产权保护、有效威慑严重侵犯知识产权的政策导向。

019

劳动者主张加班费案件的举证责任分配
——陈某洲诉长沙 G 信息科技有限公司劳动争议案

广东省连州市人民法院　唐彬诚

劳动者主张加班费的，应当就加班事实的存在承担举证责任。但劳动者提供证据初步证明其上下班具体时间，用人单位未能提供任何考勤制度和记录的，由用人单位承担不利后果。

一审：广东省连州市人民法院（2021）粤 1882 民初 1498 号。

一、案情

原告：陈某洲。

被告：长沙 G 信息科技有限公司。

2020 年 9 月 1 日，陈某洲入职长沙 G 信息科技有限公司，从事测量工作，工作地点在连州市自然资源局。长沙 G 信息科技有限公司没有与陈某洲签订书面劳动合同，没有为陈某洲办理社会保险。陈某洲的月工资由底薪 2500 元加绩效加餐补构成，9 月工资 3268.84 元，10 月工资 3015 元，11 月工资 2426.92 元。陈某洲每日需在"钉钉 App"上打卡考勤，其提交的"钉钉 App"打卡记录显示：2020 年 9 月至 11 月期间，陈某洲上班打卡时间段为 7：57 至 8：30，下班打卡时间段为 18：42 至 22：09，打卡地点定位为连州市自然资源局。2020 年 11 月 19 日，陈某洲向长沙 G 信息科技有限公司提出辞职。2020 年 11 月 21 日，陈某洲离职。陈某洲离职后，向连州市劳动人事争议仲裁委员会提起仲裁，请求长沙 G 信息科技有限公司支付：①未签订书面劳动合同双倍工资差额 8710.76 元；②社会保险费用 1285.54 元；③餐补 465 元；

④加班费 12466.80 元。连州市劳动人事争议仲裁委员会裁决：一、长沙 G 信息科技有限公司支付陈某洲未签订书面劳动合同双倍工资差额部分 5441.92 元；二、驳回陈某洲其他仲裁请求。陈某洲不服仲裁裁决，向广东省连州市人民法院提起诉讼，请求长沙 G 信息科技有限公司：①支付加班费 2005 元、餐补 465 元；②支付未签订劳动合同二倍工资，包括仲裁裁决支持的正常工作时间二倍工资差额 5441.92 元及二倍加班费 4010 元。

二、审判

广东省连州市人民法院一审认为，《最高人民法院关于审理劳动争议案件适用法律问题的解释（一）》第四十二条规定"劳动者主张加班费的，应当就加班事实的存在承担举证责任。但劳动者有证据证明用人单位掌握加班事实存在的证据，用人单位不提供的，由用人单位承担不利后果"。本案中，陈某洲作为劳动者提供了"钉钉 App"打卡考勤记录，可以初步证明其上下班具体时间，长沙 G 信息科技有限公司作为用人单位未能提供任何考勤制度和记录，应当对此承担举证不能的后果。双方未签订劳动合同，结合陈某洲陈述与"钉钉 App"打卡考勤记录显示的陈某洲下班打卡时间，能够认定陈某洲存在加班的事实。依照《中华人民共和国劳动合同法》第十条、第八十二条第一款，《广东省工资支付条例》第十八条、第二十条、第六十二条，《中华人民共和国民事诉讼法》第一百四十四条，《最高人民法院关于适用〈中华人民共和国民事诉讼法〉的解释》第九十条规定，判决长沙 G 信息科技有限公司向陈某洲支付未签订书面劳动合同二倍工资差额 6754.42 元、加班费 2005 元，驳回陈某洲其他诉讼请求。

三、评析

劳动争议案件中，① 劳动者主张加班费往往会面临缺乏证明手段的困难，例如，加班的工作记录、审批单、反映加班事实存在的工资单等往往由用人单

---

① 《最高人民法院关于审理劳动争议案件适用法律问题的解释（一）》第一条。

位保存，由此即形成所谓的"证据偏在"① 现象。审判实践中，劳动者加班事实不易查明，导致劳动者的主张难以得到支持。关于加班事实查明以及举证责任分配的问题，司法实践中存在争议。

（一）关于加班事实举证责任分配的主要观点

证明责任本质上是实体法与程序法在诉讼中的交汇，劳动争议证明责任的分配能直接影响实体法目的的实现。② 关于加班事实举证责任分配主要存在三种观点。

第一种观点认为，由用人单位承担加班事实的举证责任。从现实来看，让劳动者就加班事实承担举证责任存在诸多困难。一方面，在不少用人单位，工作时间之外的延时加班、休息日加班或者法定节假日加班往往采用口头通知的形式，并无书面证据，此种情形下，劳动者是否加班往往仅体现在工资表或工资单中。另一方面，更多的用人单位采用打卡、签加班审批条、工作记录等其他形式来记录劳动者的加班事实，但这些证据往往保存在用人单位，劳动者无从获得。我国《民事诉讼法》关于举证责任分配的原则是"谁主张，谁举证"，但《中华人民共和国劳动争议调解仲裁法》第六条规定：发生劳动争议，当事人对自己提出的主张，有责任提供证据。与争议事项有关的证据属于用人单位掌握管理的，用人单位应当提供；用人单位不提供的，应当承担不利后果。这表明，有些举证责任专属于用人单位，不管诉讼主张由谁提出，用人单位必须承担举证责任，否则要承担相应的法律后果。③ 由此可见，劳动争议案件中，举证责任的分配原则上是"谁主张，谁举证"，但是，在加班事实的举证责任分配上，考虑到前述事实因素，即用人单位一般掌握管理劳动者是否加班、具体加班时间以及加班时间长短等证据，因此，应当由用人单位承担加班事实的举证责任。

第二种观点认为，应将用人单位的举证责任限制在法律、法规、部门规章

---

① 社会现代化的发展也使得纠纷具有了新的特征，即纠纷事实更加复杂，因为生产、经营竞争的原因，相关的信息更加封闭，这就导致了所谓的"证据偏在"的情形，即揭示案件真实事实的证据往往被控制在一方当事人或 P 村委会手中。参见张卫平：《民事诉讼法修改与民事证据制度的完善》，《苏州大学学报（哲学社会科学版）》2012 年第 3 期，第 40 页。

② 参见侯玲玲：《劳动争议证明责任理论思考和制度重构》，《法学评论》2017 年第 3 期，第 139 页。

③ 参见吴晓军、朱志权：《劳动争议案件中举证责任法律解析》，《中国劳动》2014 年第 1 期，第 22 页。

要求的范围之内。劳动关系是社会关系中的一种基础性关系，维系着社会的长治久安。① 由于劳动关系的特质，用人单位一方面基于管理权的行使，大多掌握了在管理过程中发生的争议事实证据，另一方面基于法律规定，有制作和保存某些证据的法定义务。② 将加班事实的举证责任分配给用人单位原则上符合举证责任的分配规则，但不少劳动者主张的加班费时间跨度比较长，要求用人单位一概提出相应的证据，对用人单位过于不利。根据原劳动部《工资支付暂行规定》第六条的规定，用人单位必须书面记录支付劳动者工资的数额、时间、领取者的姓名以及签字，并保存两年以上备查。用人单位在支付工资时应向劳动者提供一份其个人的工资清单。由于上述证据对于认定劳动者是否加班以及加班时间的长短具有重要意义，因此，加班事实举证责任的分配应当以两年为限，即两年内的加班事实由用人单位就劳动者未加班的事实承担举证责任，不能举证的，视为劳动者加班事实存在；从申请仲裁之日起算，两年前的加班事实，由劳动者就加班事实承担举证责任。

　　第三种观点认为，举证责任的分配首先应当遵守举证责任的分配规则，同时通过运用证明妨碍规则减轻劳动者证明负担。举证责任的分配既应考虑劳动者举证的实际困难，也应考虑用人单位权益的保护，力争在劳动者权益和用人单位权益间寻求平衡。③ 根据《中华人民共和国民事诉讼法》规定，举证责任是按照"谁主张，谁举证"的原则进行分配的，只有在法律或司法解释明确规定的情形下，才能采用举证责任倒置④的技术。其一，"谁主张，谁举证"的原则，具体来说，就是《最高人民法院关于适用〈中华人民共和国民事诉讼法〉的解释》所采纳的法律要件分类说的标准，即"当事人对自己提出的诉讼请求所依据的事实或者反驳对方诉讼请求所依据的事实，应当提供证据加以证明，但法律另有规定的除外"。根据该规则，劳动争议案件中，劳动者主张加班费的，应当对该加班费请求权产生的要件事实即加班事实承担举证责

---

① 参见范跃如：《劳动争议诉讼调解程序研究》，《法律适用》2009 年第 6 期，第 45 页。

② 参见侯玲玲：《劳动争议证明责任理论思考和制度重构》，《法学评论》2017 年第 3 期，第 144 页。

③ 参见李康：《劳动争议案件疑难问题研究》，《法律适用》2012 年第 1 期，第 79 页。

④ 举证责任倒置规则最早产生于德国，在某些特定的情况（如公害、产品责任和医疗事故等新型侵权诉讼案件）下，适用证明责任分配的基本规则往往导致了不公平的后果，需要采用特别规则来处理这些问题，即免除应由此方当事人承担的证明责任，由彼方当事人对本来的证明责任对象从相反的方向承担证明责任。参见叶自强：《举证责任的倒置与分割》，《中国法学》2004 年第 5 期，第 139 页。

任。其二，《中华人民共和国劳动争议调解仲裁法》第六条规定也说明，关于加班事实的举证责任也并未采纳举证责任倒置的技术。其三，原劳动部《工资支付暂行规定》第六条不能作为加班事实举证责任倒置的依据。首先，该规定是对用人单位关于工资支付凭证最低保存期限的规定，而实际上，各地已有突破两年期限限制的做法。其次，工资支付凭证并非证明加班事实的唯一证据，在审判实践中，尚有其他相关证据能够证明加班事实的存在。因此，以此规定为理由且以两年为时间点区分举证责任的分配，一方面违反了举证责任的分配规则，另一方面也不利于对劳动者的保护，在现实中往往导致法院仅简单支持两年之内的加班费的判决结果在实体上也不公平。此外，如果劳动者有证据证明用人单位掌握加班事实存在的证据，用人单位无正当理由拒不提供的，用人单位构成证明妨碍，应承担不利后果。

（二）本案的审理思路

本案中，陈某洲每日需在"钉钉 App"上打卡考勤，其提交了"钉钉 App"打卡记录，能够证明其上下班打卡时间和打卡地点，亦能够证明长沙 G 信息科技有限公司有考勤记录。陈某洲已举证证明长沙 G 信息科技有限公司掌握加班事实的证据，而长沙 G 信息科技有限公司未能提供任何考勤制度和记录。根据《最高人民法院关于审理劳动争议案件适用法律问题的解释（一）》第四十二条"劳动者主张加班费的，应当就加班事实的存在承担举证责任。但劳动者有证据证明用人单位掌握加班事实存在的证据，用人单位不提供的，由用人单位承担不利后果"之规定，认定陈某洲存在加班的事实。

对本案的处理，主要采纳了第三种观点，即在劳动者主张加班费时，仍然以"谁主张，谁举证"作为基本的举证责任分配规则，但用人单位构成证明妨碍时，则减轻劳动者的举证负担。之所以采纳第三种观点，是因为我国一直致力于在立法上对劳动者的倾向性保护，但用人单位作为劳动争议的主体之一，其合法权益同样应当得到保护，更不能因过分追求对劳动者的保护而损害用人单位的合法权益。[1] 该观点所理解的举证责任分配规则更符合法律规定，同时也结合劳动争议案件的特点，适度平衡劳动者和用人单位之间就加班事实的举证负担。

---

[1] 参见陈莹颖、龚晓龙：《劳动争议举证责任的分配———一起加班工资争议案引发的思考》，《司法改革论评》2008 年，第 317 页。

020

劳动关系解除后续工伤医疗费的责任主体判定

——何某聪诉清远市公安局 Q 分局劳动争议案

广东省清远市中级人民法院　林士嵛

裁判要旨　用人单位违法解除劳动合同的，劳动者因医疗工伤产生的相应后续医疗费用应由用人单位承担。

案例索引　一审：广东省清远市清城区人民法院（2021）粤 1802 民初 2704 号。

二审：广东省清远市中级人民法院（2021）粤 18 民终 3525 号。

一、案情

上诉人（原审原告）：何某聪。

被上诉人（原审被告）：清远市公安局 Q 分局。

2019 年 10 月，何某聪入职成为清远市公安局 Q 分局的文职辅警。在一次跑步训练中，因地面积水不慎滑倒导致右腿胫骨、膝盖半月板损伤，送往医院治疗。何某聪的受伤经人社部门认定为工伤，并经鉴定机构评定为劳动能力十级障碍。

2020 年 2 月 29 日，清远市公安局 Q 分局以何某聪身体状况不能正常履行职责为由通知何某聪解除合同，同时停止为其缴纳社会保险。经过人社部门核算，何某聪一次性工伤医疗补助金及正常参保期间的工伤医疗费由工伤保险基金支付；解除劳动合同后未参保期间的工伤医疗费由工伤职工承担。何某聪认为清远市公安局 Q 分局违法解除劳动合同申请仲裁后提起诉讼，请求支付违法解除劳动合同的赔偿金、2020 年 3 月 1 日后的医疗费等。

二、审判

广东省清远市清城区人民法院一审认为，清远市公安局 Q 分局未提供证据证明已对何某聪经过岗位培训或者调整岗位后仍不能胜任工作，并提前三十日通知何某聪解除劳动合同，属于违法解除，应向何某聪支付赔偿金。另外，该次工伤造成何某聪十级劳动功能障碍，且双方劳动关系于 2020 年 2 月 29 日解除，清远市公安局 Q 分局应向何某聪支付一次性伤残就业补助金，并协助办理医疗费用报销、一次性伤残补助金、一次性工伤医疗补助金领取手续。对于何某聪主张的医疗费，双方未解除劳动关系前的医疗费应参保而未参保的由用人单位承担，解除劳动关系后的医疗费因双方工伤保险关系已终结，应由工伤职工承担。因此，广东省清远市清城区人民法院依照《中华人民共和国劳动争议调解仲裁法》第五条，《中华人民共和国劳动合同法》第四十条、第四十七条、第八十七条，《广东省工伤保险条例》第三十二条，《中华人民共和国民事诉讼法》第六十四条第一款，《最高人民法院关于适用〈中华人民共和国民事诉讼法〉的解释》第九十条的规定，判决：一、清远市公安局 Q 分局向何某聪支付赔偿金 4259 元；二、清远市公安局 Q 分局向何某聪支付 2020 年 1 月 14 日前医疗费用 3882.2 元；三、清远市公安局 Q 分局向何某聪支付一次性伤残就业补助金 17036 元；四、清远市公安局 Q 分局协助何某聪办理医疗费用报销、一次性伤残补助金、一次性工伤医疗补助金领取手续；五、驳回何某聪的其他诉讼请求。

宣判后，何某聪提出上诉。

广东省清远市中级人民法院二审认为，根据《广东省工伤保险条例》第三十二条第二款的规定，工伤保险关系终结的法定条件是职工劳动、聘用合同终止或者依法与用人单位解除劳动关系，本案并不存在该终结条件。清远市公安局 Q 分局违法解除劳动合同，并停止为何某聪交纳社会保险，导致何某聪因工伤产生的医疗费用无法完全获得工伤保险基金赔付，而何某聪对此并无过错，由此产生的损失应由清远市公安局 Q 分局赔偿。另一方面，何某聪因选择不继续履行劳动合同而享有用于赔偿工伤医疗费的一次性工伤医疗补助金，该补助金属于何某聪因清远市公安局 Q 分局违法解除合同的获益，应当从上述损害赔偿额中予以扣除。广东省清远市中级人民法院依照《中华人民共和国民事诉讼法》第一百七十条第一款第一项、第二项的规定，作出如下判决：
一、维持一审判决第一项、第四项；二、撤销一审判决第五项；三、变更一审
判决第二项为：清远市公安局 Q 分局向何某聪支付医疗费 8044. 75 元；四、变
更一审判决第三项为：清远市公安局 Q 分局向何某聪支付一次性伤残就业补
助金 17966. 4 元；五、驳回何某聪的其他诉讼请求。

三、评析

劳动关系是社会关系中的一种基础性关系，维系着社会的长治久安。① 本
案涉及劳动关系解除后劳动者因医疗工伤产生的后续医疗费由谁承担的问题。
审判实践中，大部分观点，包括本案一审判决均认为，劳动合同解除之后，劳
动关系和工伤保险关系同时终结，劳动者的后续医疗费通过一次性医疗补助
金②予以补偿，用人单位无须承担责任③。对此，笔者并不完全赞同，用人单
位违法解除劳动合同时，上述观点有失妥当。本案的二审判决明确用人单位违
法解除劳动关系时，对劳动者因治疗工伤发生的后续医疗费除一次性医疗补助
金外的部分，用人单位应当承担赔偿责任。该裁判规则充分保障了劳动者获得
医疗救治的基本权利，有利于引导用人单位依法用工，促进劳资关系和谐发
展，对类似案件的处理具有参考意义。

（一）现行工伤保险条例的规则体系

文义解释是法律解释的起点，因此法律解释必先由文义解释入手，且所作
解释不能超过可能的文义，始能维护法律的尊严及其安定性价值。④《工伤保
险条例》第三十七条规定："职工因工致残被鉴定为七级至十级伤残的，享受
以下待遇：……（二）劳动、聘用合同期满终止，或者职工本人提出解除劳
动、聘用合同的，由工伤保险基金支付一次性工伤医疗补助金……"《广东省

---

① 参见范跃如：《劳动争议诉讼调解程序研究》，《法律适用》2009 年第 6 期，第 45 页。

② 一次性工伤医疗补助金是指对工伤者劳动关系结束后的后续医疗费用补助。参见余飞跃、李月
月：《因工伤残一次性补偿金的本质、水平及政策启示研究》，《重庆大学学报（社会科学版）》2017 年
第 6 期，第 134 页。

③《深圳市中级人民法院关于审理工伤保险待遇案件的裁判指引》第十六条：用人单位为劳动者
缴纳了工伤保险费，双方劳动关系解除或终止后，工伤职工要求用人单位支付因旧伤复发产生的医疗
费、住院期间伙食补助费、经批准产生的交通、食宿费及安装、维修、更换康复器具所需费用的，不
予支持。

④ 参见梁慧星：《论法律解释方法》，《比较法研究》1993 年第 1 期，第 48 页。

工伤保险条例》第三十二条第二款规定："七级至十级伤残职工劳动、聘用合同终止或者依法与用人单位解除劳动关系的，除享受基本养老保险待遇或者死亡情形之外，由工伤保险基金支付一次性工伤医疗补助金，由用人单位支付一次性伤残就业补助金，终结工伤保险关系……"从上述规定的表述来看，其中劳动关系的解除仅指由劳动者解除的情形，并不明确是否包括由用人单位解除。当文义解释无法对法律作出准确理解时，可以借助于体系解释的方法进一步明确法律的内涵。在进行体系解释时，所得出的解释结论不应当违反任何一项法律规则，即在体系解释过程中，通过考察法律条文之间的相互关系，使法律条文之间相互融洽，避免相互抵牾。根据《中华人民共和国劳动合同法》第四十二条"劳动者有下列情形之一的，用人单位不得依照本法第四十条、第四十一条的规定解除劳动合同：……（二）在本单位患职业病或者因工负伤并被确认丧失或者部分丧失劳动能力的"的规定，在劳动者工伤致残的情况下，除非劳动者存在《中华人民共和国劳动合同法》第三十九条规定的严重过错，否则用人单位无权解除劳动合同，哪怕出现生产经营严重困难等需要经济性裁员的状况。也就是说，上述《工伤保险条例》的规定应理解为本身预设了用人单位无权解除劳动合同的背景，即上述《工伤保险条例》规定的劳动关系解除并不包括用人单位违法解除劳动合同的情形，不能成为该情形下排除用人单位责任的依据。

（二）《工伤保险条例》的立法目的

法律规则并非一潭无源之水，而是在特定立法精神下的有序展开。只有那些比较符合立法精神的解释才是妥当性较高的结论。《工伤保险条例》开宗明义，工伤保险的立法目的是保障劳动者因公受伤时获得医疗救治和经济补偿，促进工伤预防和职业康复，分散用人单位的工伤风险。① 通常情况下，保障工伤劳动者权益和分散用人单位用工风险相互促进，并不矛盾。工伤保险的基本功能是通过工伤保险给付这一最有效、最尊严、最恰当的形式，保障与工作相关伤害的伤残工人及其遗属的基本生活。② 劳动关系依法解除的情形，对于用人单位而言，再无为劳动者参加工伤保险的义务，也无法通过工伤保险制度分

---

① 《工伤保险条例》第一条。
② 参见向春华：《工伤保险一次性给付制度：现状、问题与改革》，《首都经济贸易大学学报》2020年第2期，第68页。

散工伤风险，若继续承担劳动者后续医疗费，显然不合理地加重了用人单位负担，违背工伤保险立法精神。对于劳动者而言，工伤保险赔偿是因工负伤后可获得救济的途径之一。① 通过工伤保险基金给予一次性医疗补助金，对未来可能发生的医疗费进行概况补偿，使劳动者后续能够获得基本救治；同时，解除劳动合同是劳动者对自身情况审慎考虑后自主作出的选择，即便存在一次性医疗补助金不足后续医疗费的情形，也在劳动者的合理预期之内，应由劳动者自行承担。

但是，在用人单位违法解除劳动合同，尤其是用人单位因劳动者工伤致残违法解除劳动合同的情况下，用人单位对劳动者无法通过工伤保险报销医疗费存在过错，如果仍然允许用人单位免除责任，无异于鼓励用人单位从其自身的违法行为中获益，超出《工伤保险条例》关于分散用人单位风险的立法目的，也损害了劳动者的基本权益。对于劳动者而言，虽然有权根据《中华人民共和国劳动合同法》第四十八条的规定对是否继续履行合同行使选择权，但劳动关系本身具有人身依附性②，并不适宜强制履行，劳动者通常只能被迫接受解除的结果。如果由劳动者自行承担后续医疗费，不仅超出劳动者的合理预期，同时增加劳动者行使选择权的负担，进而限制了劳动者此项权利；在实际医疗费超出一次性医疗补助金的情况下，则会进一步损害劳动者获得医疗救济的基本权益，违背工伤保险的立法目的。因此，用人单位违法解除劳动合同时，由其承担相应的后续医疗费，无论从法律条文的逻辑理性，还是从立法目的的实质正义来说，都是妥当的。

本案中，何某聪在工作训练中受伤，清远市公安局Q分局却以其不能正常履职为由解除劳动合同，明显违反了法律规定，并由此导致何某聪相应的后续医疗费无法通过工伤保险获得充分保障，损害了劳动者的基本权利，依法应当承担赔偿。值得注意的是，在确定后续治疗费的赔偿数额时，应遵循损害赔偿的原理，在工伤保险目录范围内扣除一次性医疗补助金。

① 参见金福海、王林清：《论工伤保险赔偿与侵权赔偿之关系——写在〈工伤保险条例〉施行之时》，《政法论坛》2004年第4期，第70页。
② 参见李海明：《论劳动法上的劳动者》，《清华法学》2011年第2期，第125页。

021

用人单位以违反规章制度为由单方解除劳动合同的效力认定

——谢某贤与清远市清新区 G 矿业开发投资有限公司劳动合同纠纷案

广东省清远市中级人民法院　罗文雄

【裁判要旨】　用人单位以劳动者违反企业规章制度为由解除劳动合同的效力如何认定，在审判实践中存在诸多争议。用人单位根据法律规定和工作情况制定劳动规章制度，不仅保障劳动者的合法权益，也是企业保证管理规范和经营稳定的需要。劳动者和用人单位应该按照劳动合同约定和企业劳动规章制度的规定，全面履行各自权利义务。用人单位依据其规章制度解除与劳动者的劳动合同，符合《中华人民共和国劳动合同法》第三十九条规定的过失辞退情形的，应为有效，用人单位无须向劳动者支付经济补偿或赔偿金。

【案例索引】　一审：广东省清远市清新区人民法院（2021）粤 1803 民初 1706 号。

二审：广东省清远市中级人民法院（2021）粤 18 民终 5384 号。

一、案情

上诉人（原审原告）：谢某贤。

被上诉人（原审被告）：清远市清新区 G 矿业开发投资有限公司（以下简称 G 公司）。

2016 年 2 月 27 日，谢某贤入职 G 公司，从事厨师工作。双方签订固定期

限劳动合同至 2023 年 2 月 27 日。G 公司的职业安全告知书中第 11 条写明
"自觉遵守《员工手册》及其他各类规章制度"，谢某贤自己手写字体"以上
管理制度我已悉知，并在工作中遵守"。2020 年 9 月 17 日，谢某贤作为厨房
负责人参加了公司研究部署 9 月 20 日接待事宜会议，会议明确采购土猪肉食
材，谢某贤负责菜品菜单及厨房的管理。9 月 23 日，G 公司召开关于 9 月 20
日食堂浪费食材调查会议并形成会议纪要，参会人员有公司的相关负责人、参
与接待的厨师（谢某贤）等，对各责任人员形成会议调查情况，其中认为谢
某贤作为当天菜单菜品安排负责人，菜品食材少且无法解释采购食材的去向，
没有及时安排食物存放导致变质，同时违规采购。谢某贤失职渎职、怠慢重要
来宾，且工作态度不端正被投诉却仍屡教不改，造成公司严重浪费，依据
《中华人民共和国劳动合同法》第四条和《员工手册》相关管理规定，即日与
谢某贤解除劳动关系。2020 年 9 月 23 日下午，谢某贤办理了离职手续。离职
后，谢某贤认为 G 公司是非法辞退而提出劳动仲裁，要求 G 公司支付赔偿金
69830.20 元及休息日、法定节假日、年休假工资共 43526.40 元。2021 年 2 月
9 日，清新劳动仲裁委作出《仲裁裁决书》，驳回谢某贤所有仲裁请求。谢某
贤收到裁决后不服，向法院提起诉讼。

二、审判

广东省清远市清新区人民法院一审认为，关于解除劳动合同是否违反法律
规定问题，谢某贤作为厨房负责人，对公司的规章制度应比一般职工更为清
楚，而且在其入职时已明确告知了公司的《员工手册》的内容。谢某贤参加
了接待事宜会议，并负责 9 月 20 日的菜品菜单和厨房工作，但其无法解释当
天土猪肉的去向，也未能尽到负责人对厨房人员的管理和监督，并造成浪费，
谢某贤的行为属于严重违反单位的规章制度。G 公司根据《员工手册》第十
六章第十三条的规定，对谢某贤作出开除处理，谢某贤也办理了离职手续。G
公司的行为符合《中华人民共和国劳动合同法》第三十九条第一款第二、三
项的规定，其以开除的方式解除谢某贤劳动合同，不违反法律的规定，不予支
持谢某贤关于支付解除劳动合同赔偿金的诉请。关于谢某贤主张的休息日、法
定节假日、年休假工资是否应支付问题，双方签订的劳动合同约定每月工作
30 天，谢某贤的工种为厨师，鉴于厨师的职业特点，该约定不违反法律规定，

且 G 公司举证证实其已足额支付法定节假日的加班费，故对谢某贤此请求不予支持。综上，一审法院依照《中华人民共和国劳动合同法》第三十九条、第四十六条、第八十五条，《中华人民共和国民事诉讼法》第六十四条第一款和《最高人民法院关于适用〈中华人民共和国民事诉讼法〉的解释》第九十条的规定，判决驳回谢某贤的全部诉讼请求。

宣判后，谢某贤不服提出上诉。

广东省清远市中级人民法院二审认为，G 公司提供的《员工手册》可以作为用人单位用工管理的依据，对于谢某贤浪费食材的问题，G 公司召开了调查会议，并形成会议纪要，谢某贤作为厨房负责人，对此未能作出合理解释，属于工作上的严重失职，违反了《员工手册》的相关规定，G 公司据此解除与谢某贤的劳动合同并无违反法律规定。故判决：驳回上诉，维持原判。

三、评析

劳动者和用人单位自愿订立劳动关系后，用人单位与劳动者都应当按照劳动合同约定，全面履行各自义务。① 用人单位应当按照劳动合同约定的岗位安排、管理劳动者进行劳动，支付劳动报酬；劳动者应当在用人单位的安排、管理下参加劳动，取得劳动报酬。长期以来，传统社会理念一直认为用人单位掌握着生产经营资料，对劳动者进行管理安排，具有一定的支配性身份，存在"劳动者一方处于弱势地位"的观念。为保障劳动者的合法权益，构建稳定、和谐的劳动关系，《中华人民共和国劳动合同法》中对于用人单位可单方面解除劳动关系的事由也有着较为严苛的规定，仅在《中华人民共和国劳动合同法》第三十九条、第四十条封闭式地列举了"6+3"种情形，且未设置兜底性条款（第四十一条经济性裁员情形不列）。除符合该法第四十条规定的用人单位因非劳动者过失性原因或者客观情况需要解除劳动合同的情形外，用人单位仅能在存在第三十九条法定情形下才享有单方解除权。通过这种方式提高用人单位违法解除劳动合同的成本，虽然一定程度上可以有效遏制用人单位违法解除或者终止劳动合同的行为，但在劳动者存在故意或者重大过失，严重违反劳动合同约定的情况下，缺乏对用人单位依法享有用工管理自主权的保护。因

① 《中华人民共和国劳动合同法》第三条。

此，对于用人单位单方解除劳动关系的行为，可根据法律规定及用人单位的劳动规章制度进行审查，合法有效的，应予支持。

劳动规章制度是一种具有软法性质的合作治理规范，基于用人单位与劳动者的共同合意而建立，旨在协调维护用人单位经营自主权和保护劳动者权利的二元目标，实现效率与公平价值的平衡。① 在劳动合同履行过程中，用人单位依法享有用工管理自主权，用人单位可以根据法律和工作情况制定合法的劳动规章制度，这不仅是保障劳动者的合法权益，也是企业保证生产经营的需要，用人单位依法制定的规章制度对劳动者具有约束力。用人单位解除劳动关系所依据的《中华人民共和国劳动合同法》第三十九条第二项"严重违反用人单位的规章制度的"情形，往往是用人单位单方解除劳动关系适用最多的法定情形，劳动者对此不服引发争议。本案中，法院之所以不予支持谢某贤的诉请，认定 G 公司适用该规定单方解除劳动关系不属于违法解除，是从以下几个方面审查处理的，同时为此类纠纷的审理提供如下审判思路和路径。

（一）对用人单位规章制度合法性、程序性、公开性的审查

1. 对合法性的审查

劳动规章合法性审查以劳动规章是否违背效力性强制性规定为审查要件。②《中华人民共和国劳动合同法》第四条和第八十九条均要求用人单位制定劳动规章制度内容需具备合法性，且劳动规章制度是劳动合同定型化发展的结果，③ 不能通过单方制定的规章制度变更劳动合同的约定。劳动规章制度的合法性包括内容的合法性与程序的合法性，④ 企业等用人单位的规章制度既发挥着该用人单位内强制规范的功能，也体现了以劳动者的权利内容为中心。⑤因此，我们在审判实践中首先需对用人单位制定并要求劳动者遵守的劳动规章制度内容是否合法进行审查，如其内容违法或违反劳动合同约定，明显免除或

---

① 参见覃甫政：《劳动规章制度法律性质"软法解释论"之提出及证成》，《东方法学》2016 年第 2 期，第 100 页。

② 参见钱大军、池洋：《劳动规章效力认定：合意控制到内容控制的流变》，《国家检察官学院学报》2021 年第 5 期，第 162 页。

③ 参见黄越钦：《劳动法新论》，中国政法大学出版社 2003 年版，第 136-137 页。

④ 参见张家宇：《劳动规章制度的司法审查——以〈劳动合同法〉第 39 条第二项为中心》，《河北法学》2019 年第 9 期，第 162 页。

⑤ 参见杨继春：《企业规章制度的性质与劳动者违纪惩处》，《法学杂志》2003 年第 5 期，第 42 页。

减轻用人单位责任，加重劳动者义务的，可直接认定该规章制度内容违法而无效。

2. 对程序性的审查

依照我国法律规定，劳方表达意志的民主程序为劳动规章制度制定时必经的程序。① 规章制度制定完成后，其本身并不具备法律效力，需要经过企业职工代表大会或全体职工讨论等公平公开的民主程序，并予以公示，履行告知劳动者的程序，方为生效。很多劳动纠纷判例均表明，如企业依据未通过民主程序的规章制度，对员工作出处罚行为，会被认定为违法。如此做法似乎是最符合《中华人民共和国劳动合同法》第四条规定的要求，侧重于限制用人单位制定规章制度的权利。但企业工会不独立、职工代表大会形同虚设等问题普遍存在，导致在制定规章制度过程中本应履行的民主程序仅仅走过场，并未发挥其实际作用。基于我国企业当前的实际情况，部分地区的司法实践也对此放松了要求，例如，《广东省高级人民法院、广东省劳动争议仲裁委员会关于适用〈劳动争议调解仲裁法〉〈劳动合同法〉若干问题的指导意见》（已失效）（粤高法〔2008〕13 号）第二十条规定"《劳动合同法》实施后，用人单位制定、修改直接涉及劳动者切身利益的规章制度或者重大事项时，未经过《劳动合同法》第四条第二款规定的民主程序的，原则上不能作为用人单位用工管理的依据。但规章制度或者重大事项的内容未违反法律、行政法规及政策规定，不存在明显不合理的情形，并已向劳动者公示或告知，劳动者没有异议的，可以作为劳动仲裁和人民法院裁判的依据"。《湖南省高级人民法院关于审理劳动争议案件若干问题的指导意见》（2009 年 5 月 20 日）第十七条规定"用人单位在《劳动合同法》施行前制定的规章制度，一般予以认可。《劳动合同法》施行后，用人单位制定、修改直接涉及劳动者切身利益的规章制度或者决定重大事项时，未经过《劳动合同法》第四条第二款规定的民主程序的，原则上不能作为用人单位用工管理的依据。但规章制度或者重大事项的内容未违反法律、行政法规及政策规定，不存在明显不合理的情形，并已向劳动者公示或告知的，可以作为人民法院裁判的依据"和《湖北省高级人民法院关于

---

① 参见郑尚元、王艺非：《用人单位劳动规章制度形成理性及法制重构》，《现代法学》2013 年第 6 期，第 81 页。

审理劳动争议案件若干问题的意见》（2004 年 3 月 21 日）第十六条规定"劳动者对用人单位的规章制度提出异议的，用人单位应举证证明规章制度不违反国家法律、行政法规以及政策的规定，并已向劳动者公示"。上述地方司法文件均系将用人单位规章制度的合法性及公示性作为审理劳动争议案件依据的必要要件，而未严格要求规章制度的程序性。本案正是采用了放松要求的观点，合理把握民主程序的要求，没有机械地适用法律规定，严苛要求用人单位规章制度的制定需完全依照民主程序。

3. 对公示性的审查

用人单位的劳动规章制度作为一种行为规范，对劳资双方的权利义务都有重大影响。[①] 因此《中华人民共和国劳动合同法》第四条第四款规定，用人单位应当将直接涉及劳动者切身利益的规章制度和重大事项决定公示，或者告知劳动者。可见，公示或告知是必要的要件。[②] 规章制度"公示"最核心的制度利益在于让劳动者"知晓"。[③] 如劳动者对用人单位制定的规章制度毫不知情，此时要求劳动者按照规章制度履行义务显然牵强，且需裁判者从宏观上把握劳动者的行为性质。在用人单位针对规章制度的公示方法上，笔者认为，用人单位仍需举证证明其已将规章制度向劳动者公开，公示方法可以确保劳动者以一般方式知悉或普遍了解，否则不应认定该规章制度对劳动者具有法律约束力。因此，本案在查明谢某贤已经明确知悉并同意公司的规章制度和《员工手册》内容的情况下，认定 G 公司的规章制度和《员工手册》对谢某贤具有约束力，谢某贤在工作中应当遵守履行。

（二）对严重违反规章制度的标准的认定

用人单位规章制度是决定劳动者与用人单位权利义务的重要依据，劳动者违反用人单位规章制度的严重性判断关乎劳动者的生存权、劳动权与用人单位的解雇权之间冲突的解决。[④] "严重违反"是一个不确定的概念，认定劳动者的行为是否属于严重违反规章制度存在主观意识上的判断，裁判理念的差异是

---

① 参见胡立峰：《劳动规章制度与劳动合同效力之冲突》，《法学》2008 年第 11 期，第 123 页。

② 参见谭玲：《劳动争议审判前沿问题研究》，中国民主法制出版社 2013 年版，第 248 页。

③ 参见沈同仙：《试论程序瑕疵用人单位规章制度的效力判定》，《政治与法律》2012 年第 12 期，第 37 页。

④ 参见胡大武、杨芳：《严重违反单位规章制度之严重性边界的实证分析——以〈劳动合同法〉第 39 条第（二）款为视角》，《中国劳动》2016 年第 12 期，第 23 页。

法官对严重违反劳动规章制度之"严重"认定不一的原因之一，① 笔者认为可以综合考虑以下几个因素进行判断：①劳动者的违纪行为是否在其已知悉的规章制度中有明确规定；②规章制度的规定对于劳动者违纪行为的处罚是否合理恰当；③劳动者的违纪行为是否给用人单位造成重大损害或恶劣影响；④劳动者的岗位性质及主观上是否存在故意或放任态度；⑤用人单位是否针对劳动者的违纪行为进行调查或听取本人意见。在本案中，谢某贤作为厨房负责人，岗位职责上明显区别于普通员工，除向 G 公司提供劳动外，还具有对厨房工作人员的管理和监督职责、对厨房食材的保管和合理处置义务。但其在重要接待餐当天对菜品安排失职，导致新鲜食材变质并报废处理，违规申报采购等，造成 G 公司较大的经济损失，G 公司在对谢某贤的违纪行为进行调查后载明了调查情况，并形成会议纪要，谢某贤在调查中仍对上述情况没有做出合理解释，故 G 公司主张谢某贤严重违反规章制度具有相应的依据，人民法院可予采信。

（三）对单方解除劳动合同程序的审查

《中华人民共和国劳动合同法》第四十三条规定，用人单位单方解除劳动合同，应当事先通知工会。法律明确规定企业单方面解除劳动合同需要通知工会，其目的在于让工会在解除行为尚未生效前把好关，切实维护劳动者的合法权益。② 但是，在用人单位单方解除劳动合同没有事先将解除理由通知工会或征求工会的意见的情况下，用人单位的单方解除行为是否具有法律效力？劳动者能否以用人单位解除劳动关系违法为由要求撤销解除决定，或者要求继续履行合同，或者主张用人单位支付赔偿金？我们在日常的审判工作中也时常会遇到一些被单方解雇的劳动者以此提出用人单位违法解除的抗辩，目前似乎还没有一个统一的裁判标准，审判中对该问题也存在两种意见：一种意见认为，法律明确规定用人单位解除劳动合同应当征求工会意见，否则应认定为违法解除劳动合同，应当向劳动者支付赔偿金或依照劳动者的主张认定继续履行合同。另一种意见认为，对用人单位单方解除劳动合同的程序要求应当具体情况具体

---

① 参见胡大武、杨芳：《严重违反单位规章制度之严重性边界的实证分析——以〈劳动合同法〉第 39 条第（二）款为视角》，《中国劳动》2016 年第 12 期，第 27 页。

② 参见蒋天成、柯菲菲、朱蕴宇等：《劳务派遣单位未通知工会单方解除行为是否合法》，《中国劳动》2011 年第 8 期，第 49 页。

分析，如果用人单位解除合同本身不违反法律，仅程序上未征求工会意见，不构成违法解除劳动关系，不需要支付赔偿金，但应告知用人单位补正程序。天津市高级人民法院于 2017 年 11 月 30 日印发的《天津法院劳动争议案件审理指南》第 21 点关于认定用人单位合法解除劳动合同需审查的要件，对是否成立工会需履行的通知义务作出了不同要求，"已经建立工会的用人单位根据《中华人民共和国劳动合同法》第三十九条、第四十条的规定解除劳动合同，事先已经通知工会；或者虽未通知工会，但是在起诉前已经补正有关程序"及"未建立工会的用人单位根据《中华人民共和国劳动合同法》第三十九条、第四十条规定解除劳动合同，劳动者以用人单位未通知所在地工会或者行业工会为由主张违法解除劳动合同的，不予支持"。笔者倾向于天津高院的上述做法，一方面，我国的实际情况是中央和各地不断出台鼓励、助力中小企业发展的优惠政策，中小企业数量占据大多数，但仍有一定数量的中小企业由于职工人数少、发展期限短、有意忽视等原因没有建立企业工会，对于没有成立工会的用人单位也无从谈起通知工会或征求工会意见，但没有成立工会的用人单位仍需在其作出解除的意思表示后，将解除劳动合同的意思表示送达劳动者，并需对解除劳动合同的具体原因承担举证责任。另一方面，笔者认为将用人单位是否成立工会的举证责任分配给劳动者并无不妥。按照法律要件分类说的一般原则，应当由劳动者就自己没有违反用人单位的规章制度而不应当受到处理这一个权利发生要件负举证责任。① 即劳动者对其主张用人单位违法解除劳动合同本身应承担相应的举证责任，且在双方建立劳动关系过程中，劳动者对自身是否缴纳工会费、是否参加过工会活动、是否收取工会通知等是可以明确知悉的，故此举证责任分配方式并未加重劳动者的举证负担。当然，裁判者在法庭调查过程中就建立工会与否问题进行调查询问也无不可，更加利于查明案件事实。

综合上述审查思路，本案查明谢某贤入职时已明确被告知公司《员工手册》的内容，其也已签字确认知悉规章制度的情况下，确认该规章制度对谢某贤具有约束力。谢某贤因工作失职给单位造成损失，且其未能对此作出合理

① 参见孙德强：《劳动争议诉讼举证责任分配》，《中国劳动关系学院学报》2006 年第 1 期，第 56 页。

解释，属于严重违反单位的规章制度，用人单位与其解除劳动关系有事实根据和法律依据。由于谢某贤未对解除程序提出抗辩，也未举证证实 G 公司已经成立工会，最终认定用人单位单方解除劳动关系的行为合法，不予支持谢某贤主张的赔偿金。

　　法律正义与分配正义的交织决定了社会正义的面貌；分配正义与平衡正义的交织决定了私人正义的脸孔，劳动法为社会正义与私人正义共同支配，[①] 成为劳动规章双重属性的源泉。法律介入的意义即在于衡平企业自治与劳动者权益并保障劳动法治的实现。[②] 本案是用人单位依据《中华人民共和国劳动合同法》第三十九条第二项情形单方解除劳动合同的典型案例，将法律规定和司法实践相结合，权衡用人单位和劳动者双方的合法权益，促进用人单位制定的规章制度合理合法、有效发挥作用的同时，也能有效保护劳动者的合法权益，明确此类案件的处理标准，减少劳资纠纷，也是敦促用人单位和劳动者双方诚实守信，践行社会主义核心价值观的有效指引。

---

　　① 参见［德］阿图尔·考夫曼、温弗里德·哈斯默尔主编，郑永流译：《当代法哲学和法律理论导论》，法律出版社 2002 年版，第 65 页。
　　② 参见钱大军、池洋：《劳动规章效力认定：合意控制到内容控制的流变》，《国家检察官学院学报》2021 年第 5 期，第 176 页。

022

外卖骑手与平台公司是否存在劳动关系
——郑某海诉东莞 K 物流有限公司清远分公司劳动争议案

广东省清远市中级人民法院　韩　雯

【裁判要旨】 外卖人员、快递人员等新业态模式从业人员劳动关系的认定，应当从劳动力与生产资料的结合是否紧密以及劳动者人身、经济、组织、信息从属性的有无和强弱来考量，必须透过现象看本质，以确保新从业人员的劳动者权益。

【案例索引】 一审：广东省清远市清城区人民法院（2021）粤 1802 民初 8803 号。

二审：广东省清远市中级人民法院（2022）粤 18 民终 359 号。

一、案情

上诉人（原审被告）：东莞 K 物流有限公司清远分公司。

负责人：何某航。

被上诉人（原审原告）：郑某海。

2020 年 11 月，郑某海按照"饿了么"招聘骑手宣传单应聘，成为"饿了么"平台清远站全职外卖骑手。郑某海下载了骑手专用 App，接受东莞 K 物流有限公司清远分公司（以下简称 K 公司）的排班、考勤、着装等管理。该公司通过 App 向郑某海发放了 4 个月工资后就开始拖欠工资，郑某海于 2021 年 4 月离职，5 月经仲裁不予受理后向法院起诉，要求 K 公司支付拖欠工资、经济补偿金和未签书面劳动合同的二倍赔偿金等。K 公司主张与郑某海无劳动关系，该公司将配送业务外包给案外人 H（昆山）网络科技有限公司（以下简称 H 公司），与郑某海无直接法律关系；且郑某海注册了个体工商户，本身是市场经营主体，不受任何单位安排、管理，不与任何人形成劳动、雇佣关系。

二、审判

广东省清远市清城区人民法院一审认为，K 公司是有限责任公司分公司，经营范围是国内货运代理、物流代理服务等。而据招聘骑手单可知，郑某海的职责主要是运送餐品、外卖。运送餐品、外卖等送餐快递属于新兴行业，其用工形式灵活多样，双方法律关系应结合案件情况具体分析。虽然双方之间没有签订书面合同，但从 K 公司提供的招聘骑手单、排班表、App 内申请表以及薪资账单可知，K 公司作为符合用工条件的用人单位，对郑某海进行了排班、穿衣、批假等实质性管理，而郑某海亦受 K 公司的各项管理，从事 K 公司安排的有报酬的劳动，且郑某海提供的劳动是 K 公司业务的组成部分。为此，依照《劳动和社会保障部关于确立劳动关系有关事项的通知》"用人单位招用劳动者未订立书面劳动合同，但同时具备下列情形的，劳动关系成立。（一）用人单位和劳动者符合法律、法规规定的主体资格；（二）用人单位依法制定的各项劳动规章制度适用于劳动者，劳动者受用人单位的劳动管理，从事用人单位安排的有报酬的劳动；（三）劳动者提供的劳动是用人单位业务的组成部分"的规定，本案双方之间形成事实劳动关系，K 公司应当对郑某海履行劳动关系的相关义务。遂判决 K 公司支付郑某海工资、经济补偿金、双倍工资差额。

宣判后，K 公司提出上诉。

广东省清远市中级人民法院二审认为，快递、外卖等相关行业中，用工单位可与外卖人员等建立多种形式的用工关系，外卖等人员与其用工单位之间的关系，应按双方的约定认定。但如果用工单位依法制定的各项劳动规章制度适用于该劳动者，该劳动者亦受用工单位的劳动管理，从事用工单位安排的有报酬的劳动，且该劳动者提供的劳动是用工单位业务的组成部分，应认定双方存在劳动关系。本案中，K 公司是"饿了么"平台清城区代理商，郑某海在该站点从事外卖配送工作，其提供的劳动属于 K 公司业务的组成部分。郑某海提交的平台骑手 App 中的相关内容可以反映 K 公司对其进行派单、考勤、着装等管理。郑某海提交的薪资账单及转账记录可证明郑某海从事 K 公司安排的有报酬的劳动。因此一审认定 K 公司与郑某海存在劳动关系是正确的，予以维持。K 公司与 H 公司之间的合同关系不影响劳动关系的认定。郑某海在入职后应 K 公司要求注册了个体工商户，K 公司不应以此免除用人单位责任。依照《中华人民共和国民事诉讼法》第一百七十七条第一款第一项之规定，判决：判决驳回上诉，维持原判。

三、评析

劳动者是一个含义非常广泛的概念，凡是具有劳动能力，以从事劳动获取合法收入作为生活资料来源的公民都可称为劳动者。[①] 但"人人都是劳动者"的概念显然不适用于法学的语境，否则将出现用人者亦为劳动者的奇怪推论，因而作为法律概念的劳动者应具体限缩为不是为自己劳动而是从属于他人，为实现他人目的而进行的劳动。[②] 劳动者在劳动中与雇主间存在人身或经济上的依赖性，因而在劳动生活中属于从属地位的劳动者明显具有保护的必要性，这也是劳动法产生和规范的重要前提。[③] 在互联网时代背景下，快递、外卖等相关行业就业方式灵活、多变，导致实践中对外卖人员是否与用工单位有传统劳动关系的认定提出了挑战。[④] 有观点认为存在劳动关系，外卖人员与电商平台具有特殊的从属性，包括提供定制的服装、配饰，从事公司安排的工作，定时培训、集会、GPS 定位考勤，第三方（客户）评价进行奖惩考核，以上特征并未超出传统劳动法的覆盖范围，从本质上看具有高度的从属性，符合劳动关系的本质特征。[⑤] 有观点认为属于承揽关系，某些平台专门提供商家送货需求、信息，个体劳动者通过平台上的信息选择接单，完成任务，按件计费，劳动者与平台之间不存在紧密的依附性和从属性，其工作时间、地点、方式可以

---

① 参见董保华：《劳动合同立法的争鸣与思考》，上海人民出版社 2011 年版，第 44-45 页。

② 参见黎建飞：《劳动法的理论与实践》，中国人民公安大学出版社 2003 年版，第 8-15 页。

③ 参见 [德] W. 杜茨著，张国文译：《劳动法》，法律出版社 2005 年版，第 1-2 页。

④ 在《人力资源社会保障部对政协十三届全国委员会第三次会议第 3391 号提案的答复》（人社提字〔2020〕89 号）中提出："近年来，以平台经济、共享经济为代表的新业态蓬勃发展，成为促进经济发展的新引擎。新业态发展在促进就业数量增长的同时，也催生了大量新的就业形态。新就业形态人员大多通过平台自主接单承接工作任务，准入和退出门槛低，工作时间相对自由，劳动所得从消费者支付的费用中直接分成，其与平台的关系有别于传统的'企业+雇员'模式，导致新就业形态人员难以纳入现行的劳动法律法规保障范围，具体表现为劳动权益保障不足，社会保障覆盖范围有限等。"

⑤ 采此观点的判决参见：（2022）京 01 民终 4432 号民事判决书；（2022）豫 0802 民初 4889 号民事判决书；（2022）鲁 06 民终 5193 号民事判决书；（2018）苏 05 民终 1482 号民事判决书。

自由决定，故不应认定存在劳动关系。①

劳动关系最本质的特征是人身依附性，即劳动者从属于用工单位，受其管理、考核。劳动的时间、地点和方式由雇主决定，劳动者具有人格从属性、经济从属性、组织从属性、信息从属性。英美法系采用的是控制性标准，而大陆法系采用的是从属性标准。② 我国目前的司法实践中，关于灵活就业劳动关系的认定依据主要来自《劳动和社会保障部关于确立劳动关系有关事项的通知》，要而言之，认定关键在于劳动者与用人单位间是否存在行为上的从属性与经济上的从属性。③

新形势下，外卖配送亦存在不同的情形，包括平台自送、第三方配送、商家自送。商家自送是由商家自行雇佣配送员进行送餐；平台自送是由送餐平台统一雇佣配送员对其加盟商进行统一配送；第三方配送是将配送服务发包给第三方配送公司。

从外卖业务合作的角度（即送餐模式）来分析，通常情况下有三种用工模式，包括"团购""众包""外卖"。①"团购"是一种最为常见的表现形式，用人单位通常是某在线科技有限公司，由该单位与配送员签署劳动协议，工资由该公司发放。在这种环境下，员工的社会保障等福利都由该公司提供，同时该公司拥有培训、管理、解聘员工等权利，这也意味着该公司有责任承担用工过程中的各种风险。②"众包"是由劳动者自己通过下载 App 申请注册成为该平台的外卖员。在实践中，网络平台会提供格式化的注册协议条款，必须得同意其提供的注册条件才可成为平台配送员，注册协议明确规定了双方的各项职责。外卖员受平台数据化、信息化的管理，接受平台分派的任务，需保质保量完成平台任务，接受平台考核，按件、按质、按量计算收入。本质上亦应当认定为劳动关系。③"外卖"又称"某某专送"，各个商家通常采取加盟运营的方式，然后由加盟商提供相应的送餐服务，配送人员由加盟商自助招聘。

① 采此观点的判决参见：（2022）粤 0115 民初 478 号民事判决书；（2021）沪 0118 民初 7056 号民事判决书；（2021）鲁 0281 民初 14180 号民事判决书；（2020）吉 04 民终 709 号民事判决书。

② 参见谢增毅：《互联网平台用工劳动关系认定》，《中外法学》2018 年第 6 期，第 1548-1550 页。

③《劳动和社会保障部关于确立劳动关系有关事项的通知》（劳社部发〔2005〕12 号）："一、用人单位招用劳动者未订立书面劳动合同，但同时具备下列情形的，劳动关系成立。（一）用人单位和劳动者符合法律、法规规定的主体资格；（二）用人单位依法制定的各项劳动规章制度适用于劳动者，劳动者受用人单位的劳动管理，从事用人单位安排的有报酬的劳动；（三）劳动者提供的劳动是用人单位业务的组成部分。"

一般情况下，配送人员与加盟商建立劳动关系。

传统理论上的劳动关系，劳动时间、地点、方式应当由雇主决定，雇主对劳动者具有人格、组织、经济、信息上的从属性，劳动者提供的劳动与雇主的生产资料紧密结合，为雇主创造收益、提高收益，劳动者的劳动是雇主业务的组成部分。劳动者为实现雇主的经营目的而进行劳作，雇主通过数据平台的大数据分析、GPS 定位技术、考核奖惩机制等实现了对劳动者的弱管理、强控制，并且在日常工作中会对劳动者进行统一的培训、考核，并提供统一的标识、服装，甚至交通工具等，不能以劳动者注册了个体工商户为借口排除劳动者的从属性。事实上外卖平台运用算法技术同样实现了对于外卖骑手的控制管理，有学者形象地将这一过程称为平台的"算法控制"和外卖骑手的"下载劳动"。① 实践中，外卖人员一般工作性质属于从事"送达"工作，完成公司安排的派送任务，按件按质进行绩效评价，实行多劳多得，完全符合劳动关系特征。但外卖人员涉及平台和第三方人力资源公司等多个不同主体，其与不同单位间的从属性及强弱难以认定，而这也将最终影响对于用工单位的认定。②

笔者认为，在快递、外卖等灵活用工的行业中，用工单位可与外卖人员等建立多种形式的用工关系，在没有签订书面劳动合同的情况下，判断是否存在劳动关系以及与哪个主体形成劳动关系应重点审查以下四个方面：

（1）用工单位依法制定的各项劳动规章制度是否适用于该劳动者。用工单位制定的各项劳动规章制度对劳动者具有约束力，包括强控制和较强控制，劳动者必须守规章制度，并且通过上述规章制度对劳动者完成工作的质效进行培训、考核、管理、晋升等考察，以形成对劳动个人的实质性控制的，应当作为认定劳动关系成立的重要因素。

（2）该劳动者是否受用工单位的劳动管理。劳动者受用工单位的管理，接受用工单位的考勤、指派任务、完成方式及工作礼仪等用人规范、管理，并且在一系列的评价、考核机制下实际上亦形成了对劳动者较强的人格、组织管理属性。

① 参见邹开亮、宋嘉玲：《算法控制下外卖骑手劳动关系的去离、回归与协调》，《大连理工大学学报（社会科学版）》2022 年第 5 期，第 73 页。

② 参见李骏、宋嘉玲：《互联网平台用工方式及责任的解构与重构——以生产要素的集成方式为视角》，《中国应用法学》2021 年第 4 期，第 42-43 页；陈晓宁：《论非标准劳动关系的法律规制》，《时代法学》2010 年第 3 期，第 73-74 页。

（3）该劳动者是否从事用工单位安排的有报酬的劳动。劳动者服从用工单位安排，从事用工单位经营业务范围内有报酬的工作，外卖人员的工作内容主要是从事加盟商或商家发起的外卖配送工作，是平台或者加盟商经营业务的主要内容，也是新形势下提高销售方式和销售量的重要创新内容，可以足不出户便能享受美食。

（4）该劳动者提供的劳动是用工单位业务的组成部分。判断劳动力与生产资料结合情况的一个重要方面则是考察劳动者的劳动是否属于用工单位的业务范围，且是否属于主要业务及盈利范围。用工单位的业务范围是靠劳动者提供的劳动去实现，且用工单位对劳动者提供的劳动方式进行过系统的岗前培训，劳动者受其规章制度的管理、考核，并接受用工单位的工作安排，依赖用工单位的工资结算及发放的，则能判断双方之间构成实质上的劳动关系，劳动者的合法权益应受法律保护。

新业态从业人员权益的保护依赖从业人员自身提高维权意识和能力（保存初步证据），政府等行政单位对平台资质的审核和监管，以及对从业人员的登记管理，为从业人员提供维权帮助，建立健全相应的管理规章，这些比通过司法途径进行事后救济更为重要。

023

驾驶证记满 12 分是否属于未取得驾驶资格

——中国人民财产保险股份有限公司 Q 市分公司诉吴某维等追偿权纠纷案

广东省清远市中级人民法院 杨 玲

【裁判要旨】 驾驶证记满 12 分不是取消驾驶许可的具体行政行为，而是触发交警部门依法取消驾驶许可的一项前提条件。驾驶证记满 12 分，但未被交警部门依法定程序公告停止使用，不应认定为驾驶人未取得驾驶资格，保险公司在交强险范围内无追偿权。

【案例索引】 一审：广东省清远市清新区人民法院（2019）粤 1803 民初 2365 号。

二审：广东省清远市中级人民法院（2019）粤 18 民终 3232 号。

一、案情

上诉人（一审被告）：吴某维。

被上诉人（一审原告）：中国人民财产保险股份有限公司 Q 市分公司（以下简称保险公司）。

2017 年 9 月 16 日 9 时 30 分，吴某维驾驶的某轻型普通货车与黄某兴驾驶的轻便二轮摩托车（搭载曾某弟）发生碰撞，事故导致曾某弟受伤经抢救无效死亡。交警部门出具《道路交通事故认定书》，认定吴某维承担此事故的主要责任，黄某兴承担此事故的次要责任，曾某弟不承担此事故责任。吴某维驾驶的轻型普通货车在保险公司处投保了交强险和商业三者险，该事故发生在保险期限内。吴某维驾驶证准驾车型是 C1，交通事故发生时吴某维因交通违章被扣 12 分，交警系统中标注其驾驶资格状态是"注销可恢复"，2017 年 10 月 25 日恢复为正常状态。曾某弟及其近亲属就本次交通事故造成的损失两次提起诉讼，生效判决确认保险公司在交强险范围内赔偿 120000 元，并在商业三者险内进行相应赔偿。保险公司已依判履行了赔付义务，并提起诉讼，向吴某维追偿已在交强险范围内赔付的 120000 元。

二、审判

广东省清远市清新区人民法院一审认为，本案的争议焦点为：事故发生时，吴某维驾驶机动车是否属于"未取得驾驶资格或者未取得相应驾驶资格"的情形。事故发生时，吴某维因违章驾驶导致被记满 12 分，吴某维所持有的 C1 驾驶证状态被标注为"注销可恢复"。注销驾驶许可，是公安机关交通管理部门因被许可人不满足法定许可条件时对其取消许可事项的一项管理措施。吴某维的驾驶证被注销表明交警部门已取消了其驾驶资格，其驾驶证属于失效期间，此期间吴某维不具备驾驶资格。即吴某维自被注销驾驶资格之时起至经公安交警部门许可恢复其驾驶资格期间，属于"未取得驾驶资格"的状态。即使事后交警部门将吴某维的驾驶证恢复到正常状态，亦无法改变吴某维的驾驶证在案发时已失效，当时没有驾驶资格的事实。故一审法院认定事故发生时，吴某维的驾驶证处于注销状态属于"未取得驾驶资格"的情形。据此，一审法院判决保险公司对吴某维享有 120000 元交强险赔偿款的追偿权。

宣判后，吴某维提出上诉。

广东省清远市中级人民法院二审认为，本案的争议焦点为：驾驶证记满 12 分是否属于未取得驾驶资格或未取得相应驾驶资格的情形，保险公司在交强险范围内是否有追偿权。首先，《最高人民法院关于审理道路交通事故损害赔偿案件适用法律若干问题的解释》第十八条规定，发生交通事故导致第三人人身损害时，保险公司在交强险责任限额范围内先予以赔偿，如存在驾驶人未取得驾驶资格或者未取得相应驾驶资格的情形，保险公司可在赔偿范围内向侵权人主张追偿权。从字面意义理解，驾驶人未取得驾驶资格或者未取得相应驾驶资格是指从未取得驾驶证，驾驶人的驾驶技术不符合准驾车型驾驶证领取条件，不能当然涵盖驾驶证被记满 12 分的情形。其次，依照《中华人民共和国道路交通安全法》第二十四条第一款和《中华人民共和国道路交通安全法实施条例》第二十三条第一款、第二十五条规定，道路交通安全违法行为累积记分制度是交警部门的一种行政管理措施，在一个记分周期内记分达到 12 分的，交警部门应扣留驾驶人的驾驶证，驾驶人应参加学习和考试，考试合格后可发还驾驶证，驾驶人拒不参加学习和考试的，交警部门公告其驾驶证停止使用。在案证据未反映发生交通事故时吴某维的驾驶证已被交警部门扣留或公告停止使用，也未反映吴某维在事发时知晓自己的驾驶证已记满 12 分并拒绝参加学习和考试，因此仅凭交警部门的系统中显示记满 12 分并登记为"注销可恢复"即认定吴某维未取得驾驶资格的依据不充分。最后，保险公司提交的证据不足以证明吴某维未取得驾驶资格，因此无权在交强险范围内向吴某维追偿。故驳回保险公司的诉讼请求。

三、评析

（一）类案及地方司法文件中的相关认定

法治进步的一点表现在同案同判。① "同案"指的是构成要素类似，在证据支持下法官认定的事实构成要件基本相似的案件。在这一点上，学界已经达成共识。② 所谓的"同案不同判"是指在司法审判机构内部，不同的组成成员对于"同一个"法律问题有着不同的见解、意见，或者是对于同样的法律条文作出不同甚至是截然相反的法律解释，或者是对于是同一个法律条文在具体案件中适用的论证过程所选择的法律论据存在较大的分歧，上述原因所造成的不统一、不一致、不协调、不稳定、不权威的判决可以认定为"同案不同判"的情形。在判断案件是否具有相似点的同时，不能因为案件的构成要件具有不同点就将其认定为不一样的案件。③ 在法的一般性这一重要的法治原则指引

---

① 参见钟浩南：《论同案同判作为司法裁判的核心——一个基于系统论的描述》，《法制与社会发展》2022 年第 6 期。

② 支持上述观点的学者及其代表文献主要有：雷磊：《指导性案例法源地位再反思》，《中国法学》2015 年第 1 期；泮伟江：《论指导性案例的效力》，《清华法学》2016 年第 1 期；郜永昌、刘克毅：《论案例指导制度的法律定位》，《法律科学（西北政法学院学报）》2008 年第 4 期。

③ 参见解永照：《"同案同判"中法的一般性与社会事实基础》，《山东警察学院学报》2022 年第 3 期。

下，对"同案"应产生相同的或者相类似的规范性裁判结果。① 但是，这并不意味着规范性结果的相同可以精细到民事赔偿领域中的赔偿金金额或者刑法领域法定刑范围之内的具体刑罚。②

造成本案一、二审观点截然相反的主要原因是对《最高人民法院关于审理道路交通事故损害赔偿案件适用法律若干问题的解释》第十八条③中"未取得驾驶资格"的解释和理解不同，特别是交警系统中将驾驶证状态标注为"注销可恢复"时是否当然解释为无驾驶资格。通过类案检索，笔者发现各地法院对于驾驶证记满 12 分以及驾驶证"注销可恢复"是否属于未取得驾驶资格有不同的认定。

与一审观点接近的判决，④ 上海浦东新区法院认为案涉车辆驾驶员因违章行为被公安部门记满 12 分，根据《中华人民共和国道路交通安全法实施条例》第二十八条⑤的规定，案涉车辆驾驶员不得驾驶机动车，且该案中保险条款已约定驾驶人在法律、法规规定的其他属于无有效驾驶资格的情况下保险公司免责，因此判决保险公司不承担责任。东莞市中级人民法院审理的曾某一案⑥也有可参考性。该案的关联事实为：驾驶人曾某是超过一定年龄需要每年提交身体条件证明的人员，事故发生时曾某的驾驶证因未按时提交体检证明被交警部门在系统中标注为"注销可恢复"，事故发生后曾某重新向交警部门提交了身体条件证明并恢复了驾驶资格，已垫付事故赔偿款的权利人要求肇事车辆的保险公司太平洋保险在交强险和商业三者险范围内承担赔偿责任并向垫付人返还款项。东莞中院在二审中向曾某驾驶证的发证机关某交警支队发函咨询：驾驶证状态为"注销可恢复"时是否属于已丧失驾驶资格、其驾驶证是

---

① 参见陈杭平：《论"同案不同判"的产生与识别》，《当代法学》2012 年第 5 期。

② 参见刘作翔、徐景和：《案例指导制度的理论基础》，《法学研究》2006 年第 3 期。

③《最高人民法院关于审理道路交通事故损害赔偿案件适用法律若干问题的解释》第十八条规定，有下列情形之一导致第三人人身损害，当事人请求保险公司在交强险责任限额范围内予以赔偿，人民法院应予支持：（一）驾驶人未取得驾驶资格或者未取得相应驾驶资格的；（二）醉酒、服用国家管制的精神药品或者麻醉药品后驾驶机动车发生交通事故的；（三）驾驶人故意制造交通事故的。保险公司在赔偿范围内向侵权人主张追偿权的，人民法院应予支持。追偿权的诉讼时效期间自保险公司实际赔偿之日起计算。

④ 上海浦东新区法院（2013）浦民六（商）初字第 9676 号民事判决书。

⑤《中华人民共和国道路交通安全法实施条例》第二十八条的规定：机动车驾驶人在机动车驾驶证丢失、损毁、超过有效期或者被依法扣留、暂扣期间以及记分达到 12 分的，不得驾驶机动车。

⑥ 东莞市中级人民法院（2016）粤 19 民终 6091 号案。

否属于驾驶证失效的情形。该交警支队回函称:"系统登记为'注销可恢复',该驾驶证属于失效期间,此期间曾某不具备驾驶资格。"东莞中院按照该交警回函认定交警系统中标注驾驶证状态为"注销可恢复"即表明曾某在事故发生时驾驶证处于失效状态,属于保险合同中约定的"未取得驾驶资格"、"驾驶证失效"的免责情形,因此判决太平洋保险不承担赔偿责任。该案与本案的相似之处主要是本案中吴某维的驾驶证也被标注为"注销可恢复",如果按"注销可恢复"即表明无驾驶资格的逻辑,应认定为吴某维无驾驶资格。

与本案的事实较为接近的上海金融法院审理杜某翔一案,① 该案中驾驶人杜某翔在发生交通事故是驾驶证被记满 12 分,平安保险在交强险范围内承担责任后向杜某翔追偿。上海金融法院二审认为:"未取得驾驶资格是指未取得及被吊销、扣留驾驶证的情形。驾驶证被记满 12 分,并不属于未取得驾驶资格。设若有关部门宣布杜某翔的驾驶证停止使用,但并未对其驾驶证采取扣押、吊销等强制措施。平安保险也未提供证据证明杜某翔系驾驶证被扣留、吊销期间仍驾驶机动车而发生事故。"故判决平安保险无追偿权。

此外,《浙江省高级人民法院、浙江省人民检察院、浙江省公安厅关于办理"醉驾"案件若干问题的会议纪要》(浙高法〔2019〕151 号)第五条第一点②中列举出排除事项,对"无驾驶汽车资格"进行了限缩解释,认为驾驶证被扣留、超出驾驶证年审期限未满一年、驾驶证记分满 12 分状态未满一年的不属于无驾驶汽车资格及不得适用缓刑的情形。该会议纪要虽然是关于刑事"醉驾"的相关规定,但按照举重以明轻的原则,记满 12 分不属于限制适用缓刑的"无驾驶汽车资格"情形,在民事追偿权案件中也不应属于"未取得驾驶资格"的保险公司免责或享有追偿权的情形。因此该会议纪要对本案的处理有一定的参考意义。

---

① 参见上海金融法院 (2018) 沪 74 民终 109 号民事判决书。
② 醉酒驾驶汽车,具有以下情节之一的,不得适用缓刑:①造成他人轻伤及以上后果的;②在高速公路上醉酒驾驶的;③醉酒驾驶营运机动车、中型以上机动车、或者严重超员、超载、超速驾驶的;④无驾驶汽车资格的(驾驶证被扣留、超出驾驶证年审期限未满一年、驾驶证记分满 12 分状态未满一年的除外);⑤明知是不符合机动车安全技术检验标准或者已报废的汽车而驾驶,驾驶无牌机动车或者使用伪造、变造或其他车辆的机动车牌证的;⑥在被查处时有驾车逃跑或严重抗拒检查行为的;⑦在诉讼期间拒不到案或者逃跑的;⑧曾因酒后驾驶三年内、醉酒驾驶五年内被追究的。

（二）驾驶证记分制度是行政管理措施，记满12分的事实并非取消驾驶许可的具体行政行为，不能等同于"未取得驾驶资格"

首先，从字面含义上理解，"未取得驾驶资格"是指从未取得驾驶证或者驾驶资格被取消，不能当然涵盖驾驶证被记满12分的情形。其次，道路交通安全违法行为累积记分制度是交警部门的一种行政管理措施，记满12分如何处理的具体规定见《中华人民共和国道路交通安全法》第二十四条第一款①、《中华人民共和国道路交通安全法实施条例》第二十三条第一款、② 第二十五条③和《机动车驾驶证申领和使用规定》第五十八条。④ 上述条款规定驾驶证记满12分的处理程序是：1. 交警部门扣留驾驶证。2. 驾驶人学习及参加考试，考试合格的，记分予以清除，发还机动车驾驶证；考试不合格的，要继续参加学习和考试。3. 拒不参加学习和考试的由交警部门公告驾驶证停止使用。可见12分记满后交警部门应首先采取扣留驾驶证、督促驾驶人学习及参加考试的管理措施。记满12分并非自然丧失驾驶资格。此外，公安部有关负责人就新修改的《机动车驾驶证申领和使用规定》答网友问中已明确"记满12分吊销驾驶证"的说法不准确，并回应称记分不是行政处罚，而是一种教育和管理措施，目的是促使每个驾驶人养成安全、守法、文明的驾车习惯，从而保障和改善交通环境。因此记满12分应理解为对驾驶人的驾驶资格进行一定时

---

① 《中华人民共和国道路交通安全法》第二十四条第一款规定：公安机关交通管理部门对机动车驾驶人违反道路交通安全法律、法规的行为，除依法给予行政处罚外，实行累积记分制度。公安机关交通管理部门对累积记分达到规定分值的机动车驾驶人，扣留机动车驾驶证，对其进行道路交通安全法律、法规教育，重新考试；考试合格的，发还其机动车驾驶证。

② 《中华人民共和国道路交通安全法实施条例》第二十三条第一款规定：公安机关交通管理部门对机动车驾驶人的道路交通安全违法行为除给予行政处罚外，实行道路交通安全违法行为累积记分（以下简称记分）制度，记分周期为12个月。对在一个记分周期内记分达到12分的，由公安机关交通管理部门扣留其机动车驾驶证，该机动车驾驶人应当按照规定参加道路交通安全法律、法规的学习并接受考试。考试合格的，记分予以清除，发还机动车驾驶证；考试不合格的，继续参加学习和考试。

③ 《中华人民共和国道路交通安全法实施条例》第二十五条规定：机动车驾驶人记分达到12分，拒不参加公安机关交通管理部门通知的学习，也不接受考试的，由公安机关交通管理部门公告其机动车驾驶证停止使用。

④ 《机动车驾驶证申领和使用规定》第五十八条规定：直辖市、设区的市或者相当于同级的公安机关交通管理部门应当每月向社会公布车辆管理所考试员考试质量情况、三年内驾龄驾驶人交通违法率和交通肇事率等信息。　直辖市、设区的市或者相当于同级的公安机关交通管理部门应当每月向社会公布辖区内驾驶培训机构的考试合格率、三年内驾龄驾驶人交通违法率和交通肇事率等信息，按照考试合格率、三年内驾龄驾驶人交通违法率和交通肇事率对驾驶培训机构培训质量公开排名，并通报培训主管部门。

期内不得驾驶以及强制学习、考试的限制，考试合格及符合条件后予以恢复，不应认定为"未取得驾驶资格"。最后，颁发驾驶证和取消驾驶资格属于交警部门的行政许可行为，行政许可的授予和取消均需遵循法定程序。驾驶证记分制度是对驾驶许可进行监督检查的行政管理措施，不是取消行政许可的具体行政行为，记满12分并不当然取消驾驶许可，记满12分的事实发生后，交警部门应按法定程序先扣留驾驶证、通知驾驶人参加学习和考试，只有当驾驶人拒不参加学习和考试时才能公告驾驶证停止使用。公告驾驶证停止使用才是取消驾驶许可的具体行政行为。驾驶许可被取消才属于"未取得驾驶资格"。

（三）驾驶证记满12分是否属于"未取得驾驶资格"应由最高人民法院作出统一解释

现行记分规则较为严格，实际操作中交警部门未必能对每一个记满12分的驾驶人都进行扣留驾驶证处理，交警系统中对驾驶证状态的标注及通知驾驶人扣分情况的记录可反映驾驶人违反交通法规的情况，但案件中涉及的具体法律适用问题的解释权应由人民法院行使。上述上海金融法院审理的一案中①某交警支队关于"注销可恢复"等同于无驾驶资格的回复不应适用于本案。首先，记满12分时交警部门应当先扣留驾驶证并通知驾驶人参加学习和考试，而不是直接注销，而且《机动车驾驶证申领和使用规定》第七十九条②规定了驾驶证应注销的十一种情形，包括上述案件中因年龄问题需每年提交身体情况证明的驾驶人，但并不包括本案中记满12分的驾驶人，因此本案中交警部门将记满12分标注为"注销可恢复"并不符合规定。其次，法院对于交警部门作出的驾驶证状态认定应当进行合法性审查，而不是直接采信交警部门的标

---

① 参见上海金融法院（2018）沪74民终109号民事判决书。
② 《机动车驾驶证申领和使用规定》第七十九条规定：机动车驾驶人有下列情形之一的，车辆管理所应当注销其机动车驾驶证：（一）死亡的；（二）提出注销申请的；（三）丧失民事行为能力，监护人提出注销申请的；（四）身体条件不适合驾驶机动车的；（五）有器质性心脏病、癫痫病、美尼尔氏症、眩晕症、癔病、震颤麻痹、精神病、痴呆以及影响肢体活动的神经系统疾病等妨碍安全驾驶疾病的；（六）被查获有吸食、注射毒品后驾驶机动车行为，依法被责令社区戒毒、社区康复或者决定强制隔离戒毒，或者长期服用依赖性精神药品成瘾尚未戒除的；（七）代替他人参加机动车驾驶人考试的；（八）超过机动车驾驶证有效期一年以上未换证的；（九）年龄在70周岁以上，在一个记分周期结束后一年内未提交身体条件证明的；或者持有残疾人专用小型自动挡载客汽车准驾车型，在三个记分周期结束后一年内未提交身体条件证明的；（十）年龄在60周岁以上，所持机动车驾驶证只具有轮式专用机械车、无轨电车或者有轨电车准驾车型，或者年龄在70周岁以上，所持机动车驾驶证只具有低速载货汽车、三轮汽车准驾车型的；（十一）机动车驾驶证依法被吊销或者驾驶许可依法被撤销的。

注，上述上海金融法院作出的判决①则更进一步，支持对交警部门取消驾驶资格的程序进行合法性审查，认为即使驾驶证被宣布停止使用，只要没有被扣留和吊销，均不属于无驾驶资格；再次，本案中法院要认定的关键事实是记满12分是否为"未取得驾驶资格"，而不是驾驶证"注销可恢复"是否为"未取得驾驶资格"，因此应当按照驾驶人的记分情况结合相关法律规定进行认定，而不是直接依照交警内部系统中对驾驶证的标记情况认定，而且《中华人民共和国道路交通安全法实施条例》和《机动车驾驶证申领和使用规定》中规定交警部门对驾驶证的处理有收回、扣留、撤销、吊销、注销、公告停止使用、公告作废等不同规定，各地法院对交警采取的措施所产生的后果可能有不同的理解，因此法院直接根据驾驶人的违规事实认定其是否具有驾驶资格更有利于统一裁判尺度。最后，浙江省的会议纪要②对于法院审判实务中"未取得驾驶资格"的认定起到了很好的参考作用，为统一裁判标准，该规定是否可推广到全国法院，应由最高人民法院作出权威解释。

---

① 上海金融法院（2018）沪74民终109号民事判决书。
② 2019年10月9日，浙江省高级人民法院、浙江省人民检察院、浙江省公安厅发布的《关于办理"醉驾"案件若干问题的会议纪要》。

行政篇

001

行政许可案中确认行政赔偿责任的审查标准

——朱某华诉清远市Q区住房和城乡建设局行政许可及行政赔偿案

广东省清远市中级人民法院　范晓萍　叶礼裕

【裁判要旨】 行政赔偿诉讼中，人民法院应根据违法行政行为在损害发生和结果形成中的过错大小来确定行政机关应当承担行政赔偿责任的具体份额。认定行政许可机关已尽到了审慎审查义务的审查标准为：行政许可机关已依据相关法律规定对申请人提交的申请材料是否完整和齐备、是否符合法定形式进行了审核，并在审核过程中主观上已尽到合理注意义务，且根据法定条件和程序对申请材料的真实、合法、有效性不负有进一步审查职责。

【案例索引】 一审：广东省清远市清新区人民法院（2021）粤1803行初509号。

二审：广东省清远市中级人民法院（2022）粤18行终208号。

一、案情

上诉人（原审原告）：朱某华。

被上诉人（原审被告）：清远市Q区住房和城乡建设局（以下简称Q区住建局）。

原审第三人：清远市M房地产开发有限公司（以下简称M公司）。

M公司持有清远市人民政府于2013年6月27日颁发的清新国用（2013）

第 00704606 号国有土地使用证，证载土地坐落于清远市清新区太和镇府前路。同年 12 月起至 2014 年期间，M 公司在其上述土地上建造了一栋 7 层名为宜安楼的房屋。

2013 年 11 月 25 日，清远市清城区人民法院（下称清城区法院）就朱某华诉李某明、M 公司确认合同无效案作出了（2013）清城法民初字第 2523 号《民事裁定书》，裁定查封或冻结李某明、M 公司价值 2585000 元的财产或银行存款。同年 11 月 26 日，清城区法院向原清远市国土资源局清新分局发出（2013）清城法民初字第 2523 号《协助执行通知书》，要求其协助执行查封手续，查封期限从 2013 年 11 月 27 日起至 2015 年 11 月 26 日止。后清城区法院又依朱某华的申请办理续封、查封手续，上述土地使用权的查封期限从 2016 年 5 月 9 日起至 2019 年 5 月 8 日止。2016 年 12 月 20 日，清城区法院就朱某华诉 M 公司财产损害赔偿案作出了（2016）粤 1802 民初 2047 号《民事判决书》，判决 M 公司以涉案土地的价值为限对（2013）清城法民初字第 2369 号案件中李某明不能清偿朱某华 2200000 元借款本金及利息部分承担补充清偿责任。

2014 年 6 月 26 日，M 公司向 Q 区住建局申领宜安楼的商品房预售许可证，并提交了《Q 区商品房预售申请表》、营业执照和资质证书等申报资料。Q 区住建局经过审核后，于 2014 年 7 月 2 日向 M 公司颁发了第 2014022 号广东省清远市清新区商品房预售许可证（即涉案预售许可证）。M 公司取得涉案预售许可证后，在 2014 年至 2015 年期间将涉案土地上的房屋全部出售并办理了网签手续。朱某华认为其作为涉案土地价值的债权人，Q 区住建局在涉案土地使用权已被法院依法查封的情况下，仍为 M 公司颁发涉案预售许可证，违反法律规定，导致法院无法对涉案土地价值进行评估、拍卖变现，最终致使其债权无法获得清偿，严重损害其合法权益，遂提起本案行政诉讼，请求确认被诉行政许可行为违法并赔偿其损失。

二、审判

广东省清远市清新区人民法院一审认为，涉案土地已被法院依法查封，查封的效力及于 M 公司在涉案土地上建设的房屋，Q 区住建局向 M 公司颁发涉案预售许可证，明显不当。但由于涉案房屋已全部出售，涉及多数购房者的切身利益，且涉案预售许可证已不具有可撤销的内容，故确认被诉行政行为违法，但保留其效力。本案中，M 公司隐瞒有关事实申领涉案预售许可证，应对其自身行为承担直接的过错责任。且 Q 区住建局在办理涉案预售许可证的审核行为已尽到了审慎审查义务，其对颁发涉案预售许可证并无过错，不应承担行政赔偿责任。一审判决确认 Q 区住建局颁发涉案预售许可证的行政行为违法，驳回朱某华的其他诉讼请求。

宣判后，朱某华提出上诉。

广东省清远市中级人民法院二审认为，首先，关于 Q 区住建局向 M 公司颁发涉案预售许可证的行为是否违法的问题。一审法院确认 Q 区住建局在涉案土地已被法院查封的情况下仍为 M 公司颁发涉案预售许可证的行为违法，事实清楚、依据充分，Q 区住建局对此并无异议，予以维持。其次，关于 Q 区住建局向 M 公司颁发涉案预售许可证是否已经依照法定程序和条件履行审慎合理的审查职责，是否存在过错的问题。本案中，Q 区住建局按照《城市商品房预售管理办法》第七条及当时施行的《广东省商品房预售管理条例》（2010 年修正）第六条第一款的规定要求 M 公司提交相关申请材料，M 公司已按上述要求提交了齐全的材料。其中，M 公司提交的国有土地使用证的原件及复印件，该证的记事栏或备注栏并未载明涉案土地已被查封。且当时负责土地使用权登记及发证具体工作的行政机关为原清远市国土资源局清新分局，负责商品房预售管理的行政机关为 Q 区住建局，两者属于不同的职能部门。由于 M 公司隐瞒了涉案土地被法院查封的事实，Q 区住建局也没有收到法院的《协助执行通知书》，根据法定条件和程序，Q 区住建局没有对涉案土地是否已被法院查封到国土部门进行调查的职责。因此，Q 区住建局对 M 公司提交的申请材料的审核行为已尽到了充分的审慎审查义务，对 M 公司颁发涉案预售许可证的行为违法是因 M 公司隐瞒涉案土地被查封的事实而导致的，Q 区住建局不存在过错。最后，关于 Q 区住建局应否承担赔偿责任的问题。如上所述，Q 区住建局向 M 公司颁发涉案预售许可证不存在过错，故对朱某华的财产损失不承担行政赔偿责任。依照《中华人民共和国行政诉讼法》第八十九条第一款第一项之规定，判决驳回上诉，维持原判。

三、评析

（一）行政机关已尽到审慎审查义务的审查标准

行政许可是现代国家管理社会经济事务的一种重要的事前控制手段，也是政府保护公民、法人及其他组织的合法权益、维护市场及社会秩序稳定的一种重要手段。没有行政许可易出现市场无序状态，导致恶性竞争，自然资源难以实现合理配置，生态环境难以有效保护，公民、法人或者其他组织的合法权益难以保障。① 可见，行政许可在行政管理中的重要程度不言而喻。而行政许可的审查程度直接涉及行政相对人是否能取得许可，也涉及对行政权力的规制以及后续的责任承担等问题。因为行政许可审查标准事关许可后可能发生的国家赔偿责任，所以相关各方为了自身利益展开了博弈。② 有学者认为，行政许可审查程度可分为形式审查和实质审查两种类型，③ 认为我国现行的《行政许可法》也是以此为分类界线来区分不同的行政许可审查程度的。《中华人民共和国行政许可法》（2019 年修正）第三十四条规定④，行政许可机关应当对行政许可申请文件、材料进行形式审查，主要是对申请材料是否完整和齐备、是否符合法定形式进行审查。基于行政许可行为具有行政管理职能的性质，行政许可机关除了需要履行形式审查义务外，还应当在其职能范围内尽到合理注意及审慎审查义务。而是否需要进行实质审查，则需要根据不同种类的行政许可相关法律法规的规定进行判断。基于此，有学者认为，当前我国行政机关对许可申请主要承担三种不同类型的审查义务，即"形式审查""实质审查"及"审慎审查"。⑤ 形式审查是一种较为简单的审查，即审查申请人提交的相关申请

---

① 吴铭忻：《地方行政审批改革思考：以企业研发楼报建流程为样本》，中国法制出版社 2019 年版，第 227 页。

② 章剑生：《行政许可审查标准：形式抑或实质——以工商企业登记为例》，《法商研究》2009 年第 1 期。

③ 参见王长斌：《行政许可审查开展方式与深度——从现行法规缺陷谈起》，《广东行政学院学报》2015 年第 4 期。

④ 《中华人民共和国行政许可法》第三十四条："行政机关应当对申请人提交的申请材料进行审查。申请人提交的申请材料齐全、符合法定形式，行政机关能够当场作出决定的，应当当场作出书面的行政许可决定。根据法定条件和程序，需要对申请材料的实质内容进行核实的，行政机关应当指派两名以上工作人员进行核查。"

⑤ 参见刘全财：《论海事行政许可中的审查义务》，《中国海事》2017 年第 10 期。

材料的格式是否符合要求，申请理由是否充分，有关材料是否完整等。形式审查通常不审查申请材料内容的真实合法性，只要申请材料在形式上符合有关法律规定，就应视为符合许可条件，行政机关应当当场或及时作出准予许可的决定。我国的许多行政法规与部门规章都规定了此种审查深度。① 实质审查中，行政机关不仅需要对申请材料是否具备相应的形式要件进行审查，还需要对申请材料的实质内容是否真实合法进行审查。② 而审慎审查行政机关对许可申请进行审查时，首先进行初步的形式审查，发现需要核实申请人的相关情况时，再作进一步审查。即在形式审查的基础上，进行更深程度的审查。审慎审查的主要来源为行政法的合理行政原则。③ 当前，我国已确立审慎审查义务，主要见于《最高人民法院关于审理行政许可案件若干问题的规定》（法释〔2009〕20 号）第十三条规定④以及 2012 年 3 月 7 日最高人民法院办公厅发布的《关于审理公司登记行政案件若干问题的座谈会纪要》，通过司法解释和会议纪要方式予以明确。至于应该以何种审查标准界定行政机关已尽到审慎审查义务，现行法律法规均未作出明确规定。本案对行政许可机关的"审慎审查义务"作出界定，认为行政许可机关已依据相关法律规定对申请人提交的申请材料是否完整和齐备、是否符合法定形式进行了审核，并在审核过程中主观上已尽到合理注意义务，且在根据法定条件和程序对申请材料的真实、合法、有效性不负有进一步审查职责的情况下，认定行政许可机关已尽到了审慎审查义务。本案中，M 公司向 Q 区住建局申领涉案预售许可证时，Q 区住建局按《城市商品房预售管理办法》第七条及当时施行的《广东省商品房预售管理条例》（2010 年修正）第六条第一款的规定要求 M 公司提交相关申请材料，M 公司亦已按要求提交了齐全的材料。其中，M 公司提交的涉案国有土地使用证的原件及复印件，该证的记事栏或备注栏并未载明涉案土地已被查封。且当时负责土地使用权登记及发证具体工作的行政机关为原清远市国土资源局清新分

---

① 胡建淼、汪成红：《论行政机关对行政许可申请的审查深度》，《浙江大学学报（人文社会科学版）》2008 年第 6 期。

② 参见马怀德：《行政许可》，中国政法大学出版社 1994 年版，第 34 页。

③ 万进福：《工商行政机关股东变更登记审慎审查义务的确定》，《人民司法》2013 年第 6 期。

④《最高人民法院关于审理行政许可案件若干问题的规定》（法释〔2009〕20 号）第十三条规定，被告已经依照法定程序履行审慎合理的审查职责，因他人行为导致行政许可决定违法的，不承担赔偿责任。

局，负责商品房预售管理的行政机关为 Q 区住建局，两者属于不同的职能部门。由于 M 公司隐瞒了涉案土地被法院查封，Q 区住建局也没有收到法院的《协助执行通知书》，根据法定条件和程序，Q 区住建局没有对涉案土地是否已被法院查封到国土部门进行调查的职责。因此，Q 区住建局对 M 公司提交的申请材料的审核行为已尽到了充分的审慎审查义务。

（二）申请人"故意隐瞒事实"与"提供虚假材料"导致行政机关作出的行政行为违法的情形，其法律效果具有一致性

《中华人民共和国行政许可法》（2019 年修正）第三十一条第一款①、《城市商品房预售管理办法》第八条②的规定，申请人对其申请材料实质内容的真实性负责。2022 年 5 月 1 日起施行的《最高人民法院关于审理行政赔偿案件若干问题的规定》第二十三条"由于第三人提供虚假材料，导致行政机关作出的行政行为违法，造成公民、法人或者其他组织损害的，人民法院应当根据违法行政行为在损害发生和结果中的作用大小，确定行政机关承担相应的行政赔偿责任；……"的规定，明确了申请人"提供虚假材料"导致行政机关作出的行政行为违法，造成权利人损害的，需要根据违法行政行为在损害中所起的作用确定行政赔偿责任的具体分担份额。本案中，M 公司向 Q 区住建局申领涉案预售许可证时，明知涉案土地已被法院查封，且查封的效力及于其在涉案土地上建设的房屋的情况下，故意隐瞒上述事实，导致 Q 区住建局作出的被诉行政行为违法。M 公司"故意隐瞒事实"获取涉案预售许可证的情形，虽不是上述规定中"提供虚假材料"的情形，但效果与"提供虚假材料"导致行政机关作出的被诉行政行为违法的效果是一致的。本案明确申请人"故意隐瞒事实"与"提供虚假材料"导致行政机关作出的行政行为违法情形的法律效果具有一致性，本案裁判规则与新颁布的《最高人民法院关于审理行

---

① 《中华人民共和国行政许可法》（2019 年修正）第三十一条第一款规定：申请人申请行政许可，应当如实向行政机关提交有关材料和反映真实情况，并对其申请材料实质内容的真实性负责。行政机关不得要求申请人提交与其申请的行政许可事项无关的技术资料和其他材料。

② 《城市商品房预售管理办法》第八条规定：房地产管理部门在接到开发经营企业申请后，应当详细查验各项证件和资料，并到现场进行查勘。经审查合格的，应在接到申请后的 10 日内核发《商品房预售许可证》。需向境外预售的，应当在《商品房预售许可证》上注明外销比例。

政赔偿案件若干问题的规定》（2022 年）第二十三条规定①是一致的，符合法律解释规则。

（三）应根据违法行政行为在损害中所起的作用确定行政赔偿责任

行政赔偿的归责原则主要是违法原则②，即在行政赔偿诉讼中，侵权的行政行为违法是行政机关承担行政赔偿责任的前提条件。违法归责原则不关心行政机关主观上是否存在过错，只要行为被确认为违法，都需要承担行政赔偿责任。③ 但并不意味着行政机关作出的行政行为被确认违法后即需要承担全部的行政赔偿责任。行政赔偿属于国家赔偿范畴，归责原则只确立了国家承担赔偿责任的主要依据和标准，单凭此标准无法作出国家赔偿责任是否构成的判断；而国家赔偿责任的构成要件则包括了国家赔偿责任的全部要件，除了以归责原则为核心的指导外，还包括主体要件、行为要件、结果要件、因果关系要件等。④ 行政机关需要承担行政赔偿责任需要具备以下三项构成要件，即行政行为违法、相对人或利害关系人有损害事实、违法行政行为与损害结果之间存在因果关系，三者缺一不可，共同构成行政机关承担行政赔偿责任的要件。在行政赔偿诉讼中，侵权的行政行为违法是行政机关承担行政赔偿责任的基础条件⑤，而行政机关违法行政行为在损失发生和结果形成中的过错大小则决定行政机关应当承担行政赔偿责任的具体份额。也就是说，法院应根据违法行政行为在损害中所起的作用确定行政赔偿责任。⑥

如上文所述，本案中，Q 区住建局对 M 公司提交的申请材料的审核行为已尽到了审慎审查义务，向 M 公司颁发涉案预售许可证的行为违法是因 M 公司隐瞒涉案土地被查封的事实而导致的，Q 区住建局不存在过错，其违法行为

---

① 《最高人民法院关于审理行政赔偿案件若干问题的规定》（2022 年）第二十三条规定：由于第三人提供虚假材料，导致行政机关作出的行政行为违法，造成公民、法人或者其他组织损害的，人民法院应当根据违法行政行为在损害发生和结果中的作用大小，确定行政机关承担相应的行政赔偿责任；行政机关已经尽到审慎审查义务的，不承担行政赔偿责任。

② 参见 2010 年修订的《中华人民共和国国家赔偿法》第三、第四条。

③ 参见何海波：《实质法治：寻求行政判决的合法性》，法律出版社 2009 年版，第 181 页。

④ 参见姜明安：《行政法与行政诉讼法》（第七版），北京大学出版社、高等教育出版社 2019 年版，第 569 页。

⑤ 蒋成旭：《国家赔偿违法要件的基本构造》，《法学家》2021 年第 5 期。

⑥ 于厚森、郭修江、杨科雄等：《〈最高人民法院关于审理行政赔偿案件若干问题的规定〉重点条文理解与适用》，《中国应用法学》2022 年第 32 期。

与损害结果之间不存在因果关系。本案对由于 M 公司故意隐瞒涉案土地已被法院查封事实的情形，导致行政许可机关作出的行政行为违法，且行政许可机关已尽到了审慎审查义务的，确定 Q 区住建局不承担行政赔偿责任，并无不当。

在法律效果方面：①本案系典型的行政许可及行政赔偿诉讼，对行政许可行为已被确认违法的前提下，在确定行政许可机关应当承担多大的行政赔偿责任时，首先需要审查行政许可机关对申请人提交的行政许可申请材料的审核行为是否已尽到了审慎审查义务，其次需要审查申请人是否存在"故意隐瞒事实"或"提供虚假材料"等情况，此外还需要审查行政赔偿申请人对其自身损害发生是否具有过错及过错大小等因素，人民法院再综合以上事项的审查情况，根据违法行政行为在损害发生和结果中的作用大小，确定行政机关承担相应的行政赔偿责任的具体份额。②对于行政许可、行政登记等行为，行政机关对申请人提交的申请材料，是仅限于形式审查，还是要做到实质审查，目前法律并未明确规定。但基于行政行为具有行政管理职能的性质，行政机关除了需要履行形式审查义务外，还应当在其职能范围内尽到合理注意及审慎审查义务。至于应该以何种审查标准界定行政机关已尽到了审慎审查义务，现亦未有明确规定。虽然《中华人民共和国公司登记管理条例》第五十二条第二款等法律条款对"审慎审查"进行了规定，但这类文件明显具有适用的局限性。①本案明确了行政机关已尽到审慎审查义务的审查标准，便于相关类型案件审理。

在社会效果方面，本判决维护了国家赔偿制度的谦抑性，避免直接责任人不需承担赔偿责任而由行政许可机关承担赔偿责任情形的发生，引起不良的社会导向，确保了司法审判符合社会主义核心价值观。② 与此同时，实现规范人民法院行政审判工作，促进国家赔偿制度进一步发展的良好效果。③

---

① 刘全财：《论海事行政许可中的审查义务》，《中国海事》2017 年第 10 期。

② 蒋成旭：《何以"惩戒"行政违法：行政赔偿的功能、定位及其哲学基础》，《浙江大学学报（人文社会科学版）》2021 年第 5 期。

③ 马怀德、张泽宇：《规范行政赔偿案件审理　推动国家赔偿制度发展》，《法律适用》2022 年第 4 期。

002

制止乡村违法用地乱象，助推乡村振兴高质量发展

——连州市 L 百果庄园有限公司诉 L 市自然资源局、L 市人民政府土地行政管理案

广东省清远市清新区人民法院　陈桂清

【裁判要旨】　我国实行土地用途管制制度，编制土地利用总体规划，规定土地用途，严格限制农用地转为建设用地。使用土地的单位和个人必须严格按照土地利用总体规划确定的用途使用土地，任何单位和个人都有遵守土地管理法律、法规的义务，非法侵占使用土地的应依法受到处罚。

【案例索引】　一审：广东省清远市清新区人民法院（2020）粤 1803 行初 213 号。

一、案情

原告：连州市 L 百果庄园有限公司。

被告：L 市自然资源局、L 市人民政府。

2015 年 4 月 14 日，连州市 L 百果庄园有限公司与连州市九陂镇人民政府签订《投资意向书》，约定在连州市九陂镇建设 L 百果庄园项目。2016 年 8 月起，连州市 L 百果庄园有限公司未经自然资源主管部门批准，擅自在连州市九陂镇占地建设百果庄园旅客中心及游客住宿区，L 市自然资源局于 2019 年 11 月 20 日对连州市 L 百果庄园有限公司违法占地进行立案调查。经实地勘验、调查询问、权利告知、集体讨论等程序，L 市自然资源局查明连州市 L 百果庄园有限公司建设的百果庄园旅客中心及游客住宿区占地面积约 30 亩，建

筑物和其他宿舍占地面积约 10.57 亩，其中符合土地利用总体规划面积约 3931.32 平方米（设施农用地 1269.2 平方米、林地 1039.05 平方米、其他土地 452.82 平方米、旱地 1170.26 平方米），该范围内新建建筑物和其他设施 1295.81 平方米，不符合土地利用总体规划面积约 3114.68 平方米（设施农用地 529.96 平方米、林地 1332.33 平方米、其他土地 1178.19 平方米、旱地 74.2 平方米），该范围内新建建筑物和其他设施 1360.48 平方米。L 市自然资源局认为连州市 L 百果庄园有限公司上述占地行为违反了《中华人民共和国土地管理法》规定，遂于 2020 年 1 月 20 日出具《行政处罚决定书》，决定给予连州市 L 百果庄园有限公司以下处罚："1. 退还非法占用的土地，限期拆除在非法占用的土地上部分新建的建筑物和其他设施 1360.48 平方米；2. 没收在非法占用的土地上新建的建筑物和其他设施 1295.81 平方米；3. 对符合土地利用总体规划 3931.32 平方米土地处以每平方米人民币 15 元罚款，共计人民币伍万捌仟玖佰陆拾玖元整（￥58969.00）"。同年 3 月 19 日，连州市 L 百果庄园有限公司向 L 市人民政府申请行政复议。L 市人民政府于同年 5 月 14 日出具《行政复议决定书》，维持了涉案处罚决定。连州市 L 百果庄园有限公司仍不服，因而成讼，要求撤销涉案处罚决定及涉案复议决定。

二、审判

广东省清远市清新区人民法院认为，连州市 L 百果庄园有限公司未经自然资源主管部门批准，擅自在连州市九陂镇占地建设百果庄园旅客中心及游客住宿区，占地面积巨大，且连州市 L 百果庄园有限公司在庭审中表示对 L 市自然资源局认定的违法用地面积 10.57 亩无异议。连州市 L 百果庄园有限公司的上述占地建设行为明显违法，故 L 市自然资源局认定事实清楚，证据确凿充分。至于连州市 L 百果庄园有限公司对于其 L 百果庄园项目先后被列入清远市、连州市重点项目，属于信赖利益，其违法用地行为可通过补办手续予以完善的主张，根据《国务院关于深化改革严格土地管理的决定》第二十四条 "……坚决纠正违法用地只通过罚款就补办合法手续的行为。对违法用地及其建筑物和其他设施，按法律规定应当拆除或没收的，不得以罚款、补办手续取代；确需补办手续的，依法处罚后，从新从高进行征地补偿和收取土地出让金及有关规费……" 的规定，L 市自然资源局依法对原告进行处罚，并无不当。

L市人民政府经调查、审核作出维持涉案处罚决定的涉案复议决定，亦无不当。因此，L市自然资源局作出的涉案处罚决定及L市人民政府作出的涉案复议决定认定事实清楚，程序合法，适用法律、法规正确，广东省清远市清新区人民法院遂判决驳回连州市L百果庄园有限公司的诉讼请求。

宣判后，各方当事人均未提出上诉。

三、评析

在人与土地之间的关系中，由于土地作为自然过程的产物，具有面积有限、不可创造等特点，人们可以通过劳动改良土地，但是不能创造土地，难以人为地扩大土地的面积。因此，人们必须十分珍惜土地，严格保护和合理利用每一寸土地，重视土地的自然属性，遵循土地的自然规律。这种客观的要求势必体现在人与土地的广泛关系中，并且成为人们应尽的义务。"在'五位一体'总体布局中，生态文明建设是其中一位；在新时代坚持和发展中国特色社会主义的基本方略中，坚持人与自然和谐共生是其中一条；在新发展理念中，绿色是其中一项；在三大攻坚战中，污染防治是其中一战；在到本世纪中叶建成社会主义现代化强国目标中，美丽中国是其中一个。"[1] 绿水青山就是金山银山，实行最严格的土地管理制度，是由我国人多地少的国情决定的，也是全面贯彻习近平法治思想和党的二十大精神[2]，推进生态文明建设，保证经济社会可持续发展的必然要求。[3]

在日常生活、生产中，形成了以土地为客体的人与人之间广泛的社会关系，因此就需要有统一而广泛适用的行为规则，调整人们在开发、利用、管理土地过程中的权利义务关系，并且能有效地遵守，这是土地管理立法的直接目的，也是土地管理立法的直接意义。[4] 土地管理若是无规则、秩序混乱、盲目行动，不仅将破坏土地资源，而且将直接损害人类自身的利益，危及人的生存与持续发展。国家管理土地必须依照一定的规范进行，建立并强化土地管理的

---

[1] 习近平：《论坚持人与自然和谐共生》，中央文献出版社2022年版，第279-280页。

[2] 习近平：《高举中国特色社会主义伟大旗帜　为全面建设社会主义现代化国家而团结奋斗——在中国共产党第二十次全国代表大会上的报告》，《人民日报》，2022年10月26日。

[3] 耿步健：《人与自然和谐共生的现代化：习近平生态文明思想的核心与特色》，《探索》2023年第1期。

[4] 刘俊、孟鹏、龚暄杰：《应加快推进〈土地管理法〉新一轮修改完善工作——推进依宪修改完善〈土地管理法〉专题研究座谈会综述》，《中国土地科学》2015年第5期。

法律秩序，将土地管理活动推向法制化的轨道，促使人们在保护、利用、管理土地过程中遵循自然规律与经济规律。① 《中华人民共和国土地管理法》第一条明确规定"为了加强土地管理，维护土地的社会主义公有制，保护、开发土地资源，合理利用土地，切实保护耕地，促进社会经济的可持续发展，根据宪法，制定本法"。

　　土地管理和开发利用是与社会经济的发展相联系的。建立起一套完善的符合市场经济要求即与之完全对接的土地管理制度，在中国任重道远。② 《中华人民共和国土地管理法》自 1999 年 1 月 1 日起施行，此后经过两次修正。③随着经济的发展、社会的变化，我国土地管理上反映出许多新的情况、新的问题、新的要求。相应地，随着土地管理的完善，亦会存留一些还未解决的旧问题、亟待改进的旧方法、急需更新的旧思想。由于人口增加，人地矛盾尖锐，违法批地、非农建设占用耕地、不按规划使用土地、未经审批非法使用土地等问题时有发生，在农村地区尤为严重。④ 部分人还存在有地就可建、是地就可用的错误观念，部分政府部门还敢予建设单位先建后批的不当承诺，部分土地违法行为还待依法处置。

　　为了全面实施乡村振兴战略，促进农业全面升级、农村全面进步、农民全面发展，加快农业农村现代化⑤，全面建设社会主义现代化国家，我国制定了《中华人民共和国乡村振兴促进法》⑥，深入贯彻创新、协调、绿色、开放、共享的新发展理念，走中国特色社会主义乡村振兴道路。乡村要发展，土地作为可开发和支配的财富，也离不开开发、利用、管理的问题。如今，乡村休闲旅游、乡村民宿、休闲农业等乡村休闲旅游产业蓬勃发展，盲目投资、低水平重复建设，圈占土地、乱占滥用耕地及农用地等问题随之显现，屡禁不止。⑦ 全

---

① 章雨润：《农用地权益保护机制研究》，《山东社会科学》2017 年第 6 期。

② 陈小君：《我国〈土地管理法〉修订：历史、原则与制度——以该法第四次修订中的土地权利制度为重点》，《政治与法律》2012 年第 5 期。

③ 耿卓：《〈土地管理法〉修正的宏观审视与微观设计——以〈土地管理法（修正案草案）〉（第二次征求意见稿）为分析对象》，《社会科学》2018 年第 8 期。

④ 彭錞：《中国集体土地征收决策机制：现状、由来与前景》，《华东政法大学学报》2017 年第 1 期。

⑤ 高强、周丽：《建设农业强国的战略内涵、动力源泉与政策选择》，《中州学刊》2023 年第 3 期。

⑥ 《中华人民共和国乡村振兴促进法》第一条：为了全面实施乡村振兴战略，促进农业全面升级、农村全面进步、农民全面发展，加快农业农村现代化，全面建设社会主义现代化国家，制定本法。

⑦ 徐红新、高国忠、王楚琛：《农村土地违法行为：现状、原因与对策》，《河北大学学报（哲学社会科学版）》2012 年第 4 期。

面推进乡村振兴，必须正确处理保障经济社会发展与保护土地资源之间的关系，高度重视土地的保护和合理利用，才能确保农业农村健康、科学发展。①

《最高人民法院关于为实施乡村振兴战略提供司法服务和保障的意见》要求各级人民法院"要深刻认识为全面推进乡村振兴、加快农业农村现代化提供司法服务的重大意义。党的十八大以来，以习近平同志为核心的党中央坚持把解决好'三农'问题作为全党工作的重中之重。在向全面建成社会主义现代化强国的第二个百年奋斗目标迈进的历史关口，巩固和拓展脱贫攻坚成果，全面推进乡村振兴，加快农业农村现代化，是关系大局的重大问题。各级人民法院要充分认识新发展阶段做好'三农'工作的重要性和紧迫性，坚持把司法服务和保障'三农'问题作为工作重中之重，采取切实有力措施推动乡村振兴，促进农业高质高效、乡村宜居宜业、农民富裕富足"。对此，针对农村违法占用土地无法无序开发的乱象，应依法予以惩治，坚决纠正违法用地只通过罚款就补办合法手续的行为，熄灭土地使用人意图"先上车，后补票"的危险、侥幸心理，从根源纠正落后的旧思想，促使行政机关依法定程序办事，莫许"空头支票"，执法必严，违法必究，治标更要治本，以法治正确处理保障经济社会发展与保护土地资源之间的关系。②《国务院办公厅关于坚决制止耕地"非农化"行为的通知》和《国务院办公厅关于防止耕地"非粮化"稳定粮食生产的意见》提出了严禁占用耕地的"六个严禁"和明确耕地利用优先序等要求。新修订的《中华人民共和国土地管理法实施条例》也严格贯彻加强耕地保护、改进占补平衡、制止耕地"非农化"、防止耕地"非粮化"的要求。③

结合本案案情，原告未经审批、未办理任何用地手续就占用设施农用地、

---

① 李太森、李展：《推进乡村振兴需要正确认识和处理的若干重要关系问题》，《河南社会科学》2022年第12期。

② 韩连贵：《关于探讨农村土地综合开发治理利用、征购储备、供应占用和财政筹融资监管体系完善的途径（下）》，《经济研究参考》2017年第20期。

③《中华人民共和国土地管理法实施条例》第十二条规定：国家对耕地实行特殊保护，严守耕地保护红线，严格控制耕地转为林地、草地、园地等其他农用地，并建立耕地保护补偿制度，具体办法和耕地保护补偿实施步骤由国务院自然资源主管部门会同有关部门规定。非农业建设必须节约使用土地，可以利用荒地的，不得占用耕地；可以利用劣地的，不得占用好地。禁止占用耕地建窑、建坟或者擅自在耕地上建房、挖砂、采石、采矿、取土等。禁止占用永久基本农田发展林果业和挖塘养鱼。耕地应当优先用于粮食和棉、油、糖、蔬菜等农产品生产。按照国家有关规定需要将耕地转为林地、草地、园地等其他农用地的，应当优先使用难以长期稳定利用的耕地。

林地、旱地等土地进行建设，擅自将农用地改为建设用地，严重扰乱了农村土地的规划管理及合理布局，破坏了当地的生态环境，必须依法承担相应的法律责任，原告认为其违法用地行为可通过补办手续予以完善的主张，法院不予采信，且予以释明。法治是加大对土地违法行为的打击力度，采取长牙齿的措施是切实保护耕地的重要手段。① 本案严格落实《中华人民共和国土地管理法》第七十七条②、七十八条③规定，体现了人民法院紧紧围绕党中央全面推进乡村振兴重点工作的决策部署，充分发挥司法引领作用，促进乡村发展、乡村建设、乡村治理等重点工作有机结合、稳妥推进的决心及工作思路，切实增强做好司法服务"三农"工作的责任感和使命感④，在规范引导乡村民宿新业态依法发展的同时，充分发挥审判职能作用，保证农村乱占耕地建房等清理整治工作落到实处，达到标本兼治的效果，助推乡村振兴高质量发展。⑤ 充分实现司法助力乡村振兴，把法治贯穿于乡村建设各个方面与环节，以高质量法治保障社会主义现代化强国建设。⑥

---

　　① 韩连贵：《关于探讨农村土地综合开发治理利用、征购储备、供应占用和财政筹融资监管体系完善的途径（上）》，《经济研究参考》2017 年第 19 期。
　　②《中华人民共和国土地管理法》第七十七条规定：未经批准或者采取欺骗手段骗取批准，非法占用土地的，由县级以上人民政府自然资源主管部门责令退还非法占用的土地，对违反土地利用总体规划擅自将农用地改为建设用地的，限期拆除在非法占用的土地上新建的建筑物和其他设施，恢复土地原状，对符合土地利用总体规划的，没收在非法占用的土地上新建的建筑物和其他设施，可以并处罚款；对非法占用土地单位的直接负责的主管人员和其他直接责任人员，依法给予处分；构成犯罪的，依法追究刑事责任。
　　③《中华人民共和国土地管理法》第七十八条规定：农村村民未经批准或者采取欺骗手段骗取批准，非法占用土地建住宅的，由县级以上人民政府农业农村主管部门责令退还非法占用的土地，限期拆除在非法占用的土地上新建的房屋。
　　④ 中共中央党史和文献研究院：《习近平关于"三农"工作论述摘编》，中央文献出版社 2019 年版，第 98 页。
　　⑤ 段浩：《乡村振兴战略背景下法治乡村建设的理论逻辑及其展开》，《西南民族大学学报（人文社会科学版）》2022 年第 8 期。
　　⑥ 黄文艺：《推进中国式法治现代化　构建人类法治文明新形态——对党的二十大报告的法治要义阐释》，《中国法学》2022 年第 6 期。

003

户口迁入的成员资格审查标准

——谭某雄诉清远市清城区人民政府 D 街道办事处行政确认案

广东省清远市中级人民法院　刘永戈

申请人的户口从外迁入至集体经济组织所在地的，其集体成员资格的确认应以 2006 年 10 月 1 日作为法律适用分界点；因适用的法律规定不同，导致村民会议表决程序是否作为成员资格确认的硬性要求而有所不同；成员资格的起算时点应以户籍已经迁入当地及已经社委会同意或经村民会议表决通过两个条件同时达成之日为准。

一审：广东省清远市清新区人民法院（2021）粤 1803 行初 436 号。

二审：广东省清远市中级人民法院（2022）粤 18 行终 7 号。

一、案情

上诉人（原审原告）：谭某雄。

被上诉人（原审被告）：清远市清城区人民政府 D 街道办事处。

原审第三人：清远市清城区 D 街道办事处 D 村民委员会 X 村民小组。

谭某雄原出生入户 D 街道办事处 D 村民委员会 X 村民小组，因工作原因将户口迁至城镇，后又于 2003 年 6 月 18 日将户口重新迁回村。2020 年 12 月，村公示返还实用地股份分配名单，因名单中无谭某雄的名字，谭某雄遂向街道办事处申请确认其集体经济组织成员资格。街道办事处经审查认为，谭某雄是否为村集体经济组织成员须经村民大会表决通过。后多次组织召开村民大会，但因参会人数未达到户代表人数的 2/3 及疫情防控等原因，该村至今尚未召开村民大会对谭某雄的成员资格进行表决。

2021 年 6 月 20 日，D 街道办事处作出《行政处理决定书》，认为谭某雄的集体经济组织成员资格未能通过村成员会议表决，故认定谭某雄不具备村集体经济组织成员资格。谭某雄不服，遂提起行政诉讼，请求撤销涉案行政处理决定，并责令街道办事处重新作出行政处理决定，确定其具有村集体经济组织成员资格并享有同等待遇。

二、审判

广东省清远市清新区人民法院一审认为，D 街道办事处 D 村民委员会 X 村民小组已组织召开了 2 次集体经济组织成员代表大会，就谭某雄是否具有集体经济组织成员资格进行表决，但因谭某雄的阻挠或参会人数未达到户代表人数的 2/3 等原因，导致表决无法进行。即谭某雄并未获得农村集体经济组织成员大会表决通过，D 街道办事处以此认定谭某雄不具有村集体经济组织成员资格，无明显不当，并判决驳回谭某雄的诉讼请求。

广东省清远市中级人民法院二审认为，谭某雄已于 2003 年 6 月 18 日将户口从外迁入至村，此时《广东省农村集体经济组织管理规定》尚未颁布施行，故本案应适用当时施行的《广东省农村社区合作经济组织暂行规定》作为裁判依据。从其提交的涉案《申请书》来看，该申请书明确载明"将本人户口迁回原出生地务农，以便解决住房和工作问题"，即谭某雄在提出申请时已具有请求确认其社员资格或集体经济组织成员资格的意思表示，且有 22 户的户代表签名捺压及村盖章予以确认并表示同意，即可以视为谭某雄的社员资格或集体经济组织成员资格已得到当时的经济合作社同意确认。其后，谭某雄亦将其户口迁入至村。至此，谭某雄已取得了村的社员资格或集体经济组织成员资格。D 街道办事处在重新作出行政处理决定时，应就谭某雄的资格确认起算时点一并予以确认，并对谭某雄提出的待遇请求申请进行适当引导，务求通过合法、合理的途径予以解决，切实化解行政争议。遂判决撤销一审判决及涉案行政处理决定，并责令 D 街道办事处限期重新作出行政处理决定。

三、评析

在 2021 年颁布的"中央一号文件"中，提出农村集体经济组织成员权在农村集体产权制度改革中的重要地位。[1] 为全面推进乡村振兴，必须"坚决惩治侵害农民利益的腐败行为"，保障集体经济组织成员合法权益是发展新农村法治建设的应有之义。集体经济组织成员资格认定对于明确成员身份归属、保障村民正当权益具有重要意义。[2] 在此过程中，村民和农村集体经济组织之间面临的利益调整越来越多，基层民众与集体经济组织之间的纠纷也日益增多。正如王利明教授所言，"在集体组织中一旦将成员的利益与集体组织的利益密切联系在一起，尤其是确定了集体组织的成员权以后，必然会提出一个现实的问题，即如何确定集体经济组织的成员或成员资格"[3]。从表象上看，绝大多数纠纷源于利益的调整，但纠纷的实质往往转化为成员的资格认定问题，因此解决问题的关键环节是集体经济组织成员资格的确定。[4] 而当前成员资格认定依据杂乱问题在司法实践中频出。[5] 户籍是确认集体经济组织成员的基本因素，甚至有些地方实践将户籍作为资格确认的唯一依据，[6] 可见户籍的确认对于资格认定的重要性。我们认为，在确认申请人是否具有集体经济组织成员资格时，应区分两种情形：一是申请人自出生入户起，其户口即在集体经济组织所在地，并未出现户口迁出、迁入的情形；二是申请人的户口从外迁入至集体经济组织所在地的情形。而从本案现已查明的事实来看，应属于上述第二种情形。在审查此类情形的资格确认问题时，应注意以下几点：

（1）法律适用问题。一般来说，行政行为原则上应以该行为作出时现行

---

[1] 2021 年 1 月 4 日中共中央、国务院发布的《中共中央 国务院关于全面推进乡村振兴加快农业农村现代化的意见》。

[2] 刘竞元：《农村集体经济组织成员资格界定的私法规范路径》，《华东政法大学学报》2019 年第 6 期。

[3] 王利明：《物权法研究》，中国人民大学出版社 2002 年版，第 68 页。

[4] 刘高勇、高圣平：《论基于司法途径的农村集体经济组织成员资格认定》，《南京社会科学》2020 年第 6 期。

[5] 丁宇峰：《农村集体经济组织成员资格的司法判定路径》，《东南大学学报（哲学社会科学版）》2023 年第 1 期。

[6] 何宝玉：《我国农村集体经济组织的历史沿革、基本内涵与成员确认》，《法律适用》2021 年第 10 期。

有效的法律法规作为适用依据，但对于行政确认类的行政行为，则应以待确认的事实发生时的法律法规作为审查依据。集体经济组织成员身份确认本质上是对一种事实关系或实施状态的确认，① 应当以待确定事实发生时为法律适用确定时间点。经索引，广东省人民政府曾于1990年5月16日颁布了《广东省农村社区合作经济组织暂行规定》（以下简称《暂行规定》），其中第十七条就是否具有户籍所在地经济合作社（或经济联合社）的社员资格问题进行了规定。② 而广东省人民政府后又于2006年8月9日发布了《广东省农村集体经济组织管理规定》（以下简称《规定》），并于同年10月1日起施行。该规定中第十五条就是否具有农村集体经济组织成员资格的问题进行了新的规定，③并在第二十六条中载明"本规定自2006年10月1起实施，1990年5月16日省人民政府发布的《广东省农村社区合作经济组织暂行规定》同时废止"。因此，应以2006年10月1日作为成员资格确认的法律适用分界点。现涉案行政处理决定及一审判决就因未能区分此法律适用分界点，未能正确适用待确认事实发生时的法律法规作为审查依据，导致适用法律错误。

（2）资格表决问题。对于资格表决问题，目前并不存在农民集体成员资格认定的全国性立法，可依据法规寻求依据。④《暂行规定》中第十七条对社员资格的确认仅要求为"户籍在当地社区范围内，年满十六周岁的农民，承认社章并承担相应义务者，经社委会同意"，并没有硬性要求履行表决程序，故其经社委会同意既可以是社委会盖章或负责人签名确认的形式，亦可以是召开社员会议进行表决确定的形式。但《规定》中第十五条第三款则明确了，对户口迁入的资格确认原则上需按照组织章程规定，经社委会或者理事会审查

---

① 戴威：《农村集体经济组织成员权制度研究》，法律出版社2017年版，第134页。

② 《广东省农村社区合作经济组织暂行规定》第十七条规定：凡户籍在当地社区范围内，年满十六周岁的农民，承认社章并承担相应义务者，经社委会同意，均可以成为户籍所在地经济合作社（或经济联合社）的社员。户口迁出者，除社章另有规定外，其社员资格随之取消；其权利、义务在办理终止承包合同、清理债权债务等有关手续后，亦同时终止。

③ 《广东省农村集体经济组织管理规定》第十五条规定：实行以家庭承包经营为基础、统分结合的双层经营体制时起，户口迁入、迁出集体经济组织所在地的公民，按照组织章程规定，经社委会或者理事会审查和成员大会表决确定其成员资格；法律、法规、规章和县级以上人民政府另有规定的，从其规定。农村集体经济组织成员户口注销的，其成员资格随之取消；法律、法规、规章和组织章程另有规定的，从其规定。

④ 许中缘、范朝霞：《农民集体成员资格认定的规范路径——以地方立法、司法实践为视角》，《海南大学学报（人文社会科学版）》2020年第5期。

和成员大会表决确定，除非法律、法规、规章和县级以上人民政府另有规定。因此，资格表决程序的确定是自 2006 年 10 月 1 日起才明确，故不适用于此前的社员资格认定。换言之，申请人于 2006 年 9 月 30 日前已将户口从外迁入至集体经济组织所在地的，其成员资格确认并不一定要求经村民会议表决通过，但必须提供证据证明已经社委会同意。对于何种情况可视为其成员资格已经时任社委会同意，可归纳为：①盖有时任社委会印章或负责人签名确认的落户同意书、申请书或户籍管理部门留档的落户审批表；②召开社员会议并表决通过的会议记录；③落户后曾享受分配承包地、宅基地、分红款等福利待遇，且履行了法律、法规或村规民约规定的成员义务的证据材料。但有证据证明申请人于落户时已明确表示不参与集体经济组织利益分配或不享有农村集体经济组织成员同等待遇的除外。同时，需要指出的是，资格表决程序一般是在申请人请求落户至集体经济组织所在地时进行的，可由申请人就是否已经通过成员大会表决程序确认其具有集体经济组织成员资格的事宜先行承担举证责任。而在发生分配利益或安置利益纠纷时，再要求召开成员大会进行资格表决已没实际必要，更不能以在发生纠纷后进行的资格表决程序结果否定此前在落户时已经通过表决程序确定的结果。

（3）资格确定的起算时点问题。集体经济组织成员资格的确定不单单是指确定申请人是否具有成员资格，还包含了其成员资格起算时点的确定问题。① 而从《暂行规定》第十七条来看，是否具有社员资格身份的主要条件为户籍是否在当地，是否已经社委会同意，故资格确定的起算时点应以户籍已经迁入当地及已经社委会同意两个条件同时达成之日为准。因《规定》的第十五条第三款明确了资格表决程序，故该资格确定的起算时点应以户籍已经迁入当地及已经成员大会表决同意两个条件同时达成之日为准。

（4）待遇请求问题。根据《中华人民共和国村民委员会组织法》第二十七条的规定②，乡（镇）一级人民政府虽然具有对侵害村民合法权益的村民自

---

① 刘恒科：《宅基地"三权分置"的政策意蕴与制度实现》，《法学家》2021 年第 5 期。
② 《中华人民共和国村民委员会组织法》第二十七条规定：村民会议可以制定和修改村民自治章程、村规民约，并报乡、民族乡、镇的人民政府备案。村民自治章程、村规民约以及村民会议或者村民代表会议的决定不得与宪法、法律、法规和国家的政策相抵触，不得有侵犯村民的人身权利、民主权利和合法财产权利的内容。村民自治章程、村规民约以及村民会议或者村民代表会议的决定违反前款规定的，由乡、民族乡、镇的人民政府责令改正。

治行为进行干预及纠正的法定职权，但不宜对此作宽泛理解。在确定具有集体经济组织成员资格的前提下，申请人向村集体经济组织主张承包地、分配分红款等利益时，其可通过民事诉讼途径进行解决。① 而对于申请人请求行政机关给予征地安置补偿待遇时，其可向相应的征地主体或安置补偿义务履行主体主张权利。因此，乡（镇）一级人民政府在处理此类资格确认纠纷时，不宜一并处理申请人提出的待遇请求，而应引导申请人通过其他途径予以解决，确保争议能通过较为便捷、合理的途径得到解决。②

农村集体经济组织成员权是指在集体土地所有制背景下由所有农村集体经济组织成员平等享有的集身份权、财产权、发展权和物资保障权等多权利于一体的综合型权利，与农民的切身利益密切相关，决定了农民能否享有对本集体经济组织发包土地的土地承包权、土地征收征用求偿权等，也决定了农民是否有权参与或监督村集体经济组织重大事项的管理与决策。③ 农村集体经济组织成员的确定，是农村集体产权制度改革中遇到的普遍性难题，也是频频引发农村集体经济组织与成员纠纷的重要原因。④ 目前我国农村集体经济组织成员资格的确认因缺乏统一、明确、权威的判断标准，由此引发了如村民福利待遇、外嫁女权益保护等大量纠纷。⑤ 农村集体经济组织成员权是一种新型的民事权利，既是我国亿万农民参与分享农村集体资产所生利益的基本依据，也是经营管理农村集体资产的制度保障。⑥ 司法裁判是法律和社会沟通的机制，通过反复的司法活动证明法律的可验证性，向社会成员传达法的价值，向立法者传达社会规则，形成法律与社会沟通，形成成熟的裁判规则，推动法律规范生成和

① 江晓华：《农村集体经济组织成员资格的司法认定——基于 372 份裁判文书的整理与研究》，《中国农村观察》2017 年第 6 期。

② 王万华：《行政复议法的修改与完善——以"实质性解决行政争议"为视角》，《法学研究》2019 年第 5 期。

③ 童航：《农村集体经济组织成员资格的认定标准——基于地方立法文本和规范性文件的分析》，《农业经济问题》2022 年第 1 期。

④ 许明月、孙凌云：《农村集体经济组织成员确定的立法路径与制度安排》，《重庆大学学报（社会科学版）》2022 年第 1 期。

⑤ 房绍坤、任怡多：《"嫁出去的女儿，泼出去的水？"——从"外嫁女"现象看特殊农民群体成员资格认定》，《探索与争鸣》2021 年第 7 期。

⑥ 高飞：《农村集体经济组织成员资格认定的立法抉择》，《苏州大学学报（哲学社会科学版）》2019 年第 2 期。

变迁。① 明确农村集体经济组织成员资格的判断标准才能进一步落实农民的土地承包经营权、宅基地使用权、集体经济组织的收益分配权和管理权等基本权利，保障农民的核心权益，促进农业农村的健康发展。本案是一宗典型的户口从外迁入至集体经济组织所在地的成员资格确认纠纷，通过个案审理，确立了此类成员资格确认纠纷的审查标准，并进一步对双方举证责任的分配规则、资格确认的起算时点、待遇请求的救济途径等审查标准一并进行阐述。通过"以点带面，以个案推动全局"的方式，统一我市此类纠纷的裁判尺度，并为行政机关审查此类资格确认申请提供了行之有效的处理意见，充分保障了集体经济组织成员的合法权益，妥善衡平"个人私权与集体权益"的保护尺度，为乡村振兴提供了有力的司法保障。②

---

① 江晓华：《农村集体经济组织成员资格的司法认定——基于 372 份裁判文书的整理与研究》，《中国农村观察》2017 年第 6 期。

② 高娟：《乡村振兴战略背景下人民法院参与乡村治理的路径完善》，《河北法学》2022 年第 11 期。

执行篇

001

破产清算期间产生的迟延履行期间债务利息应否计算

——吴某伦与被执行人清远市 X 房地产开发有限公司执行复议案

广东省清远市中级人民法院　郑家驹

【裁判要旨】 如被执行人因案外人申请进入破产清算程序而中止执行，被执行人对于破产清算期间无法履行涉案债务不存在主观上故意迟延履行，不宜对被执行人在破产清算期间不能履行债务的行为作消极评价并采取惩罚性措施，不应计算被执行人在非因自身原因进入破产清算期间产生的迟延履行期间债务利息。

【案例索引】 异议审查：广东省清远市清城区人民法院（2021）粤 1802 执异 41 号。

复议审查：广东省清远市中级人民法院（2021）粤 18 执复 137 号。

一、案情

复议申请人（被执行人）：清远市 X 房地产开发有限公司（以下简称 X 公司）。

申请执行人：吴某伦。

广东省清远市清城区人民法院在执行申请执行人吴某伦与被执行人 X 公司民间借贷纠纷一案中，于 2018 年 2 月 13 日裁定受理清远市 K 门窗幕墙装饰有限公司对 X 公司的破产清算申请，后于 2020 年 7 月 29 日裁定驳回清远市 K 门窗幕墙装饰有限公司的破产清算申请。2020 年 12 月 10 日，X 公司分三笔向吴某伦转账 500 万元，2020 年 12 月 11 日向吴某伦转账 5212351 元，共计 10212351 元。2020 年 12 月 12 日，广东省清远市清城区人民法院作出《结案通知书》，通知双方当事人该案已执行完毕。吴某伦提出异议，主张应继续执行 X 公司破产清算期间的迟延履行期间债务利息。

二、审判

广东省清远市清城区人民法院异议审查认为，案外人对被执行人 X 公司的破产清算申请已被驳回，案件恢复执行，申请执行人吴某伦要求被执行人 X 公司支付迟延履行期间债务利息，依据充分。《中华人民共和国企业破产法》第四十六条第二款"附利息的债权自破产申请受理时起停止计息"的规定，是对破产债权数额作出的特殊规定和限制，并不能因此推导出破产受理之后的利息债权消失，该债权实质上仍然存在，只不过无法在破产程序中得到保护。目前，关于停算迟延履行期间债务利息的规定仅有《最高人民法院关于执行程序中计算迟延履行期间的债务利息适用法律若干问题的解释》第三条第三款"非因被执行人的申请，对生效法律文书审查而中止或者暂缓执行的期间及再审中止执行的期间，不计算加倍部分债务利息"的情形，X 公司以其对破产审查期间的中止执行无过错为由，主张停算迟延履行期间债务利息，缺乏法律依据。综上，广东省清远市清城区人民法院作出（2021）粤 1802 执异 41 号执行裁定，裁定撤销《结案通知书》，本案继续执行。

异议裁定送达后，X 公司向本院申请复议。

广东省清远市中级人民法院复议审查认为，《中华人民共和国企业破产法》第四十六条第二款规定："附利息的债权自破产申请受理时起停止计息"，但停止计息并非免除该部分利息，只是破产清算期间产生的一般债务利息不纳入破产财产分配。在破产清算申请被驳回后，仍应计算一般债务利息。其次，本案因案外人申请 X 公司进入破产清算程序而中止执行，X 公司对于破产清算期间无法履行涉案债务不存在主观恶意，不应计算 X 公司在破产清算期间产生的迟延履行债务利息。对于 X 公司在破产清算期间外的迟延履行债务利息，应继续执行。综上，广东省清远市中级人民法院作出（2021）粤 18 执复 137 号执行裁定：一、维持异议裁定；二、继续执行 X 公司在破产清算期间外的迟延履行债务利息；三、驳回 X 公司的其他复议申请。

三、评析

1991 年现行《中华人民共和国民事诉讼法》公布，作为对于日渐增加的民事案件的回应，司法实务开始在强制执行中增加具有威慑和制裁性质的措施。其体现为在二百三十二条（现二百六十条）新增关于迟延履行金和迟延履行利息的"执行罚"规则，执行制裁措施因而初步确立。① 但是该规定过于概括，其中关于本息偿还顺序、利息计算标准等细化措施未有统一，致使各地法院理解不一。而后最高人民法院对于"迟延履行利息"出台了一系列的司法解释文件，进一步对以上问题进行回应。其中对何时应该停止计算迟延履行债务利息也进行了一定的说明。② 但对当时被执行人非因自身的原因而进入破产清算期间，其迟延履行利息状态应该为何，却未有法律明文规定。本案中，人民法院以立法目的为出发点，在实现当事人权益保护的同时贯彻文明执行的理念，其思路殊值类案参考。

（一）计算迟延履行债务利息的法律依据及立法目的

迟延履行期间的利息包括超过债务履行期限的一般债务利息和《中华人民共和国民事诉讼法》第二百六十条规定的迟延履行债务利息或迟延履行金。迟延履行利息制度，是法律规定的通过对被执行人施以经济处罚，给申请执行人一定的经济补偿的责任制度。对迟延履行的被执行人施以经济处罚，有利于提高人民法院强制执行的威慑力，起到促进债务人自动履行生效裁判、减少执行案件数量和降低执行难度的作用。给申请执行人一定的经济补偿，将有效避免胜诉当事人因对方的迟延履行而蒙受进一步的损失，也使败诉当事人难以通过迟延履行而获利。严格执行迟延履行利息制度，是维护人民法院法律文书的权威性、解决执行难问题的重要举措。1991 年《中华人民共和国民事诉讼法》首次规定了迟延履行利息制度。该法第二百三十二条（2021 年修订的《中华人民共和国民事诉讼法》为第二百六十条）明确规定了迟延履行利息制度，

---

① 参见刘哲玮：《民事执行制裁措施刍论——基于〈民事强制执行罚（草案）〉的分析》，《社会科学辑刊》2023 年第 1 期，第 60 页。

② 如 1992 年《最高人民法院关于适用〈中华人民共和国民事诉讼法〉若干问题的意见》，2009 年《最高人民法院关于在执行工作中如何计算迟延履行期间的债务利息等问题的批复》，2014 年《最高人民法院关于执行程序中计算迟延履行期间的债务利息适用法律若干问题的解释》。

该规定的内容施行至今未有变动。《中华人民共和国民事诉讼法》第二百六十条规定："被执行人未按判决、裁定和其他法律文书指定的期间履行给付金钱义务的，应当加倍支付迟延履行期间的债务利息。被执行人未按判决、裁定和其他法律文书指定的期间履行其他义务的，应当支付迟延履行金。"

关于迟延履行债务利息，在全国人大常委会法工委的立法说明中认为，该措施具有"制裁性"的目的。① 而学理上有学者认为，该措施兼顾对申请执行人的损失补偿和对被执行人履行迟延的处罚。② 其根本目的在于"制裁不履行法律文书确定义务的行为"。③ 在执行迟延履行利息时，还应当坚持平等保护当事人合法权益的原则。这里面主要有三方面要求：一是保护债权人的合法权益；二是保护债务人的合法权益；三是平等保护不同类型当事人的合法权益。④ 因此，迟延履行利息制度的立法目的在于保护债权人的合法权益，但不能过分加重债务人的责任，要做到执行的整体平衡，合理得当。

（二）停止计算迟延履行债务利息的法律依据及除外情形探索

长期以来，由于我国民事诉讼法对于计算迟延履行期间的加倍部分债务利息的规定较为笼统，各个法院在计算迟延履行期间的加倍部分债务利息时，对于计算的基数、期限、标准及加倍部分债务利息是否享有优先受偿权等问题并不统一，产生了很多问题。2014 年，最高人民法院发布了《最高人民法院关于执行程序中计算迟延履行期间的债务利息适用法律若干问题的解释》，对于加倍部分债务利息的计算基数做了基本的梳理，即明确加倍部分债务利息的计算基数为除了一般债务利息之外的金钱债务，同时对于实践中存在计算争议的各种情形进行了统一。对于停止计算迟延履行债务利息的问题，《最高人民法院关于执行程序中计算迟延履行期间的债务利息适用法律若干问题的解释》第三条第三款规定，"非因被执行人的申请，对生效法律文书审查而中止或者暂缓执行的期间及再审中止执行的期间，不计算加倍部分债务利息"。不计算加倍部分债务利息，属于对被执行人有利、对申请执行人不利的法律后果，应

---

① 参见全国人大常委会法制工作委员会民法室编：《〈中华人民共和国民事诉讼法〉条文说明、立法理由及相关规定》，北京大学出版社 2012 年版，第 398 页。

② 参见武文举：《民事诉讼法学原理与实务研究》，中国政法大学出版社 2013 年版，第 287 页。

③ 参见谭秋桂：《民事执行法学》，北京大学出版社 2010 年版，第 221 页 。

④ 参见刘贵祥、王宝道：《〈关于执行程序中计算迟延履行期间的债务利息适用法律若干问题的解释〉的理解与适用》，《人民司法（应用）》2014 年第 17 期，第 29 页。

当根据双方对启动执行依据审查程序的作用和影响，确定中止、暂缓执行期间的加倍部分债务利息是否计算。依据上述法律规定，只有非因被执行人的申请而启动的执行依据审查程序，才可中止计算迟延履行期间加倍部分债务利息。在迟延履行期间加倍部分债务利息，上述规定坚持了权责相统一的原则。

但是，上述司法解释仅对执行依据审查程序期间的迟延履行期间加倍部分债务利息作出规定，而对被执行人非因自身原因进入破产清算期间，或者其他除外情形并未作出规定，这也是法律滞后性及局限性的体现，构成"开放型"的漏斗（或称明显的漏洞）。如被执行人因案外人申请进入破产清算程序而中止执行，被执行人对于破产清算期间无法履行涉案债务不存在主观上故意迟延履行，不宜对被执行人在破产清算期间不能履行债务的行为作消极评价并采取惩罚性措施，不应计算被执行人在非因自身原因进入破产清算期间产生的迟延履行期间债务利息。对此，北京市法院已作出有益探索。① 从北京市高、中级法院执行局（庭）长座谈会纪要可见，除《最高人民法院关于执行程序中计算迟延履行期间的债务利息适用法律若干问题的解释》第三条第三款规定外，北京市法院对于破产审查期间应否计算迟延履行债务利息已进行研究并得出上述实施意见，对于执行依据审查程序期间是否计算加倍部分债务利息的除外情形作出规定，有效地填补了法律及司法解释的空白，对于该类情形的法律适用提供了参考模板。

本案从迟延履行期间债务利息的立法本意出发，以相似的利益状态和立法规范目的，对"开放型"法律漏洞以类推适用的方式进行填补。② 将《最高人民法院关于执行程序中计算迟延履行期间的债务利息适用法律若干问题的解释》第三条第三款在"非因被执行人自身原因而进入破产清算程序"作类推适用，在依法保障胜诉当事人合法权益的同时，最大限度减少对被执行人权益的影响，体现了善意文明执行理念，实现法律效果与社会效果有机统一，对于该类案件的处理具有探索意义。

---

① 《北京市高、中级法院执行局（庭）长座谈会（第四次会议）纪要——关于计付迟延履行利息、迟延履行金若干问题的意见》第二条第（三）款第九项规定，"因被执行人申请自己破产而中止执行，破产申请被驳回后恢复执行的，中止执行期间计算迟延履行利息；因申请执行人申请被执行人破产而中止执行，破产申请被驳回后恢复执行的，中止执行期间不计算迟延履行利息"。
② 参见［德］卡尔·拉伦茨著，黄家镇译：《法学方法论》，商务印书馆2020年版，第479-492页。

002

如何确定影响债务履行的直接责任人员

——郑某芬申请解除限制消费措施复议案

广东省清远市中级人民法院　郑家驹

【裁判要旨】

"影响债务履行的直接责任人员"是指虽不具有法定代表人、主要负责人等特点身份，但能够通过其行为直接对单位的实际经济活动产生重要影响的人，人民法院应根据相关人员的身份、行为性质、影响和后果综合判决。

【案例索引】

异议审查：广东省清远市清城区人民法院（2021）粤 1802 执 4952 号。

复议审查：广东省清远市中级人民法院（2021）粤 18 执复 118 号。

一、案情

复议申请人：郑某芬。

关于清远 S 物业管理有限公司与广东 P 医疗股份有限公司（以下简称 P 公司）房屋租赁合同纠纷一案，广东省清远市清城区人民法院（以下简称清城法院）于 2020 年 11 月 12 日作出的（2020）粤 1802 民初 9321 号民事调解书已发生法律效力。该调解书确认：P 公司应支付租金 6463378.99 元及利息，水费 33792.25 元及利息，场地占有使用费 106816.27 元及利息，受理费 61185 元，财产保全费 5000 元。前述款项分 5 期支付，最后一期的履行时间为 2021 年 4 月 12 日。

清城法院出具（2020）粤 1802 民初 9321 号民事调解书时，P 公司的法定代表人为郑某芬。2021 年 4 月 24 日，P 公司的法定代表人由郑某芬变更为郑某发。

2021 年 7 月 6 日，清城法院依申请立案执行。执行过程中，清城法院对被执行人 P 公司名下财产进行查控，其名下财产均已被另案查封。2021 年 8 月 18 日，清城法院作出（2021）粤 1802 执 4952 号限制消费令，对 P 公司及郑某芬采取限制消费措施。同日，清城法院裁定终结本次执行。

2021 年 9 月 7 日，郑某芬向清城法院提出纠正申请，认为其不是被执行人 P 公司的法定代表人、主要负责人或者实际控制人，请求解除限制消费措施。

二、审判

广东省清远市清城区人民法院审查认为，由于郑某芬目前仍属于该公司影响债务履行的直接责任人员，依据《最高人民法院关于限制被执行人高消费及有关消费的若干规定》第三条，《广东省高级人民法院关于限制消费及纳入失信被执行人名单工作若干问题的解答》，不符合解除限制消费的条件，决定对郑某芬的解除限制消费措施请求予以驳回。

异议裁定送达后，郑某芬向本院申请复议。

广东省清远市中级人民法院复议审查认为，自民事调解书签订至履行期限届满之日止，郑某芬一直担任被执行人 P 公司的法定代表人，对该公司未能履行债务具有重大责任，应当认定郑某芬为影响债务履行的直接责任人员。在民事调解书履行期限届满后，P 公司的法定代表人由郑某芬变更为郑某发，可见郑某芬有明显规避执行措施的主观故意，不应给予积极性评价，应对其采取限制消费措施。综上，广东省清远市中级人民法院作出（2021）粤 18 执复 118 号执行裁定：驳回郑某芬的复议申请，维持广东省清远市清城区人民法院（2021）粤 1802 执 4952 号执行决定书。

三、评析

（一）限制消费措施的法律依据及立法目的

20 世纪 80 年代中后期，"执行难"被最高人民法院（以下简称最高院）

确立为我国司法问题之一。① 20 世纪 90 年代中后期"执行难"受到社会关注并经整治后，② "执行难"更多是在法院内部得到关注。然而，近三十年特别是最近十来年，全国执行案件出现了爆炸式增长。2009 年以前，16 年内全国法院执行案件数增长了 1.46 倍；2009 年以后仅十年，该数量便已经增长了 2.41 倍。执行案件的激增导致法院应接不暇，"执行难"再次从法院内部走向大众视野。官方数据表明，自 2013 年开始，全国法院执行案件的实际执行到位率呈快速下降趋势，从 2012 年的 81.53% 下降至 2015 年的 49.08%。③ 为解决"执行难"问题，中央与最高院多次展开专项整治活动。④ 但由于相关制度性与体制性问题并未得到充分注重与解决，"执行难"问题"野火烧不尽，春风吹又生"，已成为一个独特的中国问题。⑤ 为解决该问题，最高院于 2015 年修订《关于全面深化人民法院改革的意见——人民法院第四个五年改革纲要（2014—2018）》，并于同年 8 月召开全国法院执行工作座谈会，将"切实解决执行难"作为执行的长期任务布置到全国法院。由此，从 2015 年底开始，新一轮具有全新面貌的执行改革在全国范围内陆续铺开。2016 年 5 月，最高院

① 1987 年 5 月 1 日，郑天翔在最高人民法院党组会议上，首次用"执行难"描述在民事、经济审判中的执行问题。参见郑天翔：《郑天翔司法文存》，人民法院出版社 2012 年版，第 249 页。

② 到 1998 年底，全国法院执结率从 1995 年的 75.50% 下降到 1998 年的不到 45%。如四川广汉市人大常委会直接给广汉市农业银行发函，指示其不予协助内蒙古呼和浩特市中级人民法院执行广汉市乡镇企业局在该行的银行存款。参见李国光：《我的大法官之路》，人民法院出版社 2015 年版，第 262-270 页。

③ 数据来源于最高人民法院 2002—2015 年《全国法院司法统计公报》。自 2016 年开始，全国法院司法统计公报不再统计执行实际到位率。

④ 依照《中共中央关于转发〈中共最高人民法院党组关于解决人民法院"执行难"问题的报告〉的通知》（中发〔1999〕11 号）、《关于严肃查处解决执行难工作中违法违纪问题的通知》（中纪发〔1999〕17 号）、《全面建设小康社会，开创中国特色社会主义事业新局面——在中国共产党第十六次全国代表大会上的报告》、《中央政法委关于切实解决人民法院执行难问题的通知》（政法〔2005〕52 号）、《中央政法委、最高人民法院关于规范集中清理执行积案结案标准的通知》（法发〔2009〕15 号）、《二〇一一年人民法院执行工作要点》（法执明传〔2011〕1 号）、《最高人民法院关于创建"无执行积案先进法院"活动备案工作有关事宜的通知》（法执明传〔2011〕21 号）、《最高人民法院关于开展涉民生案件专项集中执行活动的通知》（法〔2013〕285 号）、《关于最高人民法院、最高人民检察院、公安部开展集中打击拒不执行判决、裁定等犯罪行为专项行动有关工作的通知》（法〔2014〕263 号）等，全国多次开展了执行专项活动。

⑤ 在西方国家如英、美、德、法等，在较发达的社会信用制度、完备的执行法律制度等共同规制下，判决的自动履行率一直保持较高水平。所以，对于常规案件而言，强制执行率较低是这些国家的多见现象。参见肖宏开：《美国法院的判决执行制度及其启示》，《法律适用》2005 年第 3 期；刘健：《德国民事强制执行法律制度浅窥》，《中国司法》2002 年第 5 期。

正式印发《关于落实"用两到三年时间基本解决执行难问题"的工作纲要》。由此看来，用"又多又难"来定义这场改革所处理的基本问题或许更为恰当。① 经过三年攻坚，最高院宣告了改革目标的如期实现。②

当前，执行工作难于开展，原因之一在于部分被执行人诚信缺位。一方面拒绝履行法定给付义务，另一方面私下进行高消费活动，严重影响社会诚信体系建设。③ 近年来，建立社会信用体系的必要性越来越受到社会各界的认可，而作为社会信用体系的核心是对生效法律文书的切实履行，要求人民法院加大强制执行力度的呼声越来越高。作为我国社会信用体系建设的重要制度安排和手段创新，失信联合惩戒由于具有提升社会诚信道德认同、控制违法违约行为和强化法律实施的社会效果，备受政府部门的推崇。④ 为了破解"执行难"，最高院于 2010 年 5 月 17 日通过《最高人民法院关于限制被执行人高消费的若干规定》，2015 年 7 月 6 日进行修正，修正后的《最高人民法院关于限制被执行人高消费及有关消费的若干规定》（法释〔2015〕17 号）于 2015 年 7 月 22日起施行。

限制高消费制度是指执行程序启动后被执行人未按执行通知书指定的期间履行给付义务，执行法院对被执行人采取的限制其高消费及非生活或者经营必需的有关消费的制度，⑤ 是一种执行惩戒措施。⑥ 被执行人违反人民法院发布的限制消费令进行消费的行为，属于拒不履行人民法院已经发生法律效力的判决、裁定的行为，人民法院可依法对其采取拘留、罚款的强制措施，构成犯罪的，依法追究刑事责任。⑦《最高人民法院关于限制被执行人高消费及有关消费的若干规定》第一条规定，"被执行人未按执行通知书指定的期间履行生效法律文书确定的给付义务的，人民法院可以采取限制消费措施，限制其高消费

---

① 参见左卫民：《中国'执行难'应对模式的实证研究——基于区域经验的分析》，《中外法学》2022 年第 6 期。
② 参见周强：《最高人民法院工作报告——二〇一九年三月十二日在第十三届全国人民代表大会第二次会议上》，《人民日报》2019 年 3 月 30 日，第 002 版。
③ 参加宋春龙：《限制高消费的制度嬗变与法理辨析》，《交大法学》2021 年第 4 期。
④ 参见门中敬：《失信联合惩戒之污名及其法律控制》，《法学论坛》2019 年第 6 期。
⑤《最高人民法院关于限制被执行人高消费及有关消费的若干规定》第一条。
⑥ 参见门中敬：《失信联合惩戒措施的类型及行为属性》，《山东大学学报（哲学社会科学版）》2021 年第 6 期。
⑦ 参见谭秋桂：《论限制债务人高消费的法理基础及其制度完善》，《时代法学》2011 年第 6 期。

及非生活或者经营必需的有关消费。纳入失信被执行人名单的被执行人，人民法院应当对其采取限制消费措施"。限制消费的对象包括自然人类被执行人和单位类被执行人。在单位为被执行人的情况下，其法定代表人、主要负责人、影响债务履行的直接责任人员、实际控制人也是被限制消费的对象。

(二) 限制消费措施的谦抑适用原则

通过对被执行人采取限制消费措施，将被执行人规避执行的空间进一步压缩，迫使其主动履行债务，取得良好成效。但执行过程中也要严格规范公正保障各方当事人合法权益，坚持比例原则，找准双方利益平衡点，避免过度执行。首先，应当按照目的适当性原则的要求，确保所采行的污名能够实现行政目的或至少有助于行政目的之达成。一般而言，对待一般的违法行为，法律既然已经设定了制裁措施，那就意味着制裁手段能够实现法律预先设定的目标。故而原则上，只有在制裁措施实现不了法律制裁目的且强制实施成本太高时，才可以对违法行为人实施污名（将违法事实对社会公众公开），否则就会背离法律的初衷。① 比如，有的地方以失信为由对其子女进行行政性惩戒的做法，就产生了失信联合惩戒目的正当性的公众质疑，并产生了不利的负面影响。② 其次，应当按照必要性原则的要求，选择对公民权利最小侵害的方式进行行政管制，不能"眉毛胡子一把抓"，随意将污名与违法行为勾连，甚至与违纪、违反职业道德和职业规范等进行捆绑，甚至将违法行为或违法记录也作为不良信息记入信用档案。③ 更为严重的是，只要被列为"失信名单"，就要"处处受限"，让社会公众背负沉重的负担。比如，交通行政处罚中的一事二罚或多罚，对当事人的生活来说就是一种骚扰。这让当事人承担了法外义务，是对公民合法权益的损害。④ 最后，应当按照狭义比例原则的要求进行合法性审查。

① 参见门中敬：《失信联合惩戒之污名及其法律控制》，《法学论坛》2019 年第 6 期。

② 参见李声高：《失信治理连带责任的法理质辩与规则适用》，《法学杂志》2019 年第 2 期。

③ 例如，《浙江省公共信用信息管理条例》第十一条规定，信息主体的下列信息应当作为不良信息记入其信用档案：（一）以欺骗、贿赂等不正当手段取得行政许可、行政确认、行政给付、行政奖励的信息；（二）在法定期限内未提起行政复议、行政诉讼，或者经行政复议、行政诉讼最终维持原决定的行政处罚信息，但适用简易程序作出的除外；（三）经司法生效判决认定构成犯罪的信息；（四）不履行行政决定而被依法行政强制执行的信息；（五）不履行判决、裁定等生效法律文书的信息；（六）经依法认定的违反法律、法规和规章规定的其他不良信息。

④ 参见田勇军：《交通行政处罚中"一事不再罚"之"一事"问题探析》，《交大法学》2016 年第 1 期。

根据狭义比例原则，纵然污名合乎一定的目的且属于必要的最低限度的手段，但仍不可剥夺基本权的核心。宪法上的比例原则对基本权利的限制提供了"实质内容不得侵害"的限制。我国有学者据此认为，比例原则是对基本权的限制之限制，具有认定和补充基本权利的功能。① 对于失信联合惩戒来说，即便污名具有提升诚信的社会认同和强化法律实施的社会效果，也不能据此剥夺公民基本权的核心。据此，应针对不同失信联合惩戒之污名，对其是否侵害了公民基本权（隐私权、人格权、名誉权等）的实质内容进行合法性审查。②

国家治理需求催生制度实践创新。③ 最高院为进一步提升人民法院严格规范公正文明执行水平，推动执行工作持续健康高水平运行，为经济社会发展提供更加优质司法服务和保障，于 2019 年 12 月 16 日提出的《关于在执行工作中进一步强化善意文明执行理念的意见》中第五条规定对严格规范纳入失信名单和限制消费措施进行规范，分别是严格适用条件和程序、适当设置一定的宽限期、不采取惩戒措施的几类情形、解除限制消费措施的几类情形、畅通惩戒措施救济渠道。从最高院出台意见可见，限制消费措施作为执行中的"一把利剑"，个别执行法院在适用过程中存在无区别对待情形，"能用则用"、"能限则限"的执行思维在部分案件中损害了被执行人的合法权益，过犹不及。在此之前，广东省高级人民法院于 2019 年 5 月 20 日印发《广东省高级人民法院关于限制消费及纳入失信被执行人名单工作若干问题的解答》，进一步规范我省限制消费及纳入失信被执行人名单工作。2020 年 11 月 5 日，广东省高级人民法院执行局印发《广东省高级人民法院执行局关于正确掌握纳入失信被执行人名单和限制消费范围及条件的指引》，以"五纳入""三限制""六禁止""六审慎""七宽限""十一删除""七解除"七个板块对实际操作中各类情形作了进一步细化规定，规范和强化失信惩戒行为，落实依法规范和善意文明执行理念。

（三）影响债务履行的直接人员的认定

《最高人民法院关于限制被执行人高消费及有关消费的若干规定》第三条

---

① 参见姜昕：《比例原则的理论基础探析——以宪政哲学与公法精神为视角》，《河北法学》2008 年第 7 期。

② 参见门中敬：《失信联合惩戒之污名及其法律控制》，《法学论坛》2019 年第 6 期。

③ 参见门中敬：《失信联合惩戒措施的类型及行为属性》，《山东大学学报（哲学社会科学版）》2021 年第 6 期。

第二款规定①里面除了法定代表人、主要负责人外，还出现了影响债务履行的直接责任人员、实际控制人等两类人员，但如何定义该两类人员并未作出明确认定标准。对此，《广东省高级人民法院关于限制消费及纳入失信被执行人名单工作若干问题的解答》作出了指引。"影响债务履行的直接责任人员"是指虽不具有法定代表人、主要负责人等特点身份，但能够通过其行为直接对单位的实际经济活动产生重要影响的人，人民法院应根据相关人员的身份、行为性质、影响和后果综合判决。"实际控制人"是指虽不是单位的股东或其他登记的权益人，但通过投资关系、协议或者其他安排（如代持股、家族企业、VIE协议控制等形式），能够实际支配单位行为的人。

本案中，郑某芬在履行房屋租赁合同及调解期间一直担任被执行人 P 公司的法定代表人，应认定为影响债务履行的直接人员。在民事调解书履行期限届满后，郑某芬通过变更法定代表人的方式企图逃避责任，可见郑某芬有明显规避执行措施的主观故意，不应给予积极性评价，应对其采取限制消费措施。通过此案，明确了影响债务履行的直接责任人员的认定标准，防止被执行人的法定代表人在进入执行程序前通过变更逃避责任，具有很好的法律效果和社会效果，对于该类案件的处理具有普遍指导意义。

---

① 《最高人民法院关于限制被执行人高消费及有关消费的若干规定》第三条第二款规定：被执行人为单位的，被采取限制消费措施后，被执行人及其法定代表人、主要负责人、影响债务履行的直接责任人员、实际控制人不得实施前款规定的行为。因私消费以个人财产实施前款规定行为的，可以向执行法院提出申请。执行法院审查属实的，应予准许。